'2838세대'는 누구인가요?

"경제활동을 시작하는 20대 후반부터
가정을 꾸려나가는 30대 후반까지
재테크와 내 집 마련이 반드시 필요한 세대"

젊은 날을 조금만 즐기려 해도 주류에서 밀려날 수밖에 없는
냉혹한 현실을 살아가는 2838세대.
생애 처음으로 고정소득이 생기는 시점이지만
그것을 어떻게 모으고, 어떻게 불려서, 어떻게 활용해야 하는지
누구 하나 쉽게 알려주지 않아 답답하기만 합니다.

집은 사는(Buy) 것이 아니라 사는(Live) 곳이라며
수많은 정책과 대안이 쏟아지고 있지만,
계속 오르는 집값에 2838세대는 혼란스럽기만 하죠.

벼락부자가 되기를 바란 적은 없지만,
벼락거지가 되기를 바란 것도 아닌데….
우리 가족이 안정적으로 살아갈 집 한 채가 필요할 뿐인데….

분수를 알자며 기약 없이 내 집 마련을 미뤄야 할까요?
그렇게 미래에 대한 준비 없이 40대를 맞아야 할까요?
고민만 하다가는 계속 밀려나게 됩니다.
냉정한 현실을 직시하고, 지금부터라도 대응해야 합니다.

포기하지 마세요! 누구에게나 기회는 열려 있습니다.
가장 어려운 일은 시작하는 일입니다.

살아남자, 2838세대!

– 비타씨·부토피아·준걸 드림 –

이 책을 함께 만든 독자에디터들의 평가

2838세대 뿐만 아니라 내 집 마련을 처음 꿈꾸는 많은 분들이 가지는 궁금증과 걱정들을 핵심만 쏙쏙 뽑아서 재미있게 풀어주셔서 새내기 부린이 지침서로 딱인 것 같아요. 불안과 걱정 대신 지금 내가 할 수 있는 게 뭘까 궁금하시다면 꼭 읽어보시길 추천드립니다. - 공감셀러 님

저자 분들이 저와 비슷한 나이대라 더 공감하며 읽었어요. 지금 집을 사도 될까? 막상 집을 산다면 어떻게 해야 하나? 막막한 분들께 이 책을 꼭 선물하고 싶어요. - 굿오쩡이 님

28살에 결혼해서 막 38세를 지나온 저로서는 이 책의 주인공들이 나누는 대화들과 관심 주제들이 모두 제 이야기 같아서 순식간에 읽었습니다. 대화 형식으로 쉽게 읽을 수 있지만 그 내용들은 하나도 가볍지 않습니다. 처음 부동산에 관심을 가지고 시작하는 20대부터, 더 자산을 늘려가고 싶은 30대까지, 읽으면 반드시 부자로 만들어줄 귀한 책입니다. - 그레이스박 님

지금까지 이런 부동산 책은 없었다! 2838세대를 위한 부동산 누드교과서!
고민 많은 부린이의 마음속에 들어왔다 나간 것처럼 쉽고 자세하게 적혀 있어서 그동안 내 집 마련과 부동산 투자에 대해 궁금하고 걱정했던 부분들이 이 책을 읽고 모두 해소되었습니다.
나와 같은 고민을 하는 친구들의 손에 꼭 쥐여주고 싶은 책! - 나온 님

이 책을 읽은 부린이들은 나처럼 큰 충격을 받을 것이다. 그리고 어느 순간 내가 그랬던 것처럼 부동산 등기권리증을 가진 자신을 발견할 것이다. - 라라랜드 님

내 집 마련에 관심 많은 지인들이 부동산 투자에 대해 물어올 때 중구난방으로 대답해주던 내용들이 일목요연하게 정리되어 있어 읽는 내내 감탄을 금할 수 없었습니다. 무엇보다 소설 형식의 스토리 전개가 이해도를 한층 높여 줍니다. 급변하는 부동산 시장에서 내 집 마련에 대해 고민이 깊은 부린이라면 이 책이 많은 도움을 줄 수 있다고 확신합니다. - 라떼비버 님

이 책에 실린 직장인들의 부동산에 대한 현실감 있는 고민에 많은 공감이 되었습니다. 대화형 문장들로 구성되어 가볍게 읽을 수 있는 부동산 책인데, 그 깊이가 남달랐습니다. 내 집 마련부터 이사, 대출, 양도소득세, 갈아타기, 재건축·재개발 투자까지…. 단계별로 깊이 있게 알려주는 알찬 책입니다. 2838세대가 궁금해하는 부동산의 모든 것을 다루고 있다고 해도 과언이 아닙니다.
- 바다처럼 님

독자에디터는 본 책의 초안을 검토하고, 편집 아이디어를 제공하고, 오탈자를 확인하는 등 독자의 눈높이에 맞는 책을 만들 수 있도록 많은 도움을 주셨습니다.

바쁜 시간을 쪼개어 참여해주신 독자에디터 8기 여러분께 깊은 감사를 드립니다.

시간이 갈수록 내 집 마련 비용은 높아지고 있어서 20대 후반에서 30대 후반까지 재테크에 본격적으로 관심을 가지고 공부해 부동산을 소유하고 있습니다. 뒤처지지 않으려면 재테크 공부는 선택이 아닌 필수입니다. 지금 집을 사도 될지 궁금하다면 꼭 이 책을 읽어야 합니다.

– 백도서관 님

이 책은 집을 마련하고자 하는 실거주자들이 현재 꼭 알아야 하는 내용과 미래 투자전략이 심도 있게 담겨 있는 책입니다. – 순수부자쏭긍정 님

아직 '영끌 투자'를 못했거나 혹은 주위의 영끌에 동참해야만 할 것 같은 조급함을 느끼신다면, 실행하기 전 일단 이 책으로 숨고르기 하시길 권유합니다. 부린이들이 궁금해 하는 것들에 대해 무엇을, 어떻게에 대한 충분한 해답을 이해하기 쉽게 알려주는 사이다같은 책입니다. – 슬로키미 님

'집값이 너무 올랐어' 하다가도, 이제라도 사야 되나? 고민 많은 요즘에 꼭 맞는 책이다. 신혼부부가 집을 마련하는 과정을 통해 입지분석부터 세금, 재건축·재개발, 최신 정책까지 알차게 구성했다. 초보자도 읽기 쉽고, 투자자에게도 도움이 될만한 꿀팁들을 담았다. 무엇보다 재밌고 이해가 잘 된다.

– 연두 님

내 집 마련부터 부동산 투자까지, 부동산에 입문하는 모든 이들을 위한 책. 초보를 위한 책이지만 깊이가 깊고 알차다. 2838세대는 아니지만 이제 막 부동산에 관심을 갖게 된 여동생에게 한 권 선물하고 싶다. – 욕망도서관장 님

『2838세대, 지금 집 사도 될까요』를 읽고 동생들에게 선물하고 싶었다. 다들 결혼할 시기가 되면서 내 집 마련에 관심을 가지고 주위에 상담을 하는 것을 많이 봤는데, 이 책 한 권이면 내 집 마련 가이드라인으로 충분할 것 같다. – 카페지니 님

부린이들에게 똑똑한 한 채만큼이나 중요한 똑똑한 한 권!

주변에 결혼을 준비하는 후배들에게 꼭 한 권 선물하고 싶습니다.

– 행복온천 님

2838세대,
지금 집 사도
될까요

2838세대,
지금 집 사도 될까요?

초판 1쇄 발행   2020년 12월 17일
초판 9쇄 발행   2021년 1월 27일

지은이   최이윤(비타씨) · 이철호(부토피아) · 박경준(준걸)

감   수   신현강(부룡)
기   획   이어진(락지니)

펴낸곳   잇 콘
발행인   록 산
편   집   전성현
디자인   김은정
마케팅   프랭크, 릴리제이, 감성홍피디, 핫콜드
경영지원   유정은

등   록   2019년 2월 7일 제25100-2019-000022호
주   소   경기도 용인시 기흥구 동백중앙로 191
팩   스   02-6919-1886

ⓒ 최이윤·이철호·박경준, 2020

ISBN 979-11-908772-5-1 13320
값   18,000원

·················· 잇콘의 풍부한 콘텐츠를 다양한 채널에서 만나보세요 ··················

내 집 마련은 절박한데,
집 사는 건 걱정되는

2838세대,
지금
집사도
될까요?

비타씨 · 부토피아 · 준걸 공저
락지니 기획
부룡 감수

잇콘

젊지만 깊은 내공의 현장형 투자가

비타씨 최이윤

20대 젊은 나이에 일찌감치 부동산 투자에 눈을 떠 서른 살에 이미 경제적 자유를 이룬 당찬 싱글 여성. 현장에 강한 공격형 투자자.

고등학교 시절부터 아르바이트로 잔뼈가 굵고, 일찌감치 집에서 독립하며 자립심을 키웠다. 집안의 전 재산이 기획부동산에 넘어갈 뻔한 아찔한 경험을 통해 부동산에 관심을 갖게 되었고, 조금만 노력하면 근로소득의 두세 배를 넘는 수익을 올릴 수 있다는 사실에 감동 받아 다른 회사의 스카우트 제안까지 포기한 채 부동산 투자에 뛰어들었다. 부족한 지식과 경험의 빈틈을 젊은 혈기만으로 메우기는 역부족이라 몇 번의 쓰라린 경험을 겪어야 했지만, 포기하지 않고 꾸준히 노력한 끝에 자신만의 투자 스타일을 찾아 훌륭한 성과를 기록하고 있다.

경매를 통한 소액 부동산 투자로 시작하여 장기적인 안목으로 매입하는 가치 투자, 신도시 청약 및 분양권 투자, 재건축·재개발 투자 등으로 분야를 차츰 넓혀왔다. 보다 체계적인 부동산 투자를 경험하고자 직접 공인중개사 사무소를 열고 수많은 계약을 처리하며 다양한 현장 경험을 쌓았고, 이를 바탕으로 현장 전문가로서의 내공을 더욱 탄탄히 다졌다. 현재 자신처럼 어려운 환경에서 시작하는 초보 투자자들의 스터디 모임을 이끌며 이들과 함께 성장하고 있다.

부토피아 이철호

꼼꼼한 데이터 분석과 흐름 파악으로 상승 예상 지역을 짚어내는 탁월한 분석가. 명문대 출신으로서 높은 연봉의 직장을 과감히 포기하고 투자와 사업으로 더 나은 미래를 실현하는 젊은 아빠.

'좋은 학교, 좋은 직장이 인생의 정답은 아니다'라는 것을 일찌감치 깨닫고 재테크에 뛰어들었지만, 부동산 투자에 대한 회의적인 시각 때문에 처음에는 주식 투자에만 올인했다. 특유의 분석력과 성실함으로 주식 투자에서 상당한 성과를 거두었으나, 직장생활과 주식 투자를 병행하기 어려운 현실 속에서 점차 부동산 투자에 관심을 갖게 되었다. 현재는 고달픈 직장생활을 정리한 전업 투자자로 제2의 삶을 살고 있다.

철저한 분석을 바탕으로 경매 투자, 가치 투자, 상가 투자, 재건축·재개발 투자 등 다양한 분야를 넘나들고 있다. 문어발식 주택 투자를 지양하고 '똘똘한 한 채'를 보유하며 키워가는 대신 상가 등 수익형 부동산 투자를 병행한다. 또한 일반인들에게 어렵게 느껴질 수 있는 부동산 데이터 분석 및 '프롭테크(Prop-Tech, 정보기술을 활용한 부동산 서비스)'의 활용법을 널리 알리며 스디디 활동을 이끌고 있다.

장기적 안목으로 접근하는 성장가치형 투자가

준걸 박경준

조급해 하지 않고 느긋하게 부동산의 미래가치에 투자하는 부동산 투자자이자 직장인. 재건축·재개발 전문 투자가.

재테크의 '재'자도 모르던 시절, 투자자의 개미지옥이라는 지역주택조합에 함부로 투자했던 뼈아픈 경험을 하고 난 후 제대로 재건축·재개발 공부를 시작했다. 초창기에는 경매를 이용한 소액 투자로 부동산 투자를 시작했으나, 발 빠르게 움직여야 하는 소액 투자는 바쁜 직장생활과 병행하기에 무리가 있다는 것을 깨닫고, 시간이 좀 걸리더라도 큰 수익이 나는 투자 스타일을 추구하게 되었다. 현재는 재건축·재개발 투자를 중심으로 시간이 지나도 가치가 떨어지지 않을 곳을 찾아 투자함으로써 매년 연봉 이상의 수익을 거두고 있다.

직장인 투자자이다 보니 시간 관리 및 네트워크 관리에도 관심이 많다. 평일엔 야근, 주말엔 부동산 공부, 그리고 아빠와 남편의 역할도 수행해야 하는 바쁜 일상을 어떻게 운영할 것인지에 대해 항상 고민하고 있다. 시간관리와 인간관계에서도 꼭 필요한 관계와 그렇지 않은 관계를 구분하고, 선택과 집중을 통해 내가 잘 할 수 있는 투자를 진행한다. 리스크를 줄이는 투자, 원칙을 지키는 투자, 그리고 꾸준히 진행할 수 있는 투자라는 기준을 지키기 위해 노력 중이다.

엄성실(가상의 인물 / 33세 / 남자 / 근면성실 절약으로 무장한 공무원)

어려운 가정 환경에서 혼자 힘으로 대학을 졸업하고 공무원 시험까지 합격한 둘째가라면 서러운 성실함의 아이콘. 제 돈으로 커피를 사마신 적이 손에 꼽힐 만큼 철저한 근검절약으로 학자금 대출을 갚고 4,000만 원을 모은 의지의 사나이. 공시생 시절부터 곁을 지켜준 소중한 여자친구 나미래와 알콩달콩한 가정을 꾸리는 것이 꿈이지만, 턱없이 부족한 신혼집 마련 자금 때문에 프러포즈를 차일피일 미루는 중.

나미래(가상의 인물 / 29세 / 여성 / 더 나은 미래를 꿈꾸는 평범한 회사원)

사랑하는 가족과 행복한 가정을 꾸리는 것이 꿈인 평범한 회사원. 경제적 아쉬움 때문에 용기 내지 못하는 남자친구 엄성실에게 부담을 주지 않으려고 해도 속마음은 사실 계속 미뤄지는 결혼이 속상하다. 세상 물정 모르고 순진한 것처럼 보이지만 알고 보면 금융회사에 근무했던 아버지의 영향으로 이것저것 주워들은 것이 많다. 다만 과감하게 투자를 실행하기엔 아직 용기가 부족해서 막연히 관심만 가지고 있을 뿐.

조금 빨리 시작한 이들의
진솔한 이야기

부룡 신현강

부지런카페 대표 / 『부동산 투자 이렇게 쉬웠어?』 저자

최근 아파트 가격이 상승하면서 젊은 세대들 사이에는 '이생집망' 이라는 신조어가 회자되고 있습니다. '이번 생에 내 집 마련은 망했다'라는 뜻이라고 하죠. 아파트 가격이 크게 오른데다가 '영끌'(영혼까지 끌어 모아서 대출을 받고 집을 산다는 뜻) 대열에도 합류하지 못하는 상황에 좌절감을 느낀 젊은 세대의 심정을 반영한 말이라는 생각을 해 봅니다.

하지만 이러한 분위기에 대해 개인적으로는 조금 아쉽기도 합니다. 하늘이 무너져도 솟아날 구멍이 있듯이, 세상을 부정적으로 보면서 좌절하는 사람보다는 꾸준히 노력하고 도전하는 사람들에게 기회가 온다는 사실을 그 동안 수없이 목격했기 때문입니다.

돌이켜보면 이 책의 저자 3인 역시 처음 시장에 진입할 때에는 분명 누군가에 비해 많이 뒤처졌던 사람들이었습니다. 하지만 이들의 가장 남다른

장점은 본인이 처한 상황에 순응하기보다는 스스로 그 상황을 극복하려고 했다는 점입니다.

20대 중반의 세상물정 모르는 철부지 아가씨 같았던 비타씨 님의 경우 과거 투자 실패에도 불구하고 이번에는 제대로 배워보겠다는 일념으로 중개업소에서 일하면서 현장을 직접 경험하고 있었고, 학교 다닐 때 공부만 했을 것 같던 준걸 님의 경우 바쁜 회사원 생활과 투자자 생활을 병행하기 위해 잠도 줄이고 서울과 지방을 오가며 성과를 쌓아 나갔습니다. 학창 시절 주식동아리 회장이었다던 부토피아 님의 경우 과거 주식 투자 경험을 기반으로 부동산 관련 데이터를 미친 듯이 파고 들면서 투자의 원리와 속성을 이해하기 전까지 절대 포기하는 않는 무서운 집념을 보였습니다. 결국 몇 년이 지난 지금 이들의 모습은 한 미디로 '일취월장' 그 자체였고, 과거 흙수저의 모습은 상상하기 어려운 수준까지 성장해 있습니다.

이 책에서 3인의 공저자는 자신들과 비슷한 연령대를 살아가는 독자들을 가리켜 '2838세대'라고 정의합니다. 이제 막 사회생활을 시작한 20대 후반부터 결혼 후 자식을 낳고 키우기 시작하며 열심히 살아가고 있는 30대 후반까지, 저자들과 비슷한 시대를 겪고 있는 이들을 지칭하는 것이라고 말이죠. 이제 막 내 집 마련에 대한 현실적 고민을 시작한 '2838세대'들에게 자신들이 먼저 했던 고민과 경험을 초보자의 시각에 맞춰 상세히 풀어나가고 있습니다.

　아마도 지금 '2838세대' 젊은이들 중에는 현재 우리나라 부동산 시장을 어떻게 봐야 할지, 어떤 식으로 접근해야 할지 모르겠다는 이들이 많을 것입니다. 더 나아가 지금 경험하는 좌절감 때문에 자칫 폭락론 같은 극단적 생각에 빠져들 수도 있습니다. 그러나 이미 앞서 나간 누군가와 비교하니 지금 뒤처진 것처럼 보일 뿐이지, 아직 관심조차 가지지 않은 이들과 비교하면 여러분은 오히려 상당히 유리한 상황이라고 생각할 수도 있습니다.

　여러분과 동시대를 살고 있으면서 조금이나마 먼저 고민을 하고 결과를 만든 젊은 저자 3인의 이야기에 귀를 기울여 보시기 바랍니다. 이 책 속에는 '2838세대'들이 가지고 있는 의문과 궁금증, 그리고 부동산과 관련된 다양한 정보 등 저자들만의 노하우가 풍부하게 녹아 있기 때문입니다. 아무쪼록 젊은 '2838세대'들이 이 책을 통해 부동산 시장을 제대로 이해하고, 보다 성공적인 투자를 할 수 있기를 진심으로 응원합니다.

좌절의 28살을 넘어, 경제적 자유에 도달한 38살이 되기를

락지니 이어진
콘텐츠디렉터 / 부지런카페 · 아웃도어키친 대표

저에게 '2838'의 시간은 절망과 두려움의 시작이었지만, 목표를 향한 도전과 열정을 통해 경제적 자유라는 결실을 얻어냈던, 인생에 있어 가장 의미 있는 시간입니다. 저뿐만 아니라 많은 이들에게도 이 시기는 사회에 첫발을 내딛고, 가정을 이루며, 자산을 불려 나가는 중요한 시간일 듯합니다.

부동산 투자를 시작한 지 어느덧 10년이 지난 지금은 괜찮은 성과를 내고 있지만, 저에게도 서툴렀던 그리고 아쉬웠던 시간이 있었습니다. 특히 투자 조기에 겪었던 가장 큰 시행착오는 부동산을 단순히 '기술적 투자'로만 접근했던 것입니다. 입지와 상품성을 무시한 채 시세 대비 저렴하게 낙찰받는 경·공매라는 기술에만 매달렸습니다. 수많은 경험을 통해 뒤늦게 깨달은 것이 바로 '부동산의 본질적 가치'였습니다.

부동산은 의식주를 구성하는 필수재일 뿐 아니라, 삶의 만족도에 무척 큰 역할을 합니다. 거주안정이 주는 행복감은 많은 사람들이 부동산을 가장 중요한 자산으로 여기는 이유, 그리고 그 가치를 키워나가려 하는 이유일 것입니다.

더 이상 외곽지로 밀려나지 않는 '거주의 방어(防禦)'를 위해 각자의 상황에서 내 자산을 지키는 것은 무엇보다 중요한 일입니다. 또한 방어만으로는 더 좋은 곳으로 나아갈 수 없기에, 부동산의 본질을 이해하며 자본소득을 높이는 투자를 병행한다면 거주의 질을 한 단계씩 높여 나아갈 수 있습니다.

이 책은 20대 후반부터 30대 후반까지, 인생의 가장 큰 전환점을 맞이하게 될 '2838세대'가 부동산의 중요성을 깨닫고 그 가치를 이해하기 바라는 마음으로 기획하였습니다. 부동산은 투자 이전에 우리 모두의 삶 속에서 깊은 영향력을 발휘하는 중요한 부분이기 때문입니다.

특히 이 책은 이론과 경험, 그리고 탄탄한 내공으로 성공의 길에 들어선 세 명의 저자가 함께 만들었기에 더욱 가치 있는 책입니다. 이 책의 저자이면서 스스로 '2838세대'이기도 한 세 명 – 어린 나이에 몸으로 부딪혀 부동산을 깨우친 탄탄한 기본기의 비타씨 님, 다양한 부동산 분야에 대한 높은 분석력을 갖추고 있는 부토피아 님, 직장인이자 두 아이의 아빠로서 부동산 투자를 통해 근로소득의 한계를 뛰어넘은 준걸 님 – 은 수 년간 성실하게 부동산을 공부하고 투자를 실천하면서, 자본주의 사회에서 부동산 본질의 가치를 깨닫게 된 저의 자랑스런 멘티들입니다. 그리고 이제는 다른 사람들에게 도움이 되어주는 멘토로 성장해나가고 있습니다. 이들이 수많은 2838세대들과 함께 나누며 소통하는 부자가 되길 바랍니다.

이 책을 읽는 많은 이들이 자본소득의 가치를 올리며 현명하게 나아갈 수 있길 바랍니다. 뜨겁고 꾸준한 열정으로 더욱 의미 있게 만들어갈 여러분의 미래를 응원합니다.

Chapter 1 아무것도 모르는 부린이, 어디로 가야 하나요

Chapter 3   # 상급지 갈아타기로 자산을 빠르게 불려보자

Chapter4

그리고 남은 이야기

미친 집값의 시대,
2838세대는 괴롭다

 와, ○○언니 너무 부럽다! 화장도 예쁘고, 예식장도 좋고…. 신랑은 뭐하는 사람이랬지?

 신랑? 글쎄, 잘 모르겠네. 무슨 부동산 투자 어쩌고 하던 것 같던데.

 부동산? 그럼 당연히 신혼집은 자가로 시작하겠네. 부럽다…. 하아….

어느 화창한 날, 정장을 빼입은 두 명의 남녀가 카페에 앉아 수다를 떨고 있다. 7년째 연애중인 엄성실과 나미래 커플로, 함께 지인 결혼식에 다녀오는 길이다. 이런저런 이야기 끝에 신부가 부럽다며 자기도 모르게 깊은 한숨을 쉬던 미래는 문득 성실의 눈치를 보고 황급히 입을 닫는다. 하지만 그런 미래의 표정을 성실이 눈치 못 챌 리 없다.

미안해. 우리도 얼른 돈 모아서 결혼해야 하는데….

 미안하긴 뭐가 미안해? 맨날 그 소리…. 정말 미안하긴 한 건가….

말끝을 흐리는 미래의 타들어가는 속을 성실도 모를 리 없다. 미래는 학교 다닐 때 만난 성실을 대학 졸업 후 반백수처럼 공무원 시험을 준비할 때에도 말없이 옆에서 기다려준 고마운 여자친구다. 하지만 이렇게 지인의 결혼 소식이 들려오는 날엔 은근히 그녀도 말끝에 가시가 돋아 있곤 했다. 마음 같아선 성실도 당장 근사한 결혼식도 올리고 멋진 집에서 알콩달콩 함께 살고 싶지만, 사정이 넉넉지 않다 보니 도저히 용기가 나지 않는다.

 나도 마음이야 당장 너한테 프러포즈 하고 싶지. 그런데 어떻게 하냐. 나름대로 아등바등 악착같이 아끼면서 살았는데, 학자금 대출이랑 이것저 것 다 갚고 나니까 수중에 있는 돈은 고작 4,000만 원이 전부인 걸. 요즘 시대에 이걸로 어디 전세라도 얻을 수 있겠어? 나도 정말… 이런 무능한 내가 싫다….

미안한 마음을 전한다는 게 그만 푸념이 되어 버렸다. 느닷없는 성실의 솔직한 고백에 미래는 입을 다물고 말았다. 사실 미래도 성실이 누구보다 열심히 살아왔다는 것을 잘 알고 있다. 어려운 가정 환경 때문에 아르바이트를 두세 개씩 하며 대학 등록금을 벌었고, 그 와중에 악착같이 공부해서 결국 공무원 시험에 합격했으며, 임용된 후에도 도시락을 들고 다니며 적은 월급으로 적금을 붓는 성실이다. 생각해보면 그렇게 열심히 사는 모습에 반했던 것인데, 미래는 갑작스런 성실의 고백에 마음이 아팠다.

아니야, 그런 말 하지 말자. 근데 오빠, 우리 꼭 비싼 집 아니어도 괜찮잖아. 오빠도 이제 직장인이니까 전세자금대출을 받으면 되지 않을까?

미래야, 너도 알다시피 나는 빚이라면 아주 지긋지긋해. 학자금 대출 갚느라 몇 년 걸렸는지 알잖아. 요즘은 전셋값이 너무 올라서 대출도 많이 받아야 할 거야.

그럼 청약은 어때? 무주택자나 신혼부부는 유리하다던데? 뭐, 물론 나는 그런 거 잘 모르지만….

글쎄, 근데 요즘은 신혼부부 특별공급도 경쟁률이 장난 아니던데? 일반 청약은 15년 무주택에 부양가족 3인 이상 아니면 어림도 없다고 하고…. 그리고 사실 청약은 뭐 대출 없나? 중도금대출도 대출이잖아. 아무리 이자가 싸도 대출 받는 건 너무 싫어.

그래도 요즘 친구들 보면 대출이랑 이것저것 '영끌'해서 집 사는 게 대세던데….

에고, 우리 순진한 미래야~. 솔직히 나는 요즘 사람들이 '영끌'이니 뭐니 하는 거 좀 걱정돼. 빚이 얼마나 무서운 건데…. 그렇게 무리해서 샀는데 집값이 떨어지면 어떡해? 우리나라는 인구가 줄어들고 있어서 앞으로 부동산 가격은 떨어질 수밖에 없어. 그러니 전세로 사는 게 안전하지. A선배 알지? 처음에 결혼할 때 형수가 온갖 빚을 다 내서 어디 금방 무너질 것 같은 낡은 아파트를 사자고 했지만, 선배가 반대해서 그 돈으로 더 넓은 신축 아파트 전세 얻어서 편하게 살잖아.

 근데 오빠, 지난번에 그 언니 만났는데, 그때 그 낡은 아파트 샀으면 지금 재건축 이야기 나와서 3억 원은 벌었을 거라고 하던데?

미래의 팩트 폭력에 엄성실은 입을 다물었다. 사실 엄성실도 A선배가 술에 취해 푸념하는 이야기를 들은 적이 있다. 자존심 센 선배라 그동안 말은 안 했지만, 작년에 집주인이 전세금을 1억 원 올려 달라고 했을 때 아내는 하루 세 번씩 "그러게 그 아파트를 샀으면…"이라는 혼잣말을 (A선배가 다 들리도록) 중얼거리면서 땅이 꺼져라 한숨을 쉬곤 했단다.

할 말이 없어진 엄성실은 괜히 아이스 아메리카노를 벌컥벌컥 들이키고 얼음까지 우드득우드득 씹었다. 그런 모습을 봤는지 못 봤는지, 미래는 계속 조곤조곤 말을 이어간다.

오빠, 내가 진짜 재테크 같은 건 잘 모르지만, 그래도 요즘 세상에는 대출 안 받는 사람이 바보래. 솔직히 우리 연봉으로는 아무리 열심히 벌고 저축해도 집 사려면 50년은 걸릴 걸? 요즘은 저축만 해서는 답이 없어, 무조건 재테크를 해야 돼.

너희 아버님은 예전에 금융회사에 다니셨으니까 주식이나 펀드 같은 거 소개해 주실 수 있지 않을까?

으이그, 우리 아빠는 자기 주식도 올해 마이너스래. 주식으로 돈 버는 게 어디 쉽나?

그, 그래? 그리고 전에 부동산 경매 배우는 친구도 있다며? 그 친구가 인천인가 어딘가에 아파트 낙찰 받았다고 했잖아. 수익형 부동산이라서 월세가 꼬박꼬박 나올 거라고 신나서 한 턱 쐈다며.

아파트가 아니고, 아마 오피스텔일 걸? 월세가 50만 원씩 나오긴 하는데, 잘은 모르지만 원리금이 한 달에 55만 원씩 나간다더라.

뭐야. 그럼 오히려 한 달에 5만 원씩 마이너스? 거봐. 부동산 투자라는 게 그렇디니까. 다음에 민나면 차라리 일찍 필아버리라 해.

오피스텔에 투자한 미래의 친구 이야기는 이랬다. 경매를 통해 낙찰받은 낡은 오피스텔에 1,200만 원을 들여 올수리를 했다. 다행히 세입자가 잘 구해져서 보증금 1,000만 원을 받고 월세 50만 원이 꼬박꼬박 통장에 들어

왔지만, 1년 후 담보대출 거치기간이 끝나자 이자와 함께 원금까지 상환하기 시작하면서 현금 흐름은 오히려 마이너스가 됐다. 친구는 급한 마음에 시세보다 1,000만 원이나 깎아서 팔아달라고 중개사에게 내놨지만 여전히 팔리지 않고 있단다.

사실 미래는 재테크로 노후 준비를 할 거라며 당당히 독신을 선언한 친구가 내심 멋져 보였다. 하지만 '화려한 싱글'인 줄 알았던 그 친구가 알고 보니 '허리 휜 싱글'이었다는 사실에 뭐라 위로할 말을 찾지 못했다. 딱히 할 말이 없어 잠시 침묵이 흐르는 가운데, 혼잣말로 성실이 나직하게 중얼거렸다.

 다른 사람들은 부동산으로 몇 억 원씩 잘만 번다는데…. 우리는 대체 뭐가 문제일까? 돈이 없는 게 문제인가?

그때 뜻밖에 옆자리에서 이런 단호한 대답이 들려왔다.

 돈이 없는 게 아니라, 방법을 모르는 거겠죠.

성실과 미래는 깜짝 놀라서 옆자리를 바라보았다. 그곳에는 비슷한 또

래로 보이는 세 명의 남녀가 대화 중이었는데, 사실 그 대답은 성실과 미래에게 한 것은 아니었다. 단지 자기들끼리 대화를 나누던 중에 나온 것이었는데 하필 성실의 중얼거림과 맞물렸던 것뿐이었다. 성실과 미래는 내심 놀란 가슴을 쓸어내렸지만, 자기도 모르게 그 사람들의 이야기에 계속 신경이 쓰였다. 방법을 모르는 게 문제라고 말했던 여성이 계속 말을 이어가고 있었다.

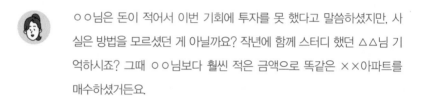

○○님은 돈이 적어서 이번 기회에 투자를 못 했다고 말씀하셨지만, 사실은 방법을 모르셨던 게 아닐까요? 작년에 함께 스터디 했던 △△님 기억하시죠? 그때 ○○님보다 훨씬 적은 금액으로 똑같은 ××아파트를 매수하셨거든요.

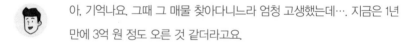

아, 기억나요. 그때 그 매물 찾아다니느라 엄청 고생했는데…. 지금은 1년 만에 3억 원 정도 오른 것 같더라고요.

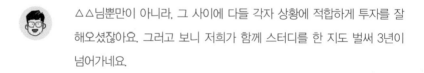

△△님뿐만이 아니라, 그 사이에 다들 각자 상황에 적합하게 투자를 잘 해오셨잖아요. 그러고 보니 저희가 함께 스터디를 한 지도 벌써 3년이 넘어가네요.

성실과 미래는 신기한 생각이 들었다. 분명히 자신들과 비슷한 또래인데, 대화는 완전히 차원이 다른 수준의 부동산 투자에 대한 것이었다. 스터디? 부동산도 스터디를 한단 말인가? 대체 1년 만에 3억 원을 번다는 게 정말 가능한 일인가? 성실과 미래는 약속이나 한 듯 귀를 쫑긋 세우고 대화에 집중했다.

그런데 너무 과하게 집중했던 걸까? 어느 순간 대화가 끊어지더니 조용한 침묵이 흐른다. 성실과 미래가 무슨 일일까 싶어 돌아본 순간, 아뿔싸… 그 사람들이 이쪽을 돌아보고 있는 것 아닌가. 당황한 성실이 먼저 인사를 건넸다.

아, 죄, 죄송합니다! 엿들으려던 건 아니었어요. 사실 저희가 요즘 부동산 때문에 고민이 많은데 때마침 그런 이야기가 들려서요. 어떤 분들이시기에 그런 이야기가 오고 가는지 너무 신기해서 그만….

성실의 변명 아닌 변명에 그쪽 사람들도 미소를 짓는다. 그중 한 남자가 먼저 말을 건넸다.

그러셨군요. 저희는 뭐 그렇게 이상한 사람들은 아니고요. 부동산 투자 스터디를 이끄는 멘토들입니다.

저는 '부토피아'라는 닉네임으로 활동하고 있고요, 이쪽 남자분은 '준걸', 그리고 이쪽 여자분은 '비타씨'라는 닉네임으로 활동하고 있습니다.

우와!, 닉네임 들어본 적 있어요! 준걸 님, 부토피아 님, 비타씨 님이라니, 부동산 카페에서 뵙던 분들을 여기서 뵙게 되네요! 정말 반가워요!

반가움에 벌떡 일어난 미래를 보며 성실은 귀를 의심했다. 아니, 금융이나 부동산, 재테크에 대해서 아무것도 모른다던 사람이 부동산 카페 활동까지 하고 있었단 말인가? 얌전한 고양이 부뚜막에 먼저 오른다더니…. 성실의 눈초리를 의식한 미래는 머쓱하게 다시 자리에 앉았다.

아니, 요즘은 부동산 투자자들이 경제 흐름을 더 빠르게 읽으니까, 예비 신부 교양 차원에서…. 어쨌든 이분들, 부동산 전문가이신 건 확실해.

그렇게 말씀해 주시니 너무 감사해요. 그나저나 부동산에 대한 고민이라니 대체 어떤 고민이신데요? 저희가 조금이나마 도움이 될 수도 있을 것 같은데요.

성실과 미래는 너무나 기뻤다. 세상에 이런 행운이 있나! 재테크, 특히 부동산에 대해 고민하던 중에 우연히 이런 사람들을 만나다니!

20대 후반에서 30대 후반까지 근로소득을 벌면서 부동산과 재테크에 본격 관심을 갖게 되는 세대를 '2838세대'라 할 수 있다. 여기에 속한 이들이라면 한 번쯤 누구나 내 집 마련과 부동산 투자에 대해 생각해 봤을 것이다. 하지만 딱히 시원한 대답을 해줄 사람을 찾기도 어렵고, 인터넷에는 검증되지 않은 정보들이 넘쳐난다. 게다가 4050세대의 재테크 경험담은 요즘 2838세대들이 처한 상황과 맞지도 않는다. 여유자금이나 투자금의 규모가 크고, 자산 증식의 기회가 많았던 선배 세대 이야기가 요즘처럼 양극화가 심해진 시대에 먹힐 리 만무하니 말이다.

성실과 미래는 마음속으로 이 기회를 절대 놓치지 않으리라 결심했다. 그리고 두 사람은 약속이나 한 듯 동시에 질문을 던졌다.

"지금 집 사도 될까요?"

Chapter 1

아무것도 모르는 부린이,
어디로 가야 하나요

"무리해서 집을 사느니
전세가 안전하지 않을까요?"

테이블을 붙이고 모여 앉은 다섯 명 사이에는 묘한 어색함이 흘렀다. 엄성실과 나미래, 일명 '부린이(부동산+어린이) 커플'은 부동산에 대해 알고 싶은 마음에 용감하게 합석을 하긴 했지만, 너무 생초보이다 보니 막상 무엇부터 물어봐야 할 지 알 수가 없었다. 오히려 건너편에 앉은 비타씨, 부토피아, 준걸 등 젊은 멘토 3인방은 어떤 질문이 나올지 기대하며 눈빛을 반짝이는 중이다. 먼저 입을 연 건 성실이었다.

투자의 시작은 실거주집 마련에서부터

저… 그럼 결혼을 할 때 집을 사는 게 좋다는 말씀이신가요? 조금 무리하더라도 전세보다 자가가 낫다는 말씀이신지….

마치 시험 성적표를 기다리는 학생처럼 불안한 눈빛으로 물어보는 성실을 보며 부토피아가 입을 열었다.

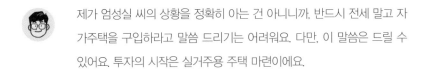

제가 엄성실 씨의 상황을 정확히 아는 건 아니니까, 반드시 전세 말고 자가주택을 구입하라고 말씀 드리기는 어려워요. 다만, 이 말씀은 드릴 수 있어요. 투자의 시작은 실거주용 주택 마련이에요.

실거주할 주택을 마련하기 위해 투자를 시작하는 사람들도 있던데, 반대로 내가 실거주할 주택을 마련하는 것이 먼저라는 건가요?

투자하는 사람도 결국 본인이 살 집 한 채는 필요하잖아요. 실거주용 내집 마련이 되어 있지 않다면 전세나 월세를 살아야 한다는 의미겠죠.

(미래를 바라보며) 제 말이 바로 그 말이에요! 전세로 살면 되잖아요!

하지만 심리적인 측면을 무시할 수 없습니다. 실거주 주택 없이 세입자로 살고 있는 분들은 대체로 불안감이 클 수밖에 없어요. 임대료를 올려달라는 요구나 집을 매도할 예정이니 나가 달라는 요구를 받을까 두렵고, 실거주용 주택을 사기도 전에 집값이 오를까 걱정하기도 하지요. 그래서 그 조급함 때문에 빨리 투자로 돈을 벌어야 한다는 부담감을 느끼고, 이 분야 저 분야 기웃거리면서 오히려 방향성을 잡지 못하는 경우가 생깁니다.

부린이 커플은 고개를 끄덕였다. 그러나 굳이 무리하면서 실거주집 마련을 할 필요가 있는지에 대해서는 여전히 납득하기가 어려웠다. 그런 표정을 읽었는지, 부토피아는 계속해서 이야기를 이어갔다.

실거주용 내 집 마련은 '방어와 지키기'의 개념입니다. 지금은 내가 가진
한정된 돈으로 집을 매수하여 거주할지, 전세로 거주할지를 선택할 수
있을지 몰라도 시간이 흐를수록 내 선택지가 점차 줄어들게 될 거에요.
제 말이 사실인지 과거의 데이터를 가지고 함께 팩트체크 해 보실래요?
(스마트폰을 보여주며) 자, 이건 지난 35년 동안 전국의 매매가격과 전세가
격을 지수로 나타낸 그래프입니다. 시기에 따라 등락이 발생하기도 하지
만, 장기적으로는 우상향한다는 것, 보이시나요?

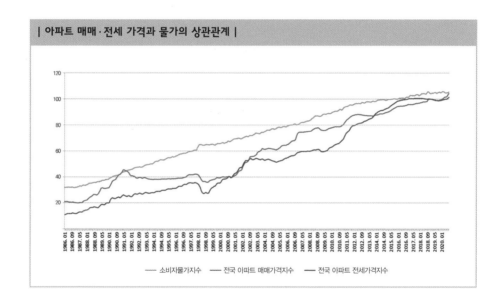

 오~ 정말 그러네요.

 이건 전체적인 지수를 나타낸 거니까, 실제 사례도 그런지 한 번 보여 드
릴게요. 이건 지난 10년간 서울시 강남구 도곡동의 도곡렉슬아파트 전세
가격 그래프입니다(뒤쪽 참조). 10년 동안 얼마나 올랐을까요? 무려 9억
6,000만 원 올랐네요. 매년 9,600만 원씩 오른 셈이죠.

엄청나긴 한데, 그렇지만 여기는 강남이잖아요.

 그러면 다른 곳도 한 번 살펴보죠. 뭐. 이건 용인 수지태영데시앙1차아파트의 그래프입니다. 10년 동안 전세 가격이 얼마나 올랐죠? 여기도 무려 3억5,000만 원이나 올랐습니다.

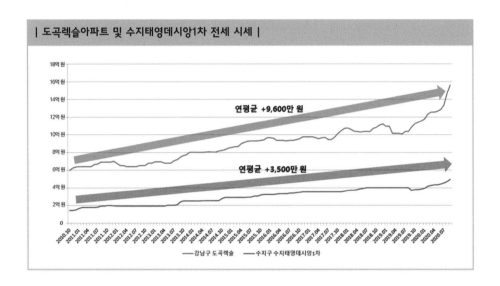

| 도곡렉슬아파트 및 수지태영데시앙1차 전세 시세 |

 매년 3,500만 원씩 오른 셈이로군요. 와, 그러면 전세 계약이 일반적으로 2년이니까, 한 번 재계약할 때마다 7,000만 원씩 올려줘야 했겠네요.

 맞습니다. 그 돈을 준비할 수 없는 분은 어떻게 될까요? 아마 다른 동네로 이사를 가야겠지요. 전세가 싼 곳을 찾아 점점 더 바깥쪽으로, 외곽으로 밀려나는 겁니다. 많은 분들이 성실 씨와 비슷한 생각을 합니다. 그동안 집값이 꽤 많이 상승한 것을 봤기 때문에 '지금 사면 너무 오른 가격에 사는 거라서 위험해'라고 걱정하는 것이죠. 하지만 좀 전에 보여 드린 그래프를 생각해 보세요. 그럼 집을 사지 않고 전세로 사는 건, 과연 안전하다고 할 수 있을까요?

시간이 갈수록 내 집 마련 비용은 높아진다

성실은 전세로 사는 것이 오히려 내 집 마련의 기회를 멀어지게 한다는 이야기를 듣고 살짝 충격을 받았다. 옆에서 조용히 듣고 있던 준걸이 입을 열었다.

 S그룹에 입사해서 몇 년 동안 돈을 모은 후 신혼집을 광교신도시에 마련한 친구가 있습니다. 전세였죠. 그때가 2012년 말이었는데, 그 친구도 부동산에 대해서 잘 모르니까 처음에는 그냥 전세로 들어가서 살겠다고 하더라고요.
2년이 금방 갔죠. 전세 재계약을 할 때가 되니까 광교의 아파트 시세가 이미 꽤 상승한 상태였습니다. 그때 무척 고민을 하더라고요. 그래서 저는 "전세보증금을 올려 주느니 차라리 집을 매수하는 게 좋겠다"라고 답했습니다. 하지만 친구는 여전히 "폭락하면 어떡하지"라고 막연하게 걱정만 하더니 결국 다시 전세금을 1억 원 올려 주고 재계약을 하더라고요.

 그래서 그 이후에는 어떻게 됐나요?

준걸이 해 준 이야기는 이랬다. 다시 2년이 흐르고 전세 재계약 시점이 다가왔는데, 이번에는 올려줘야 할 전세금이 무려 2억3,000만 원이나 되었다. 준걸은 "이번에야말로 집을 꼭 사야 한다"라고 조언했지만, 이미 그 아파트의 시세가 4년 전과 비교해 너무 많이 오른 상황이라 친구는 이번에도 매수를 부담스러워했다.

준걸은 그렇다면 광교라는 도시 자체의 인프라가 괜찮으니 주변의 구축 아파트라도 사라고 조언했다고 한다. 하지만 친구는 이번에도 전세를 선택했고, 지금까지도 전세자금대출을 갚고 있다고 한다.

제 친구 사례이긴 하지만, 주변에 이런 분들이 꽤 많습니다. 광교에만 있는 현상도 아니고 여러 지역에서 흔히 볼 수 있어요. 제 친구가 2016년에 다소 늦게나마 광교의 주변 구축 아파트라도 매수하라는 제 조언을 따랐다면 현재는 거주 안정성과 더불어 많은 시세 차익도 얻었을 테죠. 광교라는 지역 자체가 크게 올랐으니까요.

그러나 당시 전세를 선택했던 제 친구는 이제 더 오른 전세금을 마련할 여력이 없어서 구축 아파트 전세 신세를 면하지 못하고 있는 상황입니다. 이런 이야기를 들으니 어떤 생각이 드시나요?

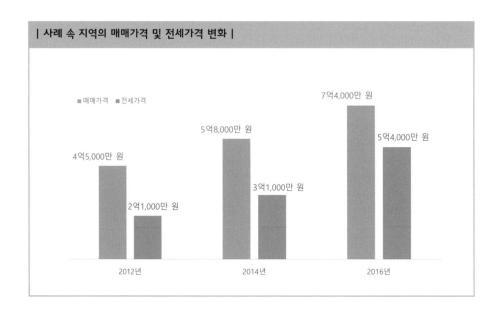

| 사례 속 지역의 매매가격 및 전세가격 변화 |

■ 매매가격 ■ 전세가격

7억4,000만 원

5억8,000만 원

5억4,000만 원

4억5,000만 원

3억1,000만 원

2억1,000만 원

2012년   2014년   2016년

하긴, 어쨌든 살 집은 필요하니까 전세로 사는 것보다는 집을 매수해서 거주하는 것이 나을 수 있겠네요. 미래의 가치를 생각한다면 더욱 더…. 그런데 아무리 생각해도 지금은 너무 비싼 것 같아요.

 저런, 여전히 그렇게 생각되신다면 제 경험담을 들려드리도록 하죠.

지금 좋은 집보다,
앞으로 좋을 집을 찾자

준걸의 내 집 마련 이야기

준걸은 무엇부터 말할까 생각하는듯 잠시 뜸을 들이더니 이야기를 시작했다.

무식은 언제나 죄! 제대로 알아보고 투자해야 하는 이유

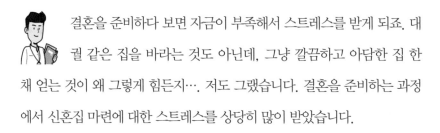

결혼을 준비하다 보면 자금이 부족해서 스트레스를 받게 되죠. 대궐 같은 집을 바라는 것도 아닌데, 그냥 깔끔하고 아담한 집 한 채 얻는 것이 왜 그렇게 힘든지…. 저도 그랬습니다. 결혼을 준비하는 과정에서 신혼집 마련에 대한 스트레스를 상당히 많이 받았습니다.

그 무렵 전화 한 통이 걸려왔습니다. 주변에 그런 사람 한 명씩 있잖아요. 가깝지는 않지만 부자인 친척 말입니다. 저도 집안 모임에서 가끔 뵈던 부동산 재력가 한 분이 있었는데, 유독 저를 챙겨주곤 하셨습니다. 그런 분이 갑작스레 연락을 주시더니 좋은 투자 정보를 주겠다고 하시는 겁니다.

이제 너도 결혼 자금 만들어야지! 고수익을 올릴 수 있는 투자처를 소개해 줄까 하는데, 혹시 1억 원 정도 갖고 있나?

결혼 자금? 고수익? 투자처? 당시 제가 필요한 세 가지가 바로 그것이었죠. 물론 저는 재테크의 '재' 자도 모른 채 회사일에만 매진할 때였고, 부동산에 대해선 더더욱 모르던 시절이었습니다. 가슴속 어딘가에서 피어오르는 싸한 느낌을 지울 수 없었지만, 제 이성을 마비시킨 세 개의 단어가 그때는 마치 황금 동아줄처럼 느껴졌습니다.

무식하면 언제나 용감하지요. 무엇에 홀린 듯 이끌렸고, 정신을 차려 보니 이미 투자처로 향하는 고속버스에 타고 있었습니다. 묻고 따지는 것은 왠지 그분에게 염치없는 행동이라고 생각됐고, 그분의 재력이 곧 보증수표라는 생각에 그저 믿고 싶은 대로, 듣고 싶은 내용만 들은 채 바로 계약을 진행해 버렸습니다. 그러나 곧 알게 되었죠. 모르는 건 죄! 무식은 세상에서 가장 나쁜 거라고 말입니다.

망했다…!

가슴에 비수가 날아와 꽂혔습니다. 언제나 그렇듯 후회는 아무리 빨리 해도 늦는 법이죠. 그분께서 저를 유독 아껴서 특별히 알려주신 투자 정보란 다름 아닌 '지역주택조합', 이른바 지주택이라는 것입니다. 해당 지역의 주민들끼리 조합원이 되어 독자적으로 아파트를 건설하는 방식으로, 얼핏 보면 재건축·재개발과 비슷해 보이지만 법령이나 진행 방식이 매우 다릅니다.

해당 지주택 담당자는 "일시납으로 납입하면 조합원 분양가를 할인해 준다"고 했습니다. 어려울 것 없지요. 조합이 있고, 토지도 있고, 이제 아파트만 지으면 되는데 거기다 30% 할인 분양이라니…. 1억6,000만 원짜리 아파트를 1억1,000만 원에 살 수 있는 기회인데 안 할 이유가 없어 보였습니다. 그렇게 단 한 번의 설명과 단 한 번의 어설픈 이해, 그리고 단 한 번의 달콤한 상상의 대가로 입사 후 몇 년 동안 아끼고 아껴서 모은 피 같은 1억1,000만 원이 지주택의 검은 주머니로 들어가 버렸습니다.

지주택! 난다 긴다 하는 부동산 전문가들도 말리는 투자가 바로 지주택입니다. 친척분이 일부러 그러신 건 아니겠지만, 만약 누군가 지주택 투자를 권유한다면 '나와의 인연을 끝내고 싶은 사람이구나'라고 생각하시면 됩니다.

해당 물건은 몇 년이 지난 지금까지도 사업이 제자리걸음입니다. 그 사이 건설사는 네 번이나 변경되었고, 조합원 모집도 제대로 이뤄지지 않았지요. 오히려 제가 분양을 받을 때에 비해 조합원 수가 절반으로 줄어든 상태입니다. 조합사무소에 찾아가 조합에서 탈퇴할 테니 원금을 돌려달라고 요구하길 여러 번, 조합은 이런저런 핑계만 대면서 조금만 기다려 달라는 답변만 반복합니다. 현재는 원금 회수를 위한 소송을 진행중입니다.

다시 생각해 봐도 참으로 어리석은 '묻지마 투자'를 한 것이죠. 우리는 돈이 많은 사람을 보면 일단 능력 있는 사람이라고 생각하면서 무한 신뢰하는 경향이 있습니다. 특히 "너만 알려주는 거야"라는 말은 신뢰도를 높이는 마법의 속삭임입니다. 저 또한 그랬습니다.

저는 휴대폰 하나 바꿀 때도 각기 다른 오프라인 매장에서 여러 번 상담을 받고, 온라인 쇼핑몰을 뒤지고 또 뒤지면서 몇 주에 걸쳐 결정을 내리는 사람입니다. 직장이 있는 지방에서 여자친구를 만나려고 서울로 향할 때도 몇 천 원을 아끼겠다고 우등버스 대신 일반버스를 타는 사람이었죠. 그랬던 제가 1,000만 원도 아닌 1억 원이 넘는 돈을 투자하면서 들인 시간은 고속버스를 타고 휘익 둘러본 단 1시간, 그게 전부였습니다.

굳이 위로하자면, 이런 아픈 경험을 통해 드디어 부동산에 관심을 가지게 된 것이긴 합니다. 특히 지주택과 비슷하다고 느껴진 재건축·재개발 투자에 관심을 가지게 되기도 했습니다.

보이는 집 말고, 앞으로 보일 집

한평생 서울에 살다가 직장으로 인해 지방에서 거주하게 되었습니다. 처음에는 서울로 다시 올라갈 생각에 집을 사지 않고 전세로 살았습니다. 하지만 근무를 하면 할수록 앞으로 이곳에서 계속 살게 될 것 같다는 생각이 강하게 들었습니다. 그래서 이곳에 내 집 마련을 해야 하나 생각하던 중이었는데 아내 역시 같은 생각을 하고 있었습니다.

 오빠! 우리 서울로 갈 수 있긴 한 거야? 여기서 계속 직장생활 할 거면 언제까지 전세로 불안하게 살 수 없지 않겠어? 2년마다 이사 다닐 수도 없고.

그런데 문제는 그때까지 잠잠하던 이곳이 갑자기 상승세를 타더니 옆팀 과장이 살던 아파트가 5,000만 원이 올랐네, 1억 원이 올랐네 등 '억'소리 나는 일들이 벌어지기 시작했다는 겁니다. 그때부터 '전세 탈출! 실거주 마련!' 프로젝트가 시작되었습니다.

처음에는 원래 살던 아파트부터 보았습니다. 당시 거주하던 집은 회사와 도보 10분 거리에 있었고, 딸도 어린이집에 적응하여 즐겁게 다니던 때였습니다. 지방에 내려와서 아는 사람 하나 없이 외로워하던 아내도 어느새 동네 친구를 사귀어서 활기차게 지내고 있었습니다. 막상 이사를 가려고 하니 걸리는 부분이 한두 가지가 아니었던 거죠.

그렇다고 매매로 사기에는 동네에 인프라가 부족했고 학군이 좋지 않았습니다. 아파트도 너무 오래되어 투자 가치도 낮다고 판단했습니다.

이때, 오해하시면 곤란한 것은 '구축 아파트라서 투자 가치가 낮다'라고 생각한 것이 아니라는 점입니다. 우리가 알고 있는 서울의 잠실주공5단지, 은마아파트 등은 구축이면서도 그 지역의 대장급 아파트로서 자리를 지키고 있습니다. 이런 아파트는 다른 지역에도 많습니다. 다만 제가 살던 곳의 투자 가치가 낮다고 생각한 이유는 단순히 오래된 아파트여서가 아니라, 아파트도 낡았는데 인근의 인프라와 학군까지 좋지 않았기 때문입니다. 이런 이유 때문에 제가 거주하던 곳은 매매 후보지에서 제외되었습니다.

'회사도 가깝고 아이도 잘 적응했고 이 동네에서 몇 년 더 거주하면 딱 좋은데….'

'지금 아파트는 너무 구축이야. 이 다음에는 신축 아파트로 가고 싶다. 최소한 지하주차장은 연결되어 있어야 하는 거 아니야?'

'기왕 사는 거 투자 가치도 있으면 좋겠는데….'

집을 알아보는 와중에도 머릿속에서 각자 떠 다니던 생각들을 조합해 보니 답이 나왔습니다.

 아! 재건축·재개발!

마침 그때는 재건축·재개발(3장 참조)에 대해서 공부를 시작한 때였습니다. 공부를 할 때만 해도 이것을 바로 써먹게 될 줄은 몰랐습니다. 심지어 투자가 아닌 실거주로 말이죠. 재건축·재개발 물건을 매수하면 내가 원하는 조건을 모두 충족시킬 수 있겠다고 생각했습니다. 인프라와 학군이 좋은 지역, 하지만 건물이 낡았으니 아이가 학교를 가게 될 때쯤 신축 아파트로 바뀐다면 더 이상 바랄 게 없지요.

물론, 투자 가치 여부는 사업성이 좋은 구역을 골랐을 때 이야기입니다.

그때부터 제가 집을 알아보는 방법과 과정은 이전과 완전히 달라졌습니다. 기존 아파트를 매수할 때는 제가 원하는 조건에 더해서 그곳의 입지와 시장 분위기 등만 살폈다면 재건축·재개발은 여기에 사업성, 사업 단계, 미래에 완성됐을 때의 상황까지 고려해야 했기 때문입니다.

제가 서울에서 본 재건축·재개발 지역은 모두 다 상승했습니다. 하지만 제가 있는 곳은 지방이기에 서울처럼 모든 곳이 다 상승할 것이라고 기대하기는 어려웠습니다. 그래서 제가 택한 방법은 해당 지역 중에서도 중심지 대장 아파트부터 시세 조사를 하는 것입니다.

 아유~ 왜 이렇게 늦게 왔어요. 불과 반년 전보다 2억 원 이상 올랐어요. 그리고 지금 물건도 주인들이 다 거둬들였어요.

이렇게 말하는 중개사 앞에서는 아쉬운 표정을 지었지만 속으로는 쾌재를 불렀습니다. 왜냐하면 대장 아파트의 시세는 곧 인근 아파트를 비롯한 재건축·재개발 구역의 미래가치를 예상하게 해 주기 때문입니다.

저는 곧장 인근 재건축 구역을 찾아갔습니다. 일반적인 아파트 재건축이 아닌 단독주택 재건축이 진행되는 곳이었습니다. 단독주택 재건축은 낡은 단독·다가구주택, 다세대·연립주택 지역을 아파트단지로 만드는 사업으로, 언뜻 재개발과 비슷해 보이지만 기반시설이 양호한 곳에서 아파트 재건축과 비슷한 방식으로 진행됩니다. 현재는 법규가 개정되면서 사라졌고, 기존 구역들에서만 사업 진행이 가능합니다. 예상대로 그곳은 아직 눈에 띄게 매매가가 확 오르진 않았지만, 실투금(실제 투자금)이 저렴한 매물들이 빠르게 팔려나가고 있었습니다.

 이 매물들이 소진되고 나면 여기도 대장 아파트처럼 가격이 오르겠다. 지금이다!

재건축 구역이므로 단순히 위치와 가격만 보고 결정할 것이 아니라 어느 사업 단계에 위치했는지를 중점적으로 봐야 합니다. 재건축 사업은 법으로 정해진 사업단계에 따라 진행되기 때문에 내가 진입하려는 구역의 사업 단계가 어디쯤인지에 따라 수익률이 달라질 수 있습니다.

이 구역은 아직 사업시행인가 단계이긴 했지만, 조만간 그보다 한 단계 다음인 관리처분인가를 목전에 둔 곳이었습니다. 재건축의 경우는 한 단계 한 단계를 넘어설 때마다 몸값이 훌쩍 뜁니다. 그래서 관리처분인가를 목전에 두었지만 아직 그 단계를 뛰어넘지 않아 가격이 저렴한 상태였다는 점이 이곳의 매력 포인트였습니다. 저는 이 구역을 매수하기로 했고 중개사를 통해서 한 매물을 소개받았습니다(사업시행인가 및 관리처분인가에 대한 설명은 이 책의 3장을 참고하세요).

 이 매물은 가격이 괜찮은데 조건이 있어요. 매도자 분들이 시내에 전원주택 지어서 이사를 가려는 분들이라 집이 지어질 때까지 1년 이상 이 집에서 전세로 계속 사셔야 해요.

집주인이었던 사람들이 세입자가 되어 1년을 더 살고 싶다는 뜻입니다. 저는 오히려 '새로운 세입자를 구하지 않아도 되니 편하겠구나' 하는 생각과 함께, 여기 땅값이 꽤 비싼데 전원주택을 짓다니 여유로운 분들이구나 하는 생각이 들었습니다.

집을 보기 위하여 중개인이랑 갔는데 이게 웬일인가요? 재건축 사업이 진행되고 있고, 곧 관리처분인가가 나면 철거될 집인데 이렇게 리모델링이 잘 되었을 수가 있나요? 예상대로 경제적으로 여유로운 분들이라 그런지, 매도자들은 곧 헐리든 말든 당장 내가 거주할 집이니 예쁘고 깔끔하게 살고 싶다며 창틀(새시)부터 내부 인테리어까지 모두 마쳤던 것입니다.

매도자 부부가 저희 부모님과 연배가 비슷하셔서 저도 괜히 반가운 마음에 이런저런 대화를 나누게 됐습니다. 그 과정에서 알게 된 것은 이 집의 감정평가가 대충 이뤄졌다는 사실입니다. 원래 감정평가를 할 때는 감정평가사가 집집마다 방문을 해서 각각의 가치를 매겨야 하는데, 현실에서는 방문하지 않고 토지가에만 집중하여 지도로 위치만 확인한 채 감정평가를 하기도 합니다. 이 집이 딱 그런 식으로 감정평가가 된 것입니다. 감정평가 금액이 높을수록 나중에 제가 부담할 조합원분담금이 줄어들 수 있기 때문에 아무리 생각해도 이 부분은 너무 아쉬웠습니다.

 이렇게 좋은 상태의 예쁜 집을 이 정도 가격으로만 평가해 준다고? 감정 평가사가 안 와봐서 그래. 이 집을 직접 보면 생각이 달라질 거야. 감정 평가, 내가 다시 받는다!

이 집에서 충분히 가치를 뽑아낼 수 있다고 생각되는 것은 모조리 사진에 담았습니다. 깔끔한 내부 사진, 교체한 지 얼마 안 된 창틀, 정원에 심어진 아름드리 나무, 원목으로 꾸민 계단 등 좋아 보이는 건 전부 사진을 찍어 PPT 파일로 만들었고, 이것을 근거로 '감정평가 이의신청'을 했습니다. 사실 감정평가 이의신청이 쉽게 받아들여지는 것은 아니라서 반신반의 했는데, 다행히 몇 주가 지난 후 결과서가 다시 나왔습니다. 결과는 기존 감정평가액에 2%가 더해진 가격. 적다면 적은 금액이지만 딱히 돈 들인 것 없이 잠깐의 노력만으로 그 집은 몇 백만 원의 가치를 더 인정받게 되었습니다.

처음 해당 구역에 진입할 당시에는 평당 700만 원의 수익을 예상하고

진행하였습니다. 당시 대장 아파트의 시세는 평당 2,200만 원이었는데 대장 아파트와의 거리는 2km에 불과했고, 대장 아파트의 연식은 30년에 가까워지고 있었기 때문에 제가 매수한 물건의 가치는 최소 평당 2,000만 원은 될 것이라고 기대했습니다. 사실 신축으로 바뀌었을 때는 대장 아파트를 넘어설 수도 있겠다는 기대를 했지만 시장에 어떤 변수가 발생할지 모르기 때문에 최대한 보수적으로 접근하였습니다.

저는 프리미엄을 포함하여 평당 1,300만 원에 매수했습니다. 현재는 예상했던 것보다 부동산 시장의 분위기가 좋아서 더 큰 시세 차익을 기대하고 있습니다.

여유를 가지고 시간에 투자하다

현재 해당 구역은 철거가 진행중이며, 조만간 일반분양이 이뤄질 예정입니다. 이곳에도 부동산 상승 흐름이 전해진 덕에 시행사가 빠르게 일을 처리했고, 사업은 지연 없이 원만하게 진행되고 있습니다. 앞으로 3년쯤 후에 저는 가족들과 대단지 신축 아파트에서 새로운 생활을 시작하게 됩니다. 마침 그 시기에는 첫째가 초등학교에 입학을 하는데, 단지 내에 초등학교가 있어 시기적으로나 위치적으로나 매우 만족스럽습니다.

처음 제가 이 구역을 선택한 이유 중 하나는 매물의 소진 속도였습니다. 관리처분인가를 앞두고 매물이 빠르게 팔려 나가면서 가격이 오를 거라 생각했던 제 예측이 들어맞았고, 매수한지 얼마 되지 않아 큰 폭으로 가격이 상승한 것을 확인하였습니다.

많은 분들이 당장 들어가서 살 수 있는 주택만을 보곤 합니다. 저 역시 재건축·재개발이라는 분야를 알지 못했다면 마찬가지였겠지요. 하지만 재건축·재개발은 시간에 투자하는 방식입니다. 그런 투자 전략을 선택한 덕분에 아이는 초등학교에 입학하기 전까지는 다니던 어린이집을 계속 다닐 수 있게 되었고, 저는 직장과 주거지가 가까운 직주근접의 편리함을 유지할 수 있었습니다. 미래가치를 보는 안목이 있고, 느긋하게 기다릴 마음의 여유가 있는 분이라면 재건축·재개발로 실거주용 주택을 마련하는 것도 좋은 방법이라고 생각됩니다.

3기 신도시가 만들어진다는데 청약을 기다린다면

준걸의 생생한 내 집 마련과 투자 이야기에 성실과 미래는 잠시 넋을 잃고 빠져들었다. 실거주 주택에도 다양한 전략이 있을 수 있다는 것을 예전에는 미처 생각하지 못했기 때문이다. 미래가 성실에게 말했다.

오빠, 우리도 집을 사자. 청약 넣어보는 거 어때? 신혼특공(신혼부부 특별공급) 넣으면 되잖아.

근데 신혼특공은 뭐 넣으면 다 되나? 내 주위에서 신혼특공 낙첨된 사람 한 명도 없던데…. 어떤 선배는 벌써 네 번이나 넣었는데 한 번도 안 됐더라. 나는 어렸을 때부터 제비뽑기든 객관식이든 한 번도 당첨된 적이 없다고.

하긴, 내 친구는 나름 머리 써서 경쟁률이 적을 것 같은 인천 끝 쪽에 넣었는데, 거기도 사람이 어마어마하게 몰렸다더라고. 설마 거기까지 사람들이 몰리겠나 싶었는데도 그랬대. 분양하는 세대수도 꽤 많던데, 대체 그런 건 누가 당첨되는 걸까?

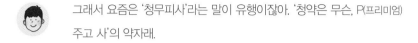

그래서 요즘은 '청무피사'라는 말이 유행이잖아. '청약은 무슨, P(프리미엄) 주고 사'의 약자래.

그럼 우리도 '청무피사' 해야 하나?

우리가 P를 얹어줄 돈이 어디 있어? 피 같은 돈, P로 쓰고 싶지 않다….

2838세대는 왜 청약에 당첨되기 힘들까

옥신각신 이어지는 둘의 대화에 잠시 침묵이 흘렀다. 이 어색한 분위기를 어쩌나 싶을 때쯤 비타씨가 말을 이었다.

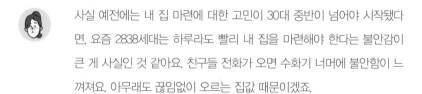

사실 예전에는 내 집 마련에 대한 고민이 30대 중반이 넘어야 시작됐다면, 요즘 2838세대는 하루라도 빨리 내 집을 마련해야 한다는 불안감이 큰 게 사실인 것 같아요. 친구들 전화가 오면 수화기 너머에 불안함이 느껴져요. 아무래도 끊임없이 오르는 집값 때문이겠죠.

그렇지만 관심도만 높아졌을 뿐, 2838세대는 청약에 당첨되기가 오히려 힘든 것 같아요. 기분 탓일까요?

슬프게도 사실이랍니다. 젊은 세대일수록 청약가점이 낮으니까요. 저는 청약점수가 8점이랍니다. 하하. 요즘 뉴스를 보면 청약가점이 만점(84점)

인 사람이 나왔다느니, 신청자의 최저 점수가 60점이라느니 하던데, 그에 비하면 터무니없는 점수죠.

왜 젊은 사람은 점수가 낮은 거죠?

청약이라는 제도 자체가 부양가족이 많고 무주택 기간이 긴 사람에게 혜택이 많이 가도록 설계되어 있거든요. 게다가 그 무주택 기간이라는 것도 30세 이상부터 해당되기 때문에 젊은 사람들은 점수가 낮을 수밖에 없는 거죠.

요즘 제 동료들 중에는 결혼식을 올리고도 아이가 생길 때까지 혼인신고를 하지 않는 부부들이 꽤 있어요. 물어보면 신혼특공 가능 기간이 혼인후 7년 이내라서, 그 전에 가점을 쌓고 당첨 가능성을 높인 후에 혼인신고를 하려고 그런다네요.

뭐어? 에잇, 진짜 청무피사 할 만하네. (성실의 눈치를 보며) 차라리 그냥 주택을 매수해 버리는 게 더 낫겠어요.

다섯 사람 모두 씁쓸해졌다. 부린이 커플은 자신들의 앞날이 막막해서였고, 멘토 3인방은 이런 현실이 안타까워서였다. 문득 성실이 질문을 꺼냈다.

얼마 전에 3기 신도시를 만든다는 발표가 났잖아요? 조금 더 무주택 상태로 기다렸다가 3기 신도시에 청약을 넣어보면 어떨까요? 규모도 엄청 큰 것 같고, 경쟁률이 좀 낮을 것도 같고, 정부가 신경 쓰는 사업이기도 하고….

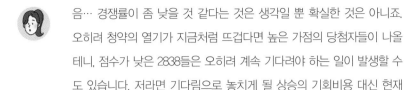

음… 경쟁률이 좀 낮을 것 같다는 것은 생각일 뿐 확실한 것은 아니죠. 오히려 청약의 열기가 지금처럼 뜨겁다면 높은 가점의 당첨자들이 나올 테니, 점수가 낮은 2838들은 오히려 계속 기다려야 하는 일이 발생할 수도 있습니다. 저라면 기다림으로 놓치게 될 상승의 기회비용 대신 현재 자금 여력이 된다면 속 편하게 집을 매수하겠어요.

하지만 뉴스에서는 2024년에 입주 예정이라고 하던데요. 사전청약은 2021년에 받는다고 하고요. 그럼 1년도 안 남았잖아요.

그렇다고 해도 꼭 당첨된다는 보장은 없으니까요. 그렇게 무턱대고 기다리다가는 부토피아 님처럼 후회하게 될 수도 있을 걸요?

신도시 계획 일정을 믿지 마라

갑작스런 강제 호출에 깜짝 놀란 부토피아는 들고 있던 커피잔을 떨어뜨릴 뻔했다. 부토피아가 말을 넘겨받았다.

아니, 갑자기 나는 왜…. 흠흠… 하긴 제가 산증인이긴 하죠. 저는 예전에 과천지식정보타운이 곧 분양된다는 말만 믿고 계속 월세로 버틴 적이 있었는데, 분양이 계속 연기되더라고요. 시간과 기회비용만 버리고 결국 청약은 넣어보지도 못했어요. 신도시 발표 계획을 곧이곧대로 믿으시면 안 됩니다. 함께 뉴스 내용을 살펴보며 팩트체크 해볼까요? 이 기사를 한 번 보시죠.

"국토교통부 장관이 지난달 31일 30대의 아파트 매수 열풍과 관련해 3기 신도시 등 정부가 추진 중인 공급대책이 실현될 때 청약을 하는 것이 더 나은 선택일 것이라는 취지의 발언을 했다. 지난달 25일 "30대의 '영끌'(영혼까지 끌어 모아 돈을 마련)이 안타깝다"고 발언한 것의 연장선이다.

김 장관은 이날 국회 국토교통위원회 전체 회의에 출석해 "8·4공급대책 등을 통해 공급대책을 발표했고 3기 신도시 등 다양한 선택의 기회가 있다"며 "그런 문제(청약가점이 낮아 분양 대신 매수에 나서는 상황)가 있다고 할 때 '영끌'해서 집을 사는 게 장기적으로 도움이 되는지, 서울이나 신도시에서 향후 공급될 물량을 생각해 조금 기다렸다가 적정한 가격에 매수, 즉 분양을 받는 것이 좋을지 생각해봐야 한다"고 말했다.

(2020.08.31. 동아닷컴 "30대 '영끌'해서 아파트 살지 말고 청약 기다려라")

저도 이 기사를 봤어요. 3기 신도시에 물량이 많아서 30대에 당첨 기회가 갈 테니, 지금 영끌 해서 집 사지 말고 기다리라는 뜻으로 이해했는데, 아니었나요?

그 말이 맞기는 합니다. 다만 3기 신도시가 언제 분양을 할 것인지, 그리고 정말로 그때 30대가 청약에 당첨될 수 있을지 등에 대해서는 언급하지 않고 있지요. 과거 신도시들은 어땠는지 비교해 볼까요? 오른쪽 표는 LH공사가 발표한 신도시 관련 정보예요. 개발 기간이 얼마나 되는지 보이시나요?

음… 어떤 곳은 6년 정도밖에 안 걸렸고, 반면에 어떤 곳은 14년까지 걸린 곳도 있네요. 세상에, 14년이 걸려야 완성된다니!

게다가 최초 분양시점은 개발이 시작된 해로부터 최소 3년이 흐른 뒤에 이뤄졌습니다. 더 오래 걸리는 경우도 많고요. 평택 고덕국제화도시를 한 번 볼까요? 개발계획이 발표된 건 2008년이었지만 최초 분양은 7년

이 흐른 뒤인 2015년도 하반기였습니다. 만약 이곳의 청약을 기다린 28세의 청년이 있었다면, 실제 분양할 때는 이미 35세가 되었을 거예요. 자녀가 있는 35세 가장이었다면 이미 42세가 되었을 거고요. 생각해보세요. 그 기간 동안 청약가점을 높이겠다며 집을 사지 않고 오로지 전·월세로만 생활했다면? 아마 엄청 고생을 했을 겁니다.

구분	성남 판교	화성 동탄1	화성 동탄2	김포 한강	파주 운정	광교	양주 (옥천/ 회천)	위례	평택 고덕	인천 검단
LH공사가 발표한 신도시 관련 정보										
위치	경기도 성남시 판교동 일원	경기도 화성시 동탄면 일원	경기도 화성시 석우동, 반송동, 동탄면 일원	경기도 김포시 김포2동 일원	경기도 파주시 교하읍 일원	경기도 수원시 이의동, 용인시 상현동 일원	경기도 양주시 옥정동 외 10개동	송파구 거여동, 장지동, 성남시 창곡동, 하남시 학암동	경기도 평택시 서정동, 고덕면 일원	인천시 서구 불로동, 원당동, 마전동, 당하동 일원
부지면적 (㎢)	8.9	9.0	24.0	11.7	16.5	11.3	11.2	6.8	13.4	11.2
주택건설 (천 호)	29.3	40.9	115.9	60.9	87.3	31.1	58.3	42.9	54.5	70.8
수용인구 (천 명)	88	124	286	168	215	78	163	107	135	117
인구밀도 (명/ha)	98	138	119	144	130	69	146	158	100	158
개발연도	2003~ 2014	2001~ 2015	2008~ 2015	2002~ 2013	2003~ 2017	2005~ 2014	2007~ 2018	2008~ 2017	2008~ 2020	2009~ 2015
개발 주체	경기도, 성남시, LH	LH	LH, 경기도시 공사	LH	파주시, LH	경기도, 수원시, 용인시, 경기도시 공사	LH	LH	경기도, LH, 경기도 시공사, 평택도시 공사	인천시, 인천도시 공사, LH
사업비 (억 원)	87,043	42,353	161,144	87,872	136,092	93,968	73,791	112,479	81,603	98,239
최초 분양	2006. 03	2004. 06	2012. 08	2008. 08 (2006. 03)	2006. 09	2008. 09	2012. 10	2011. 11	2015. 하	2016. 하
최초 입주	2008. 12	2007. 01	2015. 01	2011. 06 (2008. 03)	2009. 06	2011. 07	2014. 11	2013. 12	2018. 하	2018. 상

그렇군요, 갑자기 정신이 번쩍 드네요.

 그리고 조만간 실시한다는 사전청약제도는 사실 이번에 처음 언급된 것이 아니라 과거에도 있었답니다. 과거에 있었던 사전청약과 본청약 사이의 기간에 대해서도 살펴볼까요?

사전청약 시행 단지의 실제 추진현황							
단지	사전 예약	본청약 (예정)	본청약 (실제)	본청약 연기기간	입주 (예정)	입주 (실제)	입주 연기기간
서울 강남 강남LH이편한세상	2009. 10	2011. 07	2011. 07	–	2013. 06	2013. 06	–
서울 서초 우면 서초힐스	2009. 10	2011. 01	2011. 01	–	2012. 12	2012. 12	–
고양 원흥도래울4단지	2009. 10	2011. 12	2011. 10	단축	2014. 4	2013. 12	단축
하남 미사강변동일하이빌	2009. 10	2012. 09	2015. 10	3년 1개월	2014. 12	2018. 02	3년 2개월
서울 위례22단지비발디	2010. 03	2011. 06	2011. 12	6개월	2013. 12	2013. 12	–
서울 서초더샵포레	2010. 05	2013. 04	2013. 08	4개월	2013. 11	2014. 08	9개월
구리 갈매6단지	2010. 05	2012. 04	2016. 05	4년 1개월	2014. 10	2018. 01	3년 11개월
남양주 다산자연앤롯데캐슬	2010. 05	2011. 11	2015. 04	3년 5개월	2014. 09	2018. 09	3년 4개월
부천 옥길브리즈힐	2010. 05	2012. 02	2013. 10	1년 8개월	2014. 06	2016. 07	2년 1개월
서울 구로 항동2단지	2010. 11	2014. 04	2018. 09	4년 5개월	2015. 04	2019. 07	4년 3개월
하남 감일스윗시티B4	2010. 11	2013. 05	2019. 01	5년 8개월	2015. 10	2021. 10	6년
인천 구월아시아드선수촌2단지	2010. 11	2012. 03	2012. 05	4년 1개월	2015. 04	2015. 06	2개월

 사전청약과 실제 현실 사이에는 상당한 간격이 존재하는 거군요. 그런데도 뉴스에서는 그렇게 3기 신도시가 곧 실현될 것처럼 이야기하다니, 희망고문이 따로 없네요.

 마무리로 3기 신도시의 규모와 일정이 대략 어떠한지만 살펴보도록 하죠. 아래 표를 보시면 정부가 발표한 일정이 나와 있습니다. 하지만 앞의 다른 신도시 상황을 살펴보았으니, 실제 청약이 언제 이루어질지에 대해서는 각자의 상상에 맡기도록 하겠습니다.

과거 사례를 통해 살펴보니 3기 신도시를 무턱대고 기다리면 안 될 것 같네요.

| 3기 신도시 건설 일정 |

지구명	면적(㎡)	가구수	지구 지정	현황	보상 착수	착공	공급
남양주왕숙	1,134만	6.6만	2019. 10	지구계획 수립 중 (2020년 승인 신청, 2021년 확정)	2020. 12	2022	2022
하남교산	649만	3.2만					
인천계양	335만	1.7만					
고양창릉	813만	3.8만	2020. 03	지구계획 수립 중 (2021년말 지구계획 확정 목표)	2021	2022	2023
부천대장	343만	2.0만	2020. 05	지구계획 수립 중 (2021년말 지구계획 확정 목표)	2021	2022	–
과천과천	155만	0.7만	2019. 10	지구계획 수립 중 (2020년 승인 신청, 2021년 확정)	2020. 下	2021. 末	2021. 末

아, 한 가지만 더 추가하겠습니다. 만약 3기 신도시를 분양할 때 수도권 부동산 시장의 분위기가 좋지 않다면 어떨까요? 집값이 바닥이었던 몇 년 전을 떠올려 보세요. 그런 상황이라면 그때도 과감하게 청약통장을 써 버리실 수 있나요? 가점은커녕 청약 경쟁률이 낮다 못해 미분양이 발생할 수도 있는데요?

음… 아까운 청약통장을 그렇게 써버릴 수는 없겠죠.

저라면 확실하지도 않은 곳을 마냥 기다리는 것보다는 현재 자신의 상황을 파악해 보겠습니다. 당첨 확률이 있다 싶으면 앞으로가 아니라 지금 나오는 현장에 도전하는 거죠. 확률이 너무 적다면 그냥 집을 매수할 수도 있습니다.

청약은 정말 '로또'일까

    그렇지만 여전히 성실은 청약에 대한 미련을 버리지 못했다. 주변에서
'청약은 당첨만 되면 무조건 로또'라는 말을 들은 탓인지, 무주택이면서 신
혼부부 특공이 가능한 자신들의 상황을 이용해서 한 방을 노려보고 싶은
마음이 없지 않은 탓이다. 그런 생각을 읽었는지, 잠자코 있던 준걸이 말을
보탰다.

지방 광역시에 살고 있는 제 입장에서는 권해드릴 마음이 반반입니다. 3
기 신도시는 서울 주변의 수도권에 만들어지기 때문에, 사전청약 대상
역시 서울이나 수도권 거주자에 한정되겠죠. 그래서 서울이나 수도권에
거주하면서 어느 정도 가점을 만들며 준비하신 분들한테는 좋은 기회가
될 수도 있을 거예요.

아, 정말 그렇네요! 그럼 서울에 사는 저 같은 경우에는 3기 신도시 청약
을 기다려 보는 것이 좋을지도 모르겠네요. 당첨만 되면 로또 맞죠?

하하, 그렇긴 하죠. 요즘 하도 '로또청약'이라는 말이 많이 나오니까 무조
건 기다려야겠다고 생각하는 분들이 은근히 많으시더라고요. 판단은 성
실 씨의 몫이지만, 문제는 상당수가 청약이 뭔지, 정확히 어떤 프로세스
로 진행되는지도 모른 채 무조건 청약만 되면 로또라고 생각한다는 겁
니다. 심지어 지방 거주자들까지 3기 신도시에 대한 기대감 때문에 집을
안 사고 기다리겠다는 경우를 보면 아주 답답합니다. 이 분들은 어쩌면
사전청약의 기회조차 오지 않을 가능성이 큰데 말이죠.
심지어 3기 신도시가 정확히 어디에 있는지도 모르는 사람들이 꽤 되더

라고요. 성실 씨는 3기 신도시가 어디에 있는지 알고 계신가요? 3기 신도시 중 정확히 어디에 청약을 하고 싶으신 건데요?

음… 저는 뭐 남양주나, 하남이나….

남양주 어디요? 하남 어디 말씀이세요?

(민망해 하며) 흠흠….

정확히 잘 모르시겠죠? 어쩌면 성실 씨도 막연하게 청약만 당첨되면 로또겠거니 생각하시는 걸지도 몰라요.

사실 그렇긴 한데, 그렇지만 당첨되면 로또인 건 맞잖아요. 그러니까 일단 넣어보는 거고요.

'로또'라는 표현이 틀린 말은 아니죠. 당첨만 되면 엄청난 수익이 따라오지만, 그만큼 당첨되기 어렵다는 사실까지 포함해서 말입니다.
앞서 비타씨 님이 이야기했듯이 2838세대는 청약점수가 좋을 수가 없습니다. 그런데 사람들이 원하는 좋은 아파트는 엄청나게 높은 점수가 필요해요. 그렇게 낮은 확률에 도전하느라 좀 더 나은 기회를 놓치는 것을 보면 안타까울 때가 많습니다.

너무나 뼈아픈 팩트 폭력이라 성실은 딱히 대답을 할 수가 없었다. 이번에는 다시 부토피아가 이야기를 이어받았다.

준걸 님이 '좀 더 나은 기회'를 놓친다고 하신 게 어떤 의미인지 구체적으로 보여드릴게요. 청약을 기다리는 사이에 기존 아파트들의 집값은 과

연 제자리일까요? (다시 스마트폰을 꺼내며) 이번에도 그래프를 하나 보여
드릴게요. 2020년 10월말 기준으로 살펴본 전년대비 집값 상승률을 나타
낸 자료입니다.

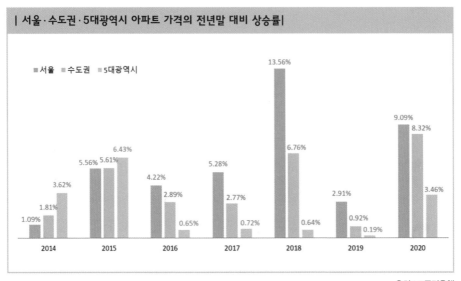

| 서울·수도권·5대광역시 아파트 가격의 전년말 대비 상승률|

출처:KB국민은행

 상승률이라는 건 전년과 비교했을 때 오른 폭이 얼마나 되느냐는 것이죠?
상승폭은 달라도 플러스일 경우에는 무조건 오르긴 오른 거겠네요.

 그렇습니다. 지난 6년간 서울과 수도권의 가격을 보면 계속해시 플러스
를 기록하고 있지요? 가격이 꾸준히 올랐다는 의미입니다. 그런데 이게
서울과 수도권에만 해당되는 내용일까요? 5대 광역시도 마찬가지였습
니다.

 역시나 플러스… 계속 올랐네요.

이 말인즉슨, 3기 신도시 청약만 바라보고 몇 년의 시간을 흘려보내는 동안 다른 아파트를 매수해서 자산을 불릴 수 있는 기회가 희생된다는 뜻입니다. 아까 준걸 님이 말씀하신 것과 같은 맥락이죠.

좋은 조건을 고집하기보다 현재 상황에 가능한 물건을

부토피아의 부연 설명에 고맙다는 눈빛을 보내며 준걸이 다시 말을 이어받았다.

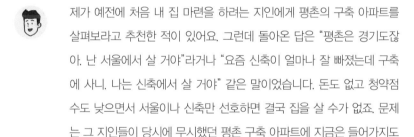

제가 예전에 처음 내 집 마련을 하려는 지인에게 평촌의 구축 아파트를 살펴보라고 추천한 적이 있어요. 그런데 돌아온 답은 "평촌은 경기도잖아. 난 서울에서 살 거야"라거나 "요즘 신축이 얼마나 잘 빠졌는데 구축에 사니. 나는 신축에서 살 거야" 같은 말이었습니다. 돈도 없고 청약점수도 낮으면서 서울이나 신축만 선호하면 결국 집을 살 수가 없죠. 문제는 그 지인들이 당시에 무시했던 평촌 구축 아파트에 지금은 들어가지도 못한다는 겁니다.

아, 딱 제가 아는 선배 이야기네요. 가지고 있는 돈으로 썩어가는 구축 아파트를 사느니 새 아파트에 전세로 들어가자고 아내를 설득했는데…. 이제는 집값은 올랐는데 대출은 막히고, 집을 살 수 있는 조건이 많이 까다로워져서 난감해 하더라고요.

그 말을 듣고 있던 미래가 갑자기 끼어들었다.

그 말도 맞긴 한데요, 아무래도 살기에는 서울이 좋은 게 사실이고, 아파트도 새 아파트인 게 훨씬 좋잖아요.

충분히 이해됩니다. 서울의 신축 아파트를 선호하는 건 누구나 마찬가지일 테니까요. 사람마다 집을 선택할 때 중요하게 보는 것들이 있을 테고요. 하지만 자원은 한정되어 있으니 뭔가를 선택할 때 모든 요소를 충족하긴 쉽지 않습니다. '한 가지를 얻기 위해서는 열 가지를 포기해야 된다'는 말도 있잖아요.

그럼 그 지인이 만약 '서울'이나 '신축'이라는 요소를 포기하고 평촌의 구축 아파트를 매수했다면 현재는 만족을 하고 있을까요?

그건 모르지만, 적어도 내 집이라는 안정감과 시세 차익은 충분히 누릴 수 있었을 거예요. 그런데 더 큰 문제는, 이미 집을 산 사람이라면 다행이지만 '좀 더 벌어서 수도권에 진입해야지'라고 생각했던 사람들입니다. 지금은 그때와 달리 15억 원 초고가 아파트에 대해서는 대출이 금지되었고, 9억 원 초과분에 대해서는 LTV가 20% 밖에 적용되지 않아요. (LTV에 대한 설명은 뒤쪽에서 자세히 다룰 예정) 사실상 대출이 막힌 거죠. 그만큼 직접 조달해야 하는 비용이 늘어났으니 쉽게 진입을 할 수가 없게 되었습니다.

그러면 앞으로 어떻게 될지 모르니 결국 현재 상황에서 가능한 물건을 사 놓는 것이 유리하다는 말씀이군요?

네, 3기 신도시는 분양 일정이 잡히면 그때 가서 생각하시고, 지금은 다른 집부터 생각하셔도 충분합니다.

내 집 마련 후에도 청약이 가능하다고?

부린이 커플이 알겠다는 표정으로 고개를 끄덕이자 멘토 3인방도 만족스러운 미소를 지었다. 자신들의 메시지가 잘 전달된 것 같았기 때문이다. 비타씨가 성실을 돌아보며 말을 이었다.

 결론적으로 두 분도 괜히 3기 신도시 기다리면서 2년마다 전세금 올려주면서 이사 다니지 마시고, 우선 보금자리부터 마련하시라는 거예요. 먼저 자기 상황에서 최선을 생각하고 단계별로 계단을 오르듯 자산을 키워나가는 거죠.
공부를 할 때도 0점을 맞는 사람이 갑자기 100점을 맞을 수는 없잖아요. 처음에는 일단 50점을 목표로 잡고, 점차 100점을 맞기 위해 노력하는 거죠. 목표를 너무 높게 잡으면 금방 지치고 포기도 빠르잖아요? 저희 셋 모두 그런 단계를 밟아서 현재까지 왔고, 지금도 미래를 위한 한 단계를 지나고 있답니다.

그런데 막상 청약을 포기하고 구축 아파트를 매수한다면 그동안 청약만 바라보며 긴 무주택 기간을 가진 사람들 입장이 난감하겠네요.

음… 청약가점이 낮다면 오히려 우선 집을 사고 청약을 하시는 걸 추천하고 싶네요.

(깜짝 놀라며) 네? 집이 있는 사람도 청약을 할 수 있나요?

유주택자라고 해서 청약을 못하는 건 아니에요. 추첨제도 있고, 그 밖에도 다양한 청약 전략이 있거든요.

설령 청약에 당첨되지 못했더라도, 다른 사람이 당첨된 분양권에 P를 얹어주고 매수하는 것도 좋은 방법일 수 있답니다. 청약 당첨이 되어서 분양권을 받는 것이나, 다른 사람의 분양권을 사는 것이나 어쨌든 앞으로 지어질 신축 아파트의 가치를 저렴하게 선점하는 건 마찬가지거든요. 단지 다른 사람의 분양권을 살 때는 P를 얹어줌으로써 조금 더 비용이 늘어난 것뿐이죠.

요즘은 '줍줍'이란 것도 많이 한다고 듣긴 했어요.

맞아요. '줍줍'이란 미계약분 현장추첨 물량을 말하는 거예요. 간단히 설명하자면, 청약에 당첨되었지만 정식 계약을 포기한 사람들의 물건을 일반인들이 추첨으로 받아가는 거죠.

그것도 신축 아파트를 저렴하게 선점하는 방법이 될 수 있나요?

당연하죠! 여기 계신 부토피아 님도 처음에는 청약에 도전했지만 안 됐어요. 그러다 '줍줍'으로 만족스러운 시세 차익을 보신 후에 소중한 내 집을 마련했답니다.

그렇군요. 하지만 구체적으로 어떻게 해야 한다는 건지는 솔직히 잘 모르겠습니다. 실례가 안 된다면 구체적인 이야기를 들어볼 수 있을까요? 아까 청약만 기다리다가는 부토피아 님처럼 후회를 할 수도 있다고 하셨잖아요. 그건 무슨 뜻이지요?

불확실한 미래보다
눈앞의 기회가 먼저

부토피아의 실거주 주택 마련 이야기

부토피아는 흑역사(?)를 털어놓으려니 왠지 부끄럽다는 듯한 표정이었지만, 조곤조곤 자신의 이야기를 시작했다.

청약만 바라본 신혼부부, 실패를 되풀이하다

 직장생활을 시작하면서부터 대학생 때부터 꾸준히 해온 주식 투자가 예전만큼 신통치 않았습니다. 아무리 시간을 쪼개도 대학 다닐 때만큼 기업분석에 몰두할 시간적 여유가 없었으니까요. 미래에 대한 불안감과 주식 투자에 대한 고민이 점점 커지면서, 예전이었다면 그냥 지나쳤을 부동산으로 돈을 번 사람들의 이야기가 마음에 와 닿기 시작했습니다.

 그냥 집을 사서 살기만 했는데 돈을 번다고?

그때부터 부동산 투자에 대해 조금씩 물어보기 시작했습니다. 그 지역에서 가장 선호하는 단지는 어디이고 이유는 무엇인지, 학군이나 환경 등 선호하는 입지의 요건은 무엇인지, 투자를 어떻게 시작하면 좋은지 등등.

그때 추천받은 것이 바로 청약입니다. 부푼 꿈을 안고 '마지막 택지지구' 라는 광고가 요란했던 ○○지구 모델하우스에 제 인생 처음으로 방문을 하게 됐습니다. 그때까지 저는 신축 아파트에 살아본 적이 없었기 때문에 번쩍번쩍한 주방가구와 가전제품, 고급스런 소품과 조명에 넋이 나갈 수밖에 없었지요. 하나하나에 감동하며 이 아파트를 분양받고 싶다는 생각이 점점 강해졌습니다.

하지만 분양가를 확인하고 난 후 그대로 얼어 붙었습니다. 확장비와 기타 옵션까지 포함하면 분양가는 4억 원에 육박했습니다. 그 돈을 마련할 엄두가 나지 않았던 저는 결국 청약을 포기했습니다. 당시에 중도금대출은 없었냐고요? 당연히 있었을 겁니다. 다만 그때의 제가 중도금대출의 존재조차 몰랐던 왕초보였을 뿐이죠. 지금의 저를 알고 계신 분들이라면 정말 의외라고 생각하시겠네요. 이후에도 청약에 대한 관심은 계속 놓지 않았습니다.

그 이후 저희가 노린 곳은 과천지식정보타운. 평생 한 번뿐인 신혼부부

특별공급을 이용한다면 우리도 수억 원의 로또분양을 받을 수 있다는 꿈에 젖어 있었죠. 그러나 예정되었던 분양 일정은 토지주들과의 보상 문제 때문에 계속 늦어지고 있었습니다.

그 사이에 힐스테이트 녹번역의 분양이 먼저 시작되었습니다. 서울의 신축 아파트이기 때문에 역시나 로또분양이 될 거라는 예상이 많았습니다. 저도 관심은 있었지만, 더 좋은 곳을 노리고 싶다는 욕심이 들었습니다. 마침 아내도 같은 생각이었습니다.

 여보, 우리 특공 기회는 한 번뿐인데 여기 쓰는 건 아깝지 않아?

아내도 그렇게 말하니 더 이상 고민할 필요도 없었지요. 그러나 그것은 우리만의 생각이었습니다. 신혼특공 청약 날짜 불과 며칠 뒤, 정부가 무주택자를 위한 청약제도 개편안을 꺼내 든 것입니다. 부부 중 누구라도 혼인기간 내에 주택 보유 경험이 있다면 특별공급 1순위 자격을 박탈한다는 내용이었습니다. 대상자들의 강한 반발에 2순위 자격은 가능하도록 바뀌었지만 경쟁이 치열한 청약 시장에서는 사실상 무용지물이었습니다.

청천벽력 같은 소식이었지요. 저희는 주택 보유 경험자입니다. 여기서 자세히 다루진 않았지만 청약을 기다리다 지쳐 경매로 주택 한 채를 낙찰받은 뒤 어렵게 매도한 경험이 있었습니다. 경매로 낙찰받아 몇 달을 속만 썩이다 매도한 집이 발목을 잡은 것입니다. 차라리 자격이 됐던 녹번 아파트에 청약을 시도했다면 억울하지는 않았을 텐데, 더 좋은 곳만 찾다가 시기를 놓쳤던 실수가 너무나 뼈아팠지요. 처음에는 경매만 바라보다가 한 번의 기회를 놓쳤다면, 이번에는 신혼특공만 바라보다가 또다시 기회를 놓친 셈이지요. 그 사이에 주변 집값은 더욱 올라 있었습니다.

부동산을 처음 접하는 분들이 자주 저지르는 실수는 '사고 싶은 부동산에 대한 눈높이를 너무 높게 잡는 것'입니다. 현재 자신의 상황을 냉정하게 진단하지 못한 채, 누가 봐도 좋은 A급 아파트만 바라볼 뿐, 약간 떨어지는 B급 아파트는 거들떠 보지도 않습니다. 그러다 두 아파트를 다 놓치고 나서 후회를 하는 것입니다.

원하는 곳에 한 번에 올라갈 수 있는 투자자는 극히 드뭅니다. 현재 상

황을 명확히 진단하고, 인내심을 가지고 계단을 오르듯 차례로 올라야 합니다. 한 번에 오르려다가 가랑이가 찢어지거나 굴러 떨어지는 상황이 발생할 수 있으니, 당장 잡을 수 있는 기회를 잡는 게 더 낫습니다.

분위기에 휩쓸리지 말고 시장의 추이를 보라

두 번의 쓰라린 경험으로 내 집 마련에 대한 열망을 깊숙이 품고만 있던 어느 날 청량리 한양수자인의 미계약분 현장추첨 소식을 듣게 되었습니다. 심지어 당일 공지되었기 때문에 만사를 제쳐두고 달려가야 하는 상황이었지요. 이번엔 기회를 놓치지 않겠다고 다짐했습니다. 이때는 부동산 공부가 좀 더 되어 있었기에 이 단지를 잡아야 한다는 확신이 있었거든요.

사실 이 단지가 현장추첨을 한다는 것 자체가 놀라웠습니다. 현장추첨으로 길게 줄을 세우는 부작용을 없애고자 정부는 1순위 청약 전에 미계약분 사전 인터넷청약 제도라는 것을 만들었는데, 그것이 적용된 첫 번째 단지가 바로 이곳이었거든요. 이 사전 인터넷청약에 몰린 사람은 무려 1만4,000명. 당연히 물량이 남아서 현장추첨까지 나오게 될 거라고는 상상도 못했습니다. 그만큼 계약을 포기한 사람이 많아야 한다는 뜻이니까요.

이곳에 현장추첨 물량이 나온 것은 당시 시장 상황 때문이라고 생각됩니다. 2019년 어마어마한 물량을 쏟아냈던 잠실 헬리오시티의 입주는 마무리되었지만, 2020년에는 다시 고덕 재건축단지의 입주가 예정되어 있기 때문에 서울의 부동산 시장은 계속 좋지 않을 거라는 의견이 많았습니다. 게다가 청량리에 10억 원짜리 아파트 분양이 가당키나 하냐며 고분양가 논란이 일기도 했지요.

덕분에 청약 마감 후 발표된 실제 경쟁률은 겨우 4.64대 1이었습니다. 사람 심리가 참 그렇습니다. 만약 분양 시점에 시장 상황이 좋았다면 청량리에 예정되어 있는 수많은 호재를 발판 삼아서 고분양가 논란을 이겨내고 높은 경쟁률이 형성되었을 것입니다. 당연히 현장추첨 물량은 나오지도 않았겠지요. 전반적으로는 상승기였지만 시장 상황이 일시적으로 좋지 않았던 덕분에 경쟁률은 5대 1 이하로 떨어졌습니다. 그런데 이렇게 되면 사람들은 또 이런 생각을 합니다.

'내가 통장을 잘못 쓴 걸까?'

'분양가가 정말 비싼 게 아닐까?'

'앞으로 하락이 오는 건 아닐까?'

예비 당첨자는 물론 1만4,000명에 달하는 미계약분 사전 청약자들도 아마 이런 생각 때문에 섣불리 계약에 나서지 못했던 것이겠지요. 그러나 저는 확신이 있었습니다. 2019년 상반기가 상승기가 진행되다가 살짝 꺾인 시점이었다는 판단 히에 괴기 시장 중 비슷했던 시기를 찾아보았는데, 바로 2004년이었죠.

당시에도 청량리 한양수자인처럼 고분양가 논란과 함께 미분양 잔여 세대가 발생했습니다. 대표적인 곳이 바로 상암5단지, 잠실3단지 등이었습니다. 시장이 다시 상승기가 되면서 가격은 어떻게 됐을까요? 지나고 보니

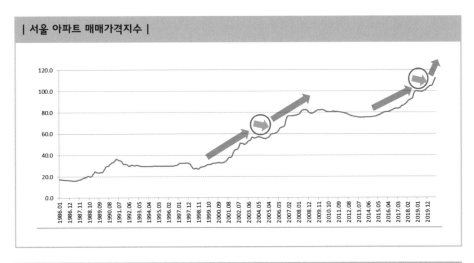

| 서울 아파트 매매가격지수 |

고분양가 논란이 일었던 주요 아파트 단지의 가격 변화 추이					
지역	단지명	평형	분양가 (2003~2004년)	시세 (2009년)	분양가 대비 상승률
서울	상암5단지	33평형	2억3,626만 원	7억2,500만 원	206.9%
	잠실3단지(트리지움)	25평형	4억7,122만 원	7억2,000만 원	52.8%
	잠실4단지(레이크팰리스)	26평형	4억7,440만 원	7억3,500만 원	54.9%
인천	논현 신영지웰	36평형	2억5,000만 원	4억2,500만 원	70.0%
화성	다솜마을동문굿모닝힐	32평형	1억9,000만 원	2억3,000만 원	21.1%

고분양가라던 그 가격은 고분양가가 아니었던 것입니다.

다시 찾아온 기회를 과감하게 붙잡다

물론 시장이 크게 상승하여 지나친 고분양가로 인한 미분양이 발생한다면 시장이 꺾인다는 뜻일 수 있습니다. 하지만 그런 상황이 아니라고 판단되었습니다. 단순하게 현재의 주변 시세보다 싸지 않다고 고분양가라고 할 게 아니라, 향후 가격 상승 여력이 충분한지를 봐야 합니다. 그런 확신으로 추첨 현장에 도착해서 발표를 기다렸습니다.

 담당자 　16번째 당첨자입니다. 이○○ 씨!

 　어? 어어? 대박! 정말 나야?

그렇게 저는 미계약 잔여 세대 중에서도 가장 좋은 40층대 물건의 주인이 되었습니다. 이후 서울의 매수심리에 다시 불이 붙으면서 확실한 시세차익이 예상됩니다. 아직 청약통장을 쓰지도 않았으니 언젠가 그 통장을 활용할 날이 올 수도 있을 테고요.

시장의 분위기나 타인의 심리에 휘둘리면 좋은 기회를 잡을 수 없습니다. 시장을 면밀히 살펴보다가 기회다 싶으면 과감하게 잡아야 합니다. 다른 사람들의 심리가 위축되어 있는 시기를 노려야 하는데 물론 평소에 충분한 공부가 되어 있지 않으면 이러한 기회를 잡기란 무척 어렵다는 것, 알고 계시겠지요?

집은 사고 싶지만
대출은 부담스러워!

부토피아의 흑역사 아닌 흑역사를 들으면서 성실과 미래는 3기 신도시에 대한 미련을 완전히 버렸다. 대신 청약 외에도 다양한 기회가 있다는 사실에 눈이 반짝이기 시작했다.

와~ 부토피아 님의 줍줍 이야기는 정말 대박이네요! 행운이 따르기도 했지만, 남들이 고분양가라고 꺼릴 때 과감하게 도전하신 덕분인 것 같기도 해요.

미래 씨 말이 맞아요. 저도 그때 따라가서 넣어볼 걸 그랬나 싶기도 하고…. 부토피아 님이 청량리를 자랑할 때마다 부러워요. 그때 혼자 가다니, 배신자….

그런데 사실 저는 비타씨 님도 부러운걸요? 저랑 비슷한 나이신 것 같은데 벌써 그 정도를 이루셨다니, 멋지면서도 부럽네요. 부모님께서도 젊은 자녀에게 선뜻 종자돈을 지원해 주시기가 쉽지 않았을 텐데….

하하, 지원이라뇨, 어릴 때부터 아르바이트로 잔뼈가 굵은 몸이랍니다. 부모님이 돈을 버셔야 해서 따로 살았거든요.

앗, 죄송해요! 당연히 부모님의 지원을 받으신 줄 알고….

(유쾌하게 웃으며) 괜찮아요, 제가 그만큼 부티나게 생겼다는 의미로 받아들일게요. 사실 20대에 부동산 투자를 시작했다고 하면 대부분 저를 '금수저'라고 오해하시긴 해요.

(깜짝 놀라며) 그럼 20대에 벌써 종자돈을 마련해서 부동산을 사셨던 거예요? 우와, 대체 어떻게요?

틈틈이 아끼며 모아둔 돈이 몇 백만 원 정도 되긴 했지만, 그걸로 부동산에 투자하기엔 어림도 없었죠. 사실은 금리가 연 9%로 높은 신용대출 1,000만 원을 받아서 투자를 시작했답니다.

네에? 대출 받은 돈으로 부동산을 사셨단 말씀이세요? 그것도 고작 1,000만 원으로?

맞아요, 그게 바로 레버리지의 힘이죠. 저는 경매로 부동산 공부를 처음 시작했는데, 그 당시에는 그게 가능했거든요. 경매 낙찰을 받으면 받을 수 있는 경락산금대출이 감성가의 90%까지 실행되었던 때가 있었어요. 그걸 이용해서 '무피투자'를 했답니다. 혹시 들어보셨나요, 무피투자에 대해서?

들어 봤어요. '비용(fee)이 안 드는(無) 투자'라는 뜻 아닌가요?

네, 잘 알고 계시네요. 처음에는 그렇게 시작해서 조금씩 자산을 늘렸고요. 이후 늘어난 자산으로 상급지로 갈아타기를 하다 보니 지금까지 오게 된 거랍니다.

내 돈이 적을 땐 남의 돈으로 투자를 한다?

명쾌한 설명을 듣고서도 부린이 커플은 왠지 미심쩍은 눈초리였다. 아무리 그래도 빚을 내서 부동산에 투자하라니…. 요즘은 대출이 필수라고는 하지만, 현실에서는 매달 카드값 막는 것만도 벅차다. 더구나 만약 대출을 갚지 못하면 이른바 하우스푸어가 되는 것 아닌가? 이들의 생각을 읽었는지 준걸이 대신 답했다.

 사실 사회생활을 시작한지 오래 되지 않은 2838세대들은 모아 놓은 종자돈이 적을 수밖에 없잖아요. 그래서 어느 정도의 레버리지는 부동산 투자에 필수라 생각해요. 더 이상 저축만으로는 자산을 늘리기 어려운 시대니까요.

 하긴 그 말씀이 맞는 것 같아요. 과거 부모님들이 우리 나이였을 때는 금리가 연 10%인 예금상품도 많았으니 저축만으로 집을 사는 게 가능했죠. 저도 저축이 최고인 줄 알고 악착같이 아끼고 모아서 적금을 들고 있긴 하지만, 이자를 보면 한숨만 나와요. 예금금리가 1%를 넘기기 어려우니, 2년 동안 고작 몇 십만 원 더 받으려고 그 고생을 했나 싶기도 하고, 이래서 언제 집을 사나 싶기도 하고….

성실 씨가 실망이 크셨겠네요. 하지만 요즘 시대는 예금금리가 낮은 대신 대출금리도 낮아요! 그래서 대출이자에 대한 부담도 줄어들었고요. 대출을 받아서 낸 수익이 이자보다 높다면 부담이 되지 않겠죠?

성실은 준걸의 말에 고개를 끄덕이긴 했지만, 곧 심각한 표정으로 이의를 제기했다.

그런데 요즘 '영끌'이라는 거, 제가 보기엔 무척 위험해 보이거든요. 가진 현금을 싹 다 끌어오다 못해서 신용대출에 마이너스 통장까지 최대한 끌어들이고, 부모님 집까지 담보 잡아서 영끌하는 사람들도 있다더라고요. 그건 너무 위험하지 않나요?

심각한 영끌은 분명 문제가 있죠. 한 번 꼬이면 도미노처럼 가정 경제의 다른 부분까지 영향을 미치니까요.

그러니까 정부도 어쩔 수 없이 부동산 규제를 발표하는 것 아닌가요? 가계부채가 위험 수준이라는 경고는 이미 여러 번 나왔잖아요.

정부 입장에서는 '영끌'하는 국민도 말려야 하고, 집값도 잡아야 하기 때문에 부동산 규제를 여러 번 발표할 수밖에 없습니다. LTV나 DTI의 한도가 축소되면서 담보대출의 문턱도 높아질 수밖에 없고요. 하지만 문제는 담보대출이 어려워지니까 그 대신 신용대출을 받는 사람들이 늘어났다는 겁니다.

그러니까 그런 식으로 무리하게 집을 사는 행위 자체를 차단하겠다고 정부가 나서는 거 아닌가요?

정부의 정책이 어떻다는 이야기를 하려는 건 아니에요. 단지 정부가 어떤 정책을 내놓든지, 사람들은 어떻게 해서든 집을 사고야 말 거라는 이야기를 하고 싶은 겁니다. 사상 초유의 규제에도 불구하고 실수요자들이 집을 사겠다는 의지를 꾸준히 보여주고 있기 때문에 한동안 이런 분위기는 쉽게 사라지지 않을 것 같아요.

그간 내 집 마련 때문에 고민하던 성실과 준걸 사이에 열띤 토론이 오가자 주변 사람들은 진지하게 지켜보았다. 상기된 분위기 속에서 미래가 잠시 말을 끊는다.

 사람들이 대출을 활용해서까지 집을 사고 싶어 한다는 건 알겠어요. 그런데 군이 대출을 최대한 활용해야 하는 이유가 있나요? 가지고 있는 돈에 맞는 적당한 집을 사면 되잖아요.

 좋은 질문이네요. 레버리지 효과라는 말 아시지요? 레버리지(Leverage)가 지렛대라는 뜻이잖아요. 타인에게 빌린 자본을 지렛대 삼아 자기자본의 이익률을 높이는 것을 레버리지 효과라고 하죠.
사람들이 집을 사면서 레버리지에 열광하는 이유는 첫째로 그렇게 하지 않으면 집을 살 수 있는 돈 자체가 없고, 둘째로는 그렇게 할 때 나중에 올릴 수 있는 수익이 훨씬 크기 때문입니다. 제 친구 이야기를 좀 해드릴게요.

비타씨의 이야기는 이랬다. 약 2년 전, 결혼하는 친구가 신혼집으로 전세 3억 원짜리 집을 계약했다고 한다. 당연히 전세자금대출을 받은 줄 알았는데 뜻밖에도 3억 원이 모두 현금이었다. 친구가 3억 원이나 되는 현금을 보유하고 있다는 사실도 충격이었지만, 굳이 대출을 받지 않았다는 사실 자체도 충격이었다. 그리고 친구의 말은 더욱 놀라웠다.

"돈이 있는데 왜 대출을 받아? 대출이 얼마나 무서운 건데."

그리고 얼마 전 그 친구가 임신 소식을 알리면서 넌지시 이렇게 물었다고 한다. 3억 원으로 살 만한 아파트가 있느냐고. 이제 전세 만기가 다가오고 아이도 생기니까 내 집을 마련하고 싶은데, 그 사이에 부동산 가격이 많이 상승해서 전세금 3억 원에 모아놓은 돈을 합쳐도 그 근처 아파트를 사기엔 턱도 없다고 했다.

더욱 안타까운 건 이제는 전세금마저 많이 올랐다는 것. 결국 그 친구는 전세자금대출을 받아서 전세금을 올려주거나, 담보대출을 받아서 집을 사야 하는 선택의 기로에 놓여 있다. 대출이라면 질색팔색하던 친구였지만, 외곽지역으로 밀려나지 않으려면 방법이 없다.

 그래서 그 친구는 이후에 어떻게 되었나요?

 이것저것 조언했지만 어떤 결정을 내렸는지는 모르겠네요. 저라면 대출을 최대한 활용해서 내 집 마련을 했겠죠. 하지만 사실 남에게 함부로 "빚 내서 집을 사라"고 말하기가 쉽지는 않거든요. 전세자금대출도 꺼리는 친구에게 주택담보대출을 권하기란 정말 어려운 일이죠.

 맞아요. 사람들은 손해를 보면 꼭 남 탓을 하게 되니까요. 예전에 일이 있어서 은행에 갔는데 어떤 분이 펀드 때문에 손실을 봤다며 바닥에 주저앉아서 내 돈 내놓으라고 난리치는 걸 본 적이 있어요.
사실 대출을 받아서 집을 사는 것 역시 물가상승에 대한 베팅을 하는 거니까, 일종의 투자라고 생각하거든요. 투자는 이익을 보든 손해를 보든 스스로의 책임인데, 참 아쉬워요.

미래가 이야기하자 비타씨는 무슨 얘긴지 알겠다는 듯 고개를 끄덕였다. 그 옆에서 성실은 재테크는 전혀 모른다던 미래가 이렇게 근사한 말을 한다는 사실에 내심 감탄하고 있었다. 그걸 아는지 모르는지 비타씨가 계속 말을 이었다.

어쨌든 이런 친구들은 안타까워요. 그때 3억 원의 현금에 주택담보대출을 보태서 서울에 내 집을 마련했다면 어땠을까요?

제 부모님이 예전에 금융회사에 다니셔서 그런지 모르겠지만, 사실 대출이 위험하다는 건 그냥 편견 같아요. 은행이란 곳은 생각보다 리스크 관리가 철저하다고 들었거든요. 원리금을 못 낼 것 같은 사람에게는 아예 대출을 해주지도 않는대요.

물론 은행에서 대출을 해준다는 것은 그 사람이 갚을 능력이 있다는 것을 인정했다는 뜻이죠. 하지만 과도한 대출은 문제가 될 수 있어요. 특히 급한 마음에 '영끌'을 시도하는 2838세대에게는 대출의 위험성에 대해서 충분히 설명해 줄 필요가 있다고 생각해요.

역시… 무분별한 대출은 아무래도 부작용이 있겠죠?

그럼요. 투자할 때는 레버리지를 적극적으로 활용해야 할 때와 그렇지 않을 때가 나뉘어야 하지 않을까요? 금리에 대한 비용, 즉 대출이자보다 투자 수익이 높다는 게 확실할 때에만 레버리지를 활용하는 게 현명하다고 봅니다.

 아하, 기대되는 투자 수익이 대출이자보다 높을 때에만…. 명심하겠습니다!

 반대로, 대출을 활용하면 자기자본에 대한 이익이 높아질 것이 분명할 때인데도 불구하고 '대출은 무조건 나쁜 거야'라며 활용하지 않는 것도 경제적으로 현명한 일은 아니라고 생각해요.

레버리지로 투자가 가능하다고?

성실과 미래는 대출에 대해 부정적인 생각을 가졌던 사람이다. 하지만 기대되는 투자 수익이 대출이자보다 크다면 대출을 적극 활용해야 한다는 말이 무척 신선하게 들렸다. 대체 어떤 것이 현명한 대출일까?

 대출을 제대로 활용하려면 일단 대출에 대해 제대로 알고 있어야겠죠. 부동산 대출의 종류와 기본 용어들을 한 번 알아보도록 합시다.

대출의 종류

- 담보대출 : 담보대출은 부동산이나 채권 등 경제적 가치가 있는 자산 (담보물)을 제공하여 받는 대출입니다. 담보물의 가치에 따라 대출금액(한도)이 결정됩니다. 이자율이 낮고 절차가 다

소 복잡하기 때문에 담보대출을 실행할 때는 최소 한달 전부터 은행 및 상담사를 통해 알아보고 진행하는 것을 추천합니다.

- 신용대출 : 순수하게 본인의 신용을 바탕으로 받는 대출입니다. 개인의 신용도라면 결국 직업, 근무 기간, 소득, 연체 이력, 금융기관 거래내역 등을 종합한 것을 말하며 본인의 연간 소득을 기준으로 대출금액(한도)이 결정됩니다. 이자율이 높고 신용평가만 통과된다면 절차가 간단하고 신속합니다.

대출금리

- 고정금리 : 대출 기간 동안 고정된 금리가 적용되는 형태. 향후 금리가 상승할 것으로 예상될 때 유리합니다.
- 변동금리 : 대출 기간 동안 금리가 계속 바뀌는 형태. 향후 금리가 하락할 것으로 예상될 때 유리합니다.

상환 방식

한도와 금리가 정해지면 대출의 상환 방식을 결정해야 합니다. 상환 방식은 매달 갚아야 할 원금과 이자의 납부 방법인데 어떻게 상환할지에 따라 원금과 이자가 달라지기에 본인의 상황에 맞춰야 합니다. 상환 방법은 크게 세 가지로 나눕니다.

- 만기일시상환대출 : 대출 기간 동안 이자만 지급하고 대출 만기 시 원금 전부를 한 번에 상환하는 방식. 2020년 현재는 부동산 대출 규제로 인해 주택담보대출의 경우 만기일시상환이 불가능합니다.
- 원금균등분할상환 : 원금을 대출 기간으로 균등하게 나눠서 매월 원금을 균등하게 상환하는 방식. 이자의 차이로 매월 상환액이 다릅니다.
- 원리금균등분할상환 : 원금과 이자의 총 상환금액을 대출 기간으로 균등하게 나눠서 매달 일정 금액으로 상환하는 방식. 초기에는 이자 비중이 크고 뒤로 갈수록 원금 비중이 커집니다.

거치기간

거치기간은 대출을 받은 후 원금을 갚지 않고 이자만 지불하는 기간을 뜻하는데 과거에는 주택담보대출에 대해 몇 년 동안의 거치기간을 설정할 수 있었습니다. 하지만 현재는 부동산 대출 규제로 인해 주택담보대출의 거치기간은 1년까지만 가능합니다. 이때 금리가 더 높아질 수 있으니 주의가 필요합니다.

 와, 대출에도 다양한 옵션이 존재하는군요! 이걸 어떻게 전략적으로 활용할 수 있나요?

예를 들어, 시장 상황을 봤을 때 앞으로 기준금리가 올라갈 것 같다면 고정금리가, 반대로 기준금리가 하락할 것 같다면 변동금리가 유리하겠죠. 저는 개인적으로 고정금리를 선호하는 편입니다. 대출 받은 후에 꼬박꼬박 정해진 금리로 이자가 나가기 때문에 금리 변동에 크게 신경 쓰지 않아도 되거든요. 물론 고정금리가 변동금리보다 상대적으로 좀 더 이자율이 높긴 하지만, 요즘은 2~3%의 저금리 시대이기 때문에 큰 손해는 아니라고 생각하는 거죠.

또, 1~2년 안에 매도를 한다고 계획했다면 중도상환수수료라는 것도 고려해야 합니다. 약정한 대출 기간을 다 채우지 않고 미리 원금을 상환할 때 내는 수수료를 말하는 것인데요, 상환할 금액이 크다면 이자율이 조금 높더라도 중도상환수수료가 낮은 곳에서 대출을 받는 것이 유리할 수도 있거든요.

물론 지금까지 말씀드린 건 아주 기본적인 내용일 뿐이에요. 실제 대출에서는 더 많은 손품과 발품을 팔아서 정확한 정보를 얻는 게 중요합니다. 금융기관마다 금리나 한도, 거치기간 등이 모두 다르니까요.

저에게 유리한 대출이 어떤 것인지 최대한 많이 알아봐야겠네요.

그리고 잘 알고 계시겠지만, 능력에 비해 과도한 대출은 인생을 망치는 지름길이라는 걸 절대 잊으시면 안 됩니다. 본인의 상황, 특히 원리금을 상환할 수 있는 경제적 여건에 맞춰서 적절한 대출을 활용해야죠.

맞아요. 그런데 저는 소득이 많지 않거든요. 원리금 부담을 줄이기 위해서는 대출도 적게 받아야 할 텐데, 그러면 대출을 추가로 받아서 집을 키워가는 것도 불가능한 것 아닌가요? 특히나 주택담보대출은 한도 금액도 적게 나온다면서요.

음… 성실 씨는 아파트만이 부동산 투자의 전부라고 생각하시나 보군요.

 네? 그럼 다른 부동산으로도 투자를 할 수 있나요?

 당연하죠! 요즘처럼 대출 규제가 심할 때는 오히려 투자 분야를 다각화 하는 것이 필요합니다. 제 이야기를 조금 더 해드려야겠네요.

규제의 시대, 주택만이 정답일까

부토피아의 투자 다양성에 대한 이야기

주택 외의 분야로 투자를 다각화한다는 것이 무슨 의미일까? 두 사람은 귀를 쫑긋 세우고 부토피아의 이야기에 귀를 기울였다. 부토피아가 이야기를 시작했다.

주택 투자만 바라보다간 흐름에 휩쓸리기 쉽다

 실거주용 주택 마련이 투자의 첫걸음이라고 하지만, 사실 첫 번째로 마련한 집에서 평생 살겠다고 생각하는 사람은 별로 없을 것입니다. 자연스럽게 더 좋은 집으로 옮겨가야겠다는 생각을 하게 되죠. 그런데 상급지 거주 주택으로 갈아타기 위해서는 추가 비용이 필요하므로,

추가 투자가 필수적입니다.

문제는 강화된 정부 규제 때문에 무주택자나 1주택자가 아니라면 더 이상 주택담보대출을 활용하는 것이 어렵다는 점입니다. 그동안 투자자들은 정부의 규제가 강화되더라도 끊임없이 틈새를 찾아냈지만, 현재는 다주택자와 법인 투자자에 대한 전방위적 압박이 가해지면서 빠져나갈 방법이 대부분 막혀 버렸습니다.

결국 주택 외의 다른 분야에 대한 투자 방법에 관심을 갖게 되는 현실입니다. 대표적인 것이 상가 투자를 포함한 수익형 부동산 투자입니다. 규제가 겹겹이 복잡하게 쌓여있는 주택 투자와 달리 다른 분야에 대한 규제는 아직 강화되지 않았습니다. 그만큼 충분히 접근이 가능하다는 뜻이지요.

다양한 분야를 공부하다 보면 부동산의 규제가 심한 시기든 시장이 침체된 시기든 구분 없이 투자를 이어나갈 수 있는 만능 투자자가 될 수 있을 것입니다.

상가 투자로 월급을 대체할 고정수입 만들기

경매를 통해 부동산이라는 신세계를 접하고 여러 책을 읽으며 신나게 공부를 하던 어느 날, 일이 터지고 말았습니다. 회사를 다니면서도 투자를 병행하기 위해 잠을 줄이고 공부를 이어가던 중에 회사를 그만두게 되는 일이 생기게 된 것입니다. 자동화 설비를 설치하기 위해 현장 근로자와 협업해야 하는 상황인데 평소에도 유난히 저를 고깝게 보던 한 사람이 그날따라 말을 무척 심하게 하였습니다. 현장 근로자와의 마찰이야 종종 있는 일이지만 가족에 대한 상스러운 말까지 듣고 있자니 도저히 참기가 어려웠죠.

고맙게도 저를 믿고 지지해준 가족들 덕분에 당당히 사표를 제출하고 전업투자자의 길로 접어들게 되었습니다. 하지만 회사에서 나오던 고정소득은 사라졌고 이제 투자로 돈을 벌더라도 그 수익에서 생활비를 지출해야 하는 상황이 되었습니다. 돈을 벌지만 동시에 돈이 나가니 원하는 만큼 빠르게 자본이 증가할 리가 없지요. 시간이 흐를수록 자신감은 떨어지고 조

바심이 차오르고, 이제는 그동안 고민하고 있던 고정수입 문제를 해결해야 겠다는 생각이 들었습니다.

적당한 물건이 있나 찾다가 마침 경매가 진행 중인 상가 하나가 눈에 띄었습니다. 서울시 구로구에 위치한 근린상가 물건으로 현재는 노래방이 영업을 하는 곳입니다. 이 노래방은 상가의 여러 호수를 터서 사용하고 있었는데, 해당 경매 물건이 전체의 절반 이상을 차지하고 있었습니다.

입지 조건이 괜찮아 보였습니다. 이 지역은 도로, 철도, 하천으로 둘러싸인 지역이라 사람들이 일부러 바깥으로 상가를 이용하러 나가지 않습니다. 내부에서 소비생활이 이뤄지는 이른바 '항아리 상권'이라서 기본적으로 고정된 수요가 탄탄한 곳이었죠. 그래서인지 실제로 해당 건물의 영업장들은 큰 변화 없이 오랜 기간 안정적으로 운영되고 있었습니다.

더구나 이 지역은 초·중·고등학교의 주변으로 설정되어 있는 상대정화구역의 범위가 꽤 넓었습니다. 대부분 상가가 상대정화구역 안에 포함되어 있었는데, 이 말은 주변에 유흥과 관련된 경쟁업체가 들어오기 어려운 상황이라는 뜻입니다.

실제로 이 노래방은 동네 중심지에 위치해 있었는데 경쟁업체는 중심지에서 먼 곳에 있었습니다. 이 지역에서만큼은 이 상가가 거의 독점적인 지위를 누리고 있다는 판단이 들면서 꼭 가지고 싶다는 생각에 가슴이 두근거렸습니다. 상권만 보면 임차인을 내보내고 직접 사업을 해도 되겠다 싶을 정도로 마음에 들었지요.

누가 봐도 좋은 상가를 잡아라

두근거리는 마음으로 현장을 방문했는데, 좀 이상했습니다. 경매 정보지에서 보던 것과 다른 광경이 펼쳐진 것입니다. 간판에는 '코인노래방 오픈 예정'이라는 현수막이 덮여 있고, 현장에는 한창 인테리어 공사가 진행 중이었습니다.

 아니, 경매가 진행되고 있는 상가에 인테리어 공사를 한다고?

이 코인노래방의 인테리어 공사에 얼마의 비용이 들지 알아보기 위해 해당 프랜차이즈 홈페이지를 방문했는데, 규모에 따라 다르지만 최소 1억 5,000만 원이 들어간다는 것을 알게 되었습니다.

그렇다면 이 물건을 제가 낙찰받게 될 경우 임차인은 무조건 재계약을 할 수 밖에 없겠지요. 상권이 좋고, 인테리어 비용이 많이 투입되었고, 그렇다고 이 호수를 제외한 나머지 면적만으로는 사업을 할 수가 없으니까요. 재계약을 하지 않는다면 임차인은 인테리어 비용을 전부 날릴 수도 있는 상황이었습니다. 상가에 투자할 때 가장 무서운 것이 임차인을 들이지 못하고 공실로 남겨두는 것인데, 이런 임차인이 이미 정해져 있다는 것은 무척 큰 장점입니다.

어쩌면 임차인이 직접 경매에 입찰할 수도 있다는 생각이 들었습니다.

그렇게 자신 있게 인테리어를 하고 있다는 것은 뭔가 계획이 있다는 뜻일 테니까요. 그래서 입찰가를 감정가보다 약간 높게 써서 입찰했는데, 결과적으로 입찰자는 저 한 명. 단독 낙찰이었습니다. 좀 더 낮은 가격에 입찰했더라도 낙찰되었겠지만, 전혀 아쉽지 않았습니다. 기존 임대료와 비교해도 좋은 가격이었고, 매도 시 시세 차익도 얻기 좋은 상황이어서 꼭 낙찰받고 싶었기 때문이지요.

참고로, 경매가 진행되는 와중에 인테리어 공사를 진행한 이유는 나중에 알 수 있었습니다. 옆 호수 PC방 아르바이트생의 이야기를 들어보니, 원래 노래방과 PC방의 주인은 같은 사람이었는데 권리금을 받고 각각 다른

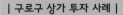

| 구로구 상가 투자 사례 |

〈실투자금 계산〉

낙찰가	2억2,513만 원
취득 비용	1,126만 원
− 보증금	3,000만 원
− 대출	1억4,300만 원
최종 실투금	6,339만 원

〈수익 계산〉

연 임대료	1,800만 원 (월 150만 원)
− 대출이자	640만 원
최종 임대수익	1,160만 원
실투금 대비 임대수익률 18.3%	

사람에게 넘겼다는 것입니다. 노래방을 인수한 새 임차인은 경매가 진행되는 것을 알고는 있었지만, 설마 1회차(신건)에 낙찰이 되리라고는 생각도 못했고 유찰이 되어 2회차에 좀 더 낮은 가격이 되면 낙찰받으리라 생각했다고 합니다.

결과적으로 기존보다 높은 월세(시세 대비 50% 이상 비싼)로 재계약하는데 성공했습니다. 새 임차인은 인테리어뿐만 아니라 기존 임차인에게 권리금까지 지불했으므로, 월세를 좀 더 높여주더라도 이 목 좋은 가게를 포기할 수 없었던 것입니다. 이 상가는 최종 실투금 대비 18.3%의 임대수익률로 월 100만 원에 가까운 고정수익을 만들어주고 있습니다. 생활에 여유가 생겼을 뿐 아니라, 소득증빙이 되면서 투자할 때 대출 한도를 키우는데 보탬이 되고 있습니다. 저렴하게 낙찰받으면서 임대료도 상향했기 때문에 시세 차익도 가능할 것으로 보입니다.

주택 이외의 분야들은 대출 규제가 없습니다. 그러므로 상가, 토지, 오피스텔 등 다양한 투자처를 고민해 보시면 좋을 것 같습니다.

오피스텔? 아파텔?
대체 정체가 뭐야?

부토피아의 투자 이야기를 듣고 나니, 성실은 투자나 거주를 위해 꼭 아파트만 고집할 필요는 없다는 생각이 들었다. 하지만 상가와 토지는 아직 부담스럽고 '오피스텔은 투자해 볼 만하지 않을까?'라는 막연한 자신감이 생겼다. 오랜 연애 기간을 거치다 보니 눈빛만 봐도 성실의 생각을 읽어낸 미래가 성실의 옆구리를 슬쩍 찌른다.

 오빠! 오피스텔 투자해보고 싶다는 생각하고 있지?

 어? 으, 으응…. 해볼 만하지 않을까? 첫 투자로 부담 없을 것 같아.

 으이그, 내가 전에 말했던 경매로 오피스텔 낙찰 받은 친구 기억 안 나? 처분도 안 되고 얼마나 골칫거리인데.

부토피아 님이 오피스텔은 대출 규제가 상대적으로 덜하다고 하시잖아. 지금 없는 우리에게는 딱이지! 혹시 네 친구는 낡은 오피스텔을 낙찰 받은 거 아니야? 요즘 새로 지어지는 오피스텔은 좀 다르지 않을까? 그렇지 않나요, 부토피아 님?

맞아요. 요즘 새로 지어지는 오피스텔은 과거와 달리 다양한 평형과 편의시설을 자랑하죠. 빌라나 원룸 같은 소형주택에 비해 관리도 쉽고요.

그래도 오피스텔은 오피스텔이잖아요. 좁아서 둘 이상은 살기가 힘들지 않나요?

사실 그 때문에 오피스텔의 수요층은 한정될 수밖에 없죠.

수요층이 한정된다는 것은 1인 가구나 신혼부부까지만 수요가 있다는 말씀인가요?

맞아요. 그게 바로 오피스텔이 아파트를 대체할 수 없는 가장 큰 이유죠. 그래서 오피스텔에 투자하는 사람들의 대부분은 시세 차익형이 아니라 수익형, 즉 월세 수입을 위한 투자처로 생각하고 접근을 했었습니다. 그런데 최근에는 주거대체형 부동산으로 각광받는 오피스텔도 있어요.

월세 수익용이 아니라 실제 주거용으로요?

네. 최근 주목받는 오피스텔은 우리가 흔히 알고 있는 원룸형 오피스텔이 아니라 '아파텔'이라고 불리는 새로운 형식의 오피스텔입니다.

아파텔이요? 그게 뭔가요?

오피스텔의 신흥강자 '아파텔'

 아파텔이란 아파트와 비슷한 구조와 단지 내 커뮤니티가 갖춰진 주거용 오피스텔을 말해요. 대부분 상업지역에 건설되기 때문에 주변 상권을 이용하기에도 좋은 입지 조건인 경우가 많고요.

 그래도 아파트하고는 분명히 다를 텐데, 아파텔이 아파트의 대체재로 주목받는 이유가 있나요?

 아파텔의 장점을 살펴볼까요? 대략 이런 장점들이 있습니다.

아파텔의 장점

1. 청약 시 주택 수 미포함
2. 주변 아파트에 비해 저렴한 가격
3. 담보대출 시 LTV 70%까지 적용 가능
4. 취득 시 자금조달계획서 불필요
5. 아파트와 유사한 보안 시스템 및 거주 안정성
6. 상업지역에 위치하여 역세권 및 슬세권에 해당

 그린데 '슬세권'이 뭐죠?

 아이 참, 오빠는 그런 것도 몰라? 역에서 가까우면 역세권, 슬리퍼 신고 다닐 수 있으면 슬세권! 슬리퍼 신고 편한 옷 입고도 편의시설이나 여가 시설을 이용하기 좋은 곳 말야.

 헐, 그런 말이 있어?

티격태격하는 성실과 미래를 보며 준걸이 입을 열었다.

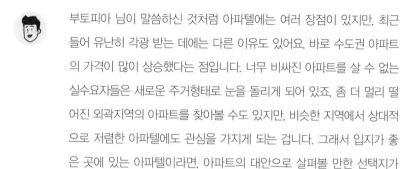

부토피아 님이 말씀하신 것처럼 아파텔에는 여러 장점이 있지만, 최근 들어 유난히 각광 받는 데에는 다른 이유도 있어요. 바로 수도권 아파트의 가격이 많이 상승했다는 점입니다. 너무 비싸진 아파트를 살 수 없는 실수요자들은 새로운 주거형태로 눈을 돌리게 되어 있죠. 좀 더 멀리 떨어진 외곽지역의 아파트를 찾아볼 수도 있지만, 비슷한 지역에서 상대적으로 저렴한 아파텔에도 관심을 가지게 되는 겁니다. 그래서 입지가 좋은 곳에 있는 아파텔이라면, 아파트의 대안으로 살펴볼 만한 선택지가 된다는 거죠.

그래도 아파트가 그렇게 많은데 사람들이 굳이 아파텔을 선택할까요?

미래 씨도 서울 아파트 공급이 감소하고 있다는 뉴스를 들어본 적이 있으시죠? 아파트 가격은 많이 올랐는데, 새로 지어서 분양하는 아파트의 물량까지 감소하고 있다는 거예요. 하지만 대부분의 사람들은 서울의 신축 아파트에서 살고 싶어 하잖아요. 이런 상황에서 실수요자들은 어떤 생각이 들까요?

음… 마음이 급해지겠군요.

그렇죠. 내 집 마련을 하고 싶은데 아파트만 바라볼 수 없는 사람들이 많아질 겁니다. 그런 상황에서 만약 누가 봐도 살기 좋은 위치에, 아파트와 유사한 환경을 제공하는 아파텔이 지어지면 어떨까요? 가격도 아파트보다 저렴하다면요.

하긴, 그 지역을 떠나고 싶지 않다면, 신축 아파텔을 선택하는 수요도 있겠네요.

네, 바로 그게 중요한 포인트예요. 누구나 살고 싶어하는 입지 좋은 곳이라면 공급이 부족한 아파트가 채워주지 못한 수요를 아파텔이 흡수할 수 있습니다. 실제로 그러한 사례가 있답니다. 이 그림은 미사, 위례, 삼송에 위치한 오피스텔의 최초 분양가와 2020년 말의 시세를 보여주는 그래프입니다.

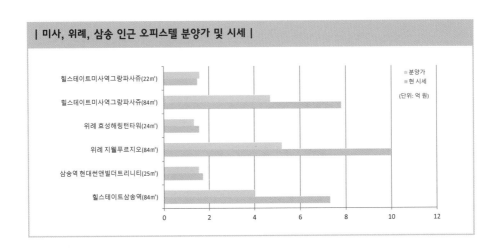

| 미사, 위례, 삼송 인근 오피스텔 분양가 및 시세 |

분양가보다 시세가 오른 곳도 있고, 그대로인 곳도 있네요?

가격이 오른 오피스텔과 오르지 못한 오피스텔에는 어떤 차이가 있는지 보이나요?

음… 아, 크기요! 작은 오피스텔은 가격이 오르지 못했네요?

잘 보셨어요. 크기가 작은 오피스텔은 원룸형이겠죠. 월세 수익에는 적합하지만 시세 차익에는 적합하지 않습니다. 그래서 이런 원룸형 오피스텔 같은 수익형 부동산은 월세 시세에 따라 매매가격이 결정될 수밖에 없습니다.

하긴, 월세를 받으려고 산 거니까, 월세가 잘 나오면 매매가격도 높아지 겠군요.

맞아요. 반대로 월세는 그대로인데 매매가격만 높아질 수는 없겠죠. 하지 만 전용면적 84㎡ 정도의 크기인 아파텔이라면 상황이 다릅니다. 아파트 를 사지 못하는 사람이 주거용으로 매수할 수가 있으니까요.. 그래서 주 변 아파트 가격이 크게 오르면 아파텔도 함께 가격이 오를 수 있습니다.

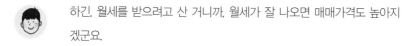 아파트 대체 상품으로 충분한 역할

우와! 접근할 수 있는 부동산 종류가 하나 더 있다는 것이 왠지 든든한데 요? 아파텔은 내부 구조도 아파트와 비슷한가요?

단지 형태의 아파텔은 외부에서 바라봤을 때뿐만 아니라 내부에 들어가 서도 아파트와 구별하기 힘들다고들 해요. 더구나 요즘은 아파텔도 '포 베이(4 bay)' 구조를 선보이기도 하는 등 일반 아파트 못지 않게 구조가 좋기도 하죠.

포베이가 뭐죠?

아 정말… 이래서 남자들한테 집 보라고 맡기면 안 된다니까? 햇빛 들어 오는 창이 네 개인 구조 말야. 세 개면 '쓰리베이(3 bay)', 두 개면 '투베이(2 bay)'라고 해.

그런 게 있구나.

정확히 말하면 베이(bay)는 기둥과 기둥 사이의 공간을 말하는데, 아파트에서는 흔히 햇빛이 들어오는 공간을 말하죠. 포베이 구조는 입주자들이 매우 선호하는 형태랍니다. 사진으로 한 번 보실래요?

| 미사 H오피스텔(아파텔)의 외관 및 내부 구조(22㎡형 및 84㎡형) |

22㎡   84㎡

 와~ 정말 외관도 그렇고, 84㎡짜리의 평면도는 정말 아파트 같은데요! 기존의 원룸형 오피스텔만 생각해서 선입견에 빠져 있으면 안 되겠어요.

눈을 반짝이며 당장이라도 아파텔을 사러 달려갈 듯한 미래를 보며 곁에 있던 비타씨가 말을 보탰다.

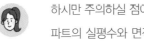 하시만 주의하실 점이 있어요. 똑같은 평형이라도 아파텔의 실평수는 아파트의 실평수와 면적 차이가 있거든요. 오른쪽 사진을 보세요. 차이점이 보이시나요?

 흐음… 평면도만 봐서는 비슷해 보이고, 전용면적도 둘 다 84㎡ 정도인 것 같은데… 앗, T아파트는 '공급'면적이고 H오피스텔(아파텔)은 '계약'면적으로 표시되어 있네요? 전용률도 다르고요.

| E아파트(좌)와 H오피스텔(우)의 구조 및 면적 비교 |

| 공급/전용 113.43㎡/84.88㎡(전용률 75%) | 계약/전용 173.32㎡/84.91㎡ (전용률 49%) |

잘 짚어내셨어요. 우리가 흔히 말하는 '평형'은 분양면적을 말하는데요. 아파트와 오피스텔은 이 분양면적의 기준이 다르답니다. 아파트는 공급면적을 기준으로 분양하고, 오피스텔은 계약면적을 기준으로 분양하거든요.

공급면적과 계약면적은 어떤 점이 다른가요?

두 가지를 설명하기에 앞서 먼저 '전용면적'과 '공용면적'이라는 것부터 이야기할게요. '전용면적'이란 실제 주거용으로 사용되는 공간을 말합니다. 그리고 '공용면적'이란 다른 세대와 함께 사용하는 면적을 말하죠. 공용면적은 다시 두 가지로 나뉘는데요, 주거에 사용되는 '주거공용면적(복도, 계단, 엘리베이터 등)'과 그 밖의 용도로 사용되는 '기타공용면적(경비실, 주차장, 관리사무실 등)'입니다.

어휴… 헷갈리네요. 전용면적과 공용면적이 분양면적과 어떤 관계가 있는 거죠?

헷갈리실 것 없어요. 전용면적에 공용면적을 더하면 분양면적이 되거든요. 다만 아파트의 분양면적은 '공급면적', 즉 전용면적에 주거공용면적만을 더한 것입니다. 그리고 오피스텔의 분양면적은 '계약면적', 즉 전용면적에 주거공용면적뿐만 아니라 기타공용면적까지 더한 것이죠.

| 아파트와 오피스텔의 분양면적 차이 |

지역	분양면적의 기준		전용률 계산법
아파트	공급면적	전용면적 + 주거공용면적	(전용면적 / 공급면적) × 100
오피스텔	계약면적	전용면적 + 주거공용면적 + 기타공용면적	(전용면적 / 계약면적) × 100

 그럼 오피스텔의 분양면적이 아파트보다 크겠군요.

 맞습니다. 반면에 '전용률'은 낮아지죠. 전용률이란 전용면적을 분양면적으로 나눈 것이거든요.

 그럼 같은 분양면적(평형)이더라도 전용면적(실평수)은 아파트보다 오피스텔이 작겠군요.

 네, 그렇죠. 아파트는 전용률이 보통 70~80% 정도지만 오피스텔은 50% 정도예요.

 그래도 앞에서 봤던 E아파트와 H오피스텔(아파텔)은 둘 다 전용면적이 84㎡로 같으니까 내부 크기는 같다고 봐도 되지 않나요?

 그렇지는 않아요. 같은 전용면적이라도 실제로는 아파트의 내부 크기가 좀 더 크게 느껴진답니다. 아파트에는 발코니 등의 서비스 면적이 있어서 이걸 확장할 수 있거든요. 그래서 오피스텔 전용면적 84㎡짜리는 확장된 아파트 전용면적 59㎡짜리와 비슷하다고들 한답니다.

 아, 그렇군요! 아파트와 오피스텔 시세를 비교할 때 꼭 기억해야겠어요.

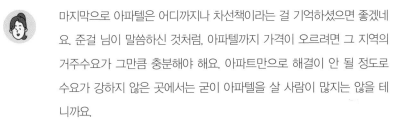 마지막으로 아파텔은 어디까지나 차선책이라는 걸 기억하셨으면 좋겠네요. 준걸 님이 말씀하신 것처럼, 아파텔까지 가격이 오르려면 그 지역의 거주수요가 그만큼 충분해야 해요. 아파트만으로 해결이 안 될 정도로 수요가 강하지 않은 곳에서는 굳이 아파텔을 살 사람이 많지는 않을 테니까요.

그렇겠네요! 아파트가 아닌 대상은 수요가 강한 곳에서만 살펴보자! 명심할게요.

그런데 궁금한 게 있어요. 아파트와 비슷한 환경을 제공해주는데 왜 아파트보다 저렴할까요?

그럴 만한 이유가 있어서겠죠? 아파텔의 대표적인 단점을 살펴보시죠.

아파텔의 단점

1. 취득세 4.6%
2. 주거로 사용했을 경우 양도소득세 계산 시 주택 수에 포함
3. 건폐율이 높아 동간 거리가 좁은 편 (일조권 침해 가능성)
4. 아파트에 비해 환금성이 상대적으로 부족
5. 발코니 확장 불가

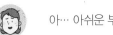 아… 아쉬운 부분들이 꽤 있긴 하네요.

미래야, 그래도 아파텔을 아예 배제하진 말자. 만약 어떤 지역의 시세가 분명히 오를 것 같은데, 우리가 그 지역의 아파트를 살 수 없다면 아파텔도 고려해볼 만할 것 같지 않아?

하긴 아파트의 편의성을 어느 정도 누릴 수 있긴 하니까. 특히나 보안성 같은 경우는 빌라에 살 때 가장 아쉬운 부분인데, 아파텔은 그 부분에 대해서는 걱정이 없겠네.

그렇지? 새로 지어지는 아파텔도 한 번 조사해볼 만하겠어.

누구나 좋은 위치, 좋은 아파트에서 살고 싶죠. 그러니 아파텔도 선택지에 넣어두시고 신중하게 고민해 보시면 좋을 것 같아요. 단, 아파텔이라는 상품 자체의 장단점뿐만 아니라 여러분의 상황에도 적용하면서 가치를 판단하시길 바랄게요.

아무리 좋은 집도 저희가 살기 불편하면 안 된단 말씀이시죠?

맞아요. 예를 들어서 두 분이 결혼을 하고 아이를 낳는다면 학군 접근성과 주변환경도 꽤 중요할 거 아니에요? 그런데 아파텔은 대부분 상업지역에 위치하거든요. 아무래도 초·중·고 자녀를 키우기에는 적합하지 않을 수 있죠.

그러네요. 상품 자체의 장단점뿐만 아니라 실제 거주할 우리들 상황에 맞는 것도 중요하다는 게! 꼭 기억할게요.

중심지 빌라 vs 외곽지 아파트, 무엇이 나을까?

부토피아의 투자 이야기를 듣고 나니, 성실은 꼭 아파트만 고집할 필요는 없을 수도 있겠다는 생각이 들었다. 실거주용 집이 필요한 상황이지만 반드시 아파트일 필요는 없으니 빌라도 괜찮지 않을까?

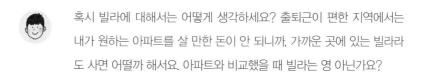

혹시 빌라에 대해서는 어떻게 생각하세요? 출퇴근이 편한 지역에서는 내가 원하는 아파트를 살 만한 돈이 안 되니까, 가까운 곳에 있는 빌라라도 사면 어떨까 해서요. 아파트와 비교했을 때 빌라는 영 아닌가요?

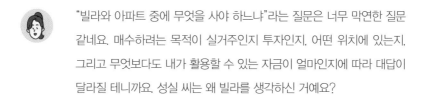

"빌라와 아파트 중에 무엇을 사야 하느냐"라는 질문은 너무 막연한 질문 같네요. 매수하려는 목적이 실거주인지 투자인지, 어떤 위치에 있는지, 그리고 무엇보다도 내가 활용할 수 있는 자금이 얼마인지에 따라 대답이 달라질 테니까요. 성실 씨는 왜 빌라를 생각하신 거예요?

비타씨의 예리한 질문에 성실은 잠시 말문이 막혔다. 그렇게 구체적인 생각은 해본 적 없었기 때문이다.

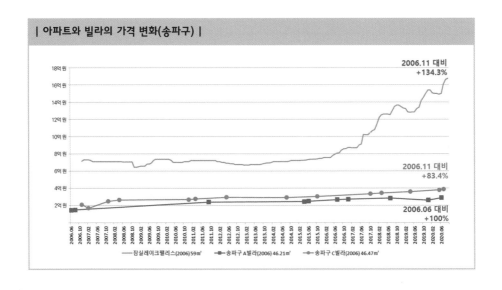

아… 저는 그냥… 빌라가 더 싸니까…? 물론 마음 같아선 아파트를 사고 싶지만 돈이 없잖아요. 하지만 빌라를 사자니 나중에 안 팔릴까 봐 좀 걱정이 되긴 해요.

맞아요. 사실 대부분의 사람들은 빌라보다 아파트를 선호하죠. 생각해보면 당연한 일이에요. 8세대만 사는 빌라보다 1,000세대가 사는 아파트가 여러모로 좋으니까요. 아마 그와 관련된 데이터도 있을 것 같은데, 부토피아 님 그렇지 않나요?

비타씨의 질문에 부토피아가 기다렸다는 듯 스마트폰에서 무언가를 찾더니 성실에게 내밀었다. 아파트와 빌라의 가격 변화를 비교한 그래프였다.

| 아파트와 빌라의 가격 변화(송파구) |

- 잠실레이크팰리스(2006) 59㎡
- 송파구 A빌라(2006) 46.21㎡
- 송파구 C빌라(2006) 46.47㎡

2006.11 대비 +134.3%

2006.11 대비 +83.4%

2006.06 대비 +100%

이 그래프는 같은 지역에 있는 빌라와 아파트의 분양가 대비 가격 상승률을 비교한 건데, 보시면 더 뚜렷하게 이해할 수 있으실 거예요. 똑같이 부동산 상승기를 지나는데 아파트의 상승률과 비교해보면 빌라의 상승률은 아주 미미한 수준입니다.

 실제로 빌라는 아파트에 비해 가격이 덜 올랐단 말씀이군요.

 집에 대한 선호도를 꼽으라고 하면 아마 많은 분들이 '신축 아파트 〉 구축 아파트 〉 신축빌라 〉 구축빌라' 순으로 생각하실 텐데요. 빌라에 사는 분들도 언젠가는 아파트로 이사를 가고 싶다고 생각하는 것처럼 말입니다. 이 그래프에서 증명이 되는 셈이죠. 다시 말해서, 빌라는 대부분 거쳐가는 주거 형태이기 때문에 실수요가 일시적이고 적을 수밖에 없습니다.

실수요가 풍부한 아파트 vs 가격이 저렴한 빌라

그래프를 보며 고개를 끄덕이는 성실과 달리 미래는 한숨을 푹 쉰다.

 맞아요, 다들 신축 아파트에 살고 싶죠. 그렇지만 그놈의 돈이….

 사실 돈이 많으면 할 필요가 없는 고민이죠. 원하는 아파트를 대출 없이 사서 그냥 실거주하면 되니까요. 하지만 2838세대들은 아직 모아놓은 종자돈이 많지 않아서 원하는 곳의 아파트를 매수하기가 힘들어요. 더구나 대출 규제도 강화되었고요. 영혼까지 끌어모아도 가진 돈이 부족한 경우가 태반이라는 게 현실이죠.

맞아요. 가진 돈 안에서 최대한 좋은 집을 찾아보려고 해도, 이게 맘에 들면 저게 맘에 안 들고, 저게 맘에 들면 이게 맘에 안 드는 일이 반복되니까 지칠 수밖에 없어요. 휴우….

그럴 때 많은 분들이 선택의 기로에 놓이는 것 같아요. 지금 가진 돈으로 직장과 가까운 지역을 선택하려면 아파트는 어려우니 빌라를 매수할 수밖에 없고, 반대로 무조건 아파트여야 한다고 하면 회사까지 두 시간씩 출퇴근을 해야 하는 지역을 매수해야 하고…. 아주 골치 아픈 선택을 강요받게 되는 거예요.

다른 멘토분들은 어떠세요? 가까운 지역의 빌라와 먼 지역의 아파트… 가격이 같다면 둘 중에 어떤 걸 선택하시겠어요?

미래의 갑작스런 질문에 멘토 3인방은 잠시 생각에 잠겼다. 먼저 이야기를 꺼낸 것은 준걸이다.

저라면 중심지에서 조금 떨어진 외곽지 아파트를 선택할 것 같아요. 다만 나중에 매도할 때를 생각하면 실수요를 고려하지 않을 수 없으니, 해당 지역 내 사람들의 선호도가 높은 아파트가 좋을 거고요.
무조건 금액에 맞추다 보면 직장에서 한없이 멀어지고, 주변에 인프라하나 없이 휑한 지역이 '나홀로아파트'까지 밀려날 수도 있어요. 그래서 금액이 한정되어 있을 경우 외곽지 아파트를 선택하되, 인프라가 잘 갖춰진 동네의 아파트를 선택하고 대신 금액에 맞게 평수를 줄여서 이사를 갈 것 같습니다. 빌라보다는 아파트가 가격탄력성, 즉 가격이 더 많이 오르는 경향이 있기 때문에 평수가 작아지더라도 오히려 투자 측면에서 좋을 거라고 생각해요.

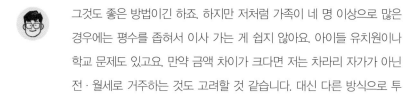

그것도 좋은 방법이긴 하죠. 하지만 저처럼 가족이 네 명 이상으로 많은 경우에는 평수를 좁혀서 이사 가는 게 쉽지 않아요. 아이들 유치원이나 학교 문제도 있고요. 만약 금액 차이가 크다면 저는 차라리 자가가 아닌 전·월세로 거주하는 것도 고려할 것 같습니다. 대신 다른 방식으로 투자를 지속해서 자본 소득을 높여야겠죠.

저 같은 경우는 1인 가구이기 때문에 집의 크기보다는 이동 시간을 더 중요하게 여기긴 해요. '워라밸(일과 삶의 균형)'도 지켜야 하니까요. 그래서 실거주만 생각한다면 빌라도 완전히 나쁘다고 생각하지는 않습니다.
하지만 정답이 정해져 있는 건 아니에요. 실거주하면서 만족감을 얻으면 그만이라는 사람은 상관없지만, '직주근접이면서 이왕이면 가격도 오르면 좋겠다'고 생각할 경우에는 계산이 복잡해져요. 빌라도 괜찮은 입지에 수요가 탄탄히 받쳐준다면 소폭 오르기도 하지만, 아닌 경우도 많으니까요.

젊은 멘토들의 대화를 부린이 커플은 조용히 지켜볼 수밖에 없었다. 자연스럽게 자기 주장을 하면서도 편안하게 다양한 의견을 나누는 분위기가 정말 좋았다. 이번엔 미래 대신 성실이 질문을 던진다.

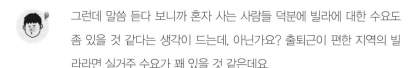

그런데 말씀 듣다 보니까 혼자 사는 사람들 덕분에 빌라에 대한 수요도 좀 있을 것 같다는 생각이 드는데, 아닌가요? 출퇴근이 편한 지역의 빌라라면 실거주 수요가 꽤 있을 것 같은데요.

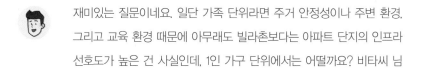

재미있는 질문이네요. 일단 가족 단위라면 주거 안정성이나 주변 환경, 그리고 교육 환경 때문에 아무래도 빌라촌보다는 아파트 단지의 인프라 선호도가 높은 건 사실인데, 1인 가구 단위에서는 어떨까요? 비타씨 님이 1인 가구니까 잘 아실 것 같은데….

재미있는 건 1인 가구도 마찬가지라는 거죠. 빌라보다는 차라리 초소형 아파트에 거주하고 싶어할 걸요? 대표적인 게 잠실 리센츠아파트 12평형인데, 흔히 말하는 분리형 원룸 또는 1.5룸의 형태를 가지고 있답니다. 그런데 이 초소형 아파트의 가격을 살펴보시면 최근 몇 년 동안 엄청난 상승세였다는 걸 알 수 있어요.

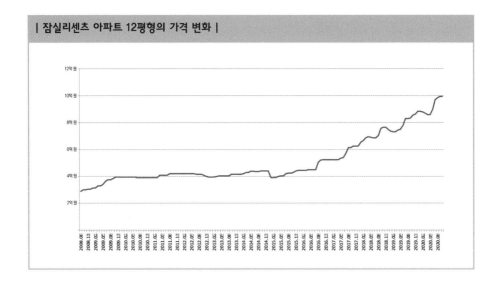
| 잠실리센츠 아파트 12평형의 가격 변화 |

와~ 이 정도 가격이면 빌라 몇 채는 사겠는데요.

소득이 높은 1인 가구라면 아무래도 깨끗하고 쾌적한 대단지 아파트를 선택할 가능성이 높다고 생각해요. 빌라에 비해 주차도 편하고, 대단지 주변의 인프라와 편의시설을 함께 이용할 수 있으니까요. 그만큼 수요층이 많으니까 가격이 많이 오르는 게 당연할 수밖에요.

그러면 혹시, 아파트는 구축이고 빌라는 신축이라면 어떨까요? 깔끔한 신축빌라는 괜찮지 않나요? (미래를 바라보며) 너도 신축빌라라면 신혼집으로 괜찮다고 했었잖아.

선택에 정답은 없지만, 사실 빌라는 아파트처럼 체계적으로 관리되지 않기 때문에 1~2년만 지나도 금방 노후화가 진행되는 게 사실이랍니다. 그리고 대형 건설사가 아니라 소형 업체들이 주로 건축하기 때문에 집 자체의 완성도가 들쑥날쑥하기도 하고요. 그래서 빌라는 무조건 좋다 나쁘다로 단정짓기가 참 어렵답니다.

귀를 기울여 듣고 있던 미래가 다시 조심스럽게 질문을 던졌다.

실거주 측면에서 빌라의 선호도가 떨어진다는 건 알겠어요. 그렇다면 투자 측면에서도 빌라는 별로인가요?

글쎄요, 역시나 '케바케(Case by case)'라고 생각되네요. 다만 확실한 것은, 아파트와 달리 빌라는 대부분 매수하는 동시에 감가상각이 이뤄진다는 거죠. 예를 들면 커플링을 생각해보세요. 살 때는 비쌌는데 애인과 헤어지고 커플링을 팔려고 금은방에 갔더니 가격이 있는 대로 깎이는 상황이라 할까요? 심지어 어떤 금은방은 매입 자체를 꺼리기도 하고요. 빌라도 비슷한 리스크를 가지고 있어요.
다만 요즘은 중심지에 있는 빌라의 가격이 오르기도 하는데, 이건 부동산 상승장의 후반부에 나타나는 특징이기도 합니다.

아니, 지금까지 빌라의 단점들을 많이 말씀해 주셨는데 빌라 가격이 오르기도 하는군요?

여러 이유가 있겠죠. 유동성이 많이 풀리면서, 감가상각으로 떨어진 가치보다 화폐가치의 하락이 더 심해지면서 아파트보다 저렴한 빌라가 상대적으로 매력적으로 보일 수도 있어요. 요즘처럼 각종 부동산 규제가 나올 때는 틈새상품으로 주목받기도 하거든요. 또 여기저기서 부동산으로 돈을 벌었다는 소식이 들려오면 매수심리가 자극되면서 뒤늦게 뛰어든 사람들이 많아지는데, 이 사람들에게는 그동안 가격이 크게 오른 아파트 대신 실거주용 주택으로서 대안이 되어주기도 하죠.

그때 듣고 있던 준걸이 갑자기 질문을 던졌다.

빌라는 무조건 아파트보다 상승 여력이 없기만 할까요? 실제로 빌라 가격이 아파트를 이길 때도 있습니다. 어떤 경우일까요?

빌라가 아파트보다 비쌀 때도 있다고요? 혹시 연예인들이 산다는 고급 빌라 말씀이신가요?

그것도 맞습니다. 단지형 고급빌라의 경우는 개인의 맞춤형 공간을 제공하는 형태라서 선호되기도 하죠. 하지만 그건 다소 특수한 경우입니다. 제가 말씀드리려던 건 주로 정비 사업이 진행될 만한 곳의 빌라입니다.

정비 사업이라면 재개발 말씀이로군요.

자, 이 그래프를 한 번 보세요. A빌라와 B빌라는 비슷한 위치, 비슷한 입지에 있습니다. 다만 A빌라는 재개발 구역 내에 있고, B빌라는 위치는 가깝지만 재개발 구역 밖에 위치해 있다는 차이점이 있어요. 두 빌라의 가격 변화를 비교해보니 어떠세요?

누가 봐도 A빌라의 가격이 압도적으로 많이 올랐네요.

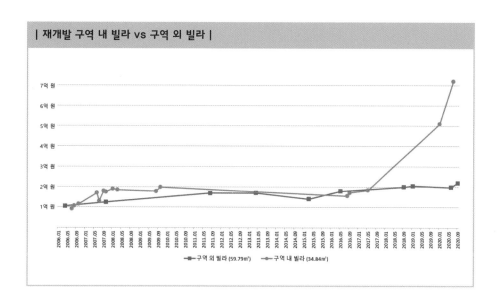

| 재개발 구역 내 빌라 vs 구역 외 빌라 |

옆에 있던 부토피아도 말을 보탰다.

 그리고 이런 경우도 있습니다. 다음 그래프는 2006년을 기준으로 거래 가격이 비슷했던 빌라와 아파트 몇 개를 비교해본 거예요. 보시면 송파 구의 A빌라와 B빌라의 상승세가 다른 곳의 아파트 가격을 가뿐하게 뛰 어넘는 걸 보실 수 있습니다.

 앗? 관악구 시흥동의 관악벽산5단지아파트 빼고 나머지는 빌라보다 오 히려 가격이 낮군요?

관악벽산5단지는 그나마 서울이라 가능했죠. 화성시 병점동이나 안성시까지 내려가서 샀다면 오히려 빌라보다도 수익률이 좋지 못할 수 있었다는 것입니다.

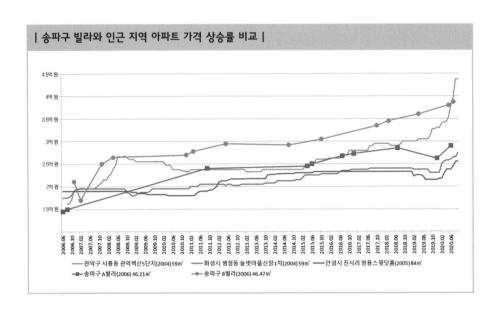

| 송파구 빌라와 인근 지역 아파트 가격 상승률 비교 |

 이 결과는 좀 충격적인데요?

 그렇죠? 돈이 없어서 선택의 기로에 놓였을 때 '중심지 빌라를 살 것이냐, 외곽지 아파트를 살 것이냐'를 결정하게 될 텐데요. 그래서 저는 아파트만 생각하고 외곽지로 갈 바에는 차라리 본인 지금 여력에 맞는 주택 중에서 그나마 가장 중심지로 가는 것을 추천드립니다.

 결과적으로 '무조건 빌라는 안 된다! 아파트만 해야 한다!'라고 단언할 수는 없다는 말이네요. 빌라도 빌라 나름이라는 거죠?

성실의 깨달음에 비타씨가 활짝 웃으며 답했다.

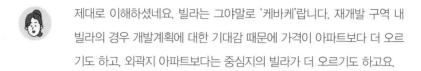

제대로 이해하셨네요. 빌라는 그야말로 '케바케'랍니다. 재개발 구역 내 빌라의 경우 개발계획에 대한 기대감 때문에 가격이 아파트보다 더 오르기도 하고, 외곽지 아파트보다는 중심지의 빌라가 더 오르기도 하고요.

그저 겉모습만 봐서는 모르는 거네요.

물건의 형태보다 중요한 건 본질적인 가치죠. 그러니 외적으로 봤을 때 빌라냐 아파트냐, 새 것이냐 낡은 것이냐에 집착하시면 곤란하겠죠?

대체 비타씨 님은 어떻게 빌라에 대해 이렇게 잘 알게 되신 거예요?

저도 나름의 아픔이 꽤 많았답니다. 저의 좌충우돌 빌라 투자 스토리 한 번 들어보실래요?

부동산의 형태보다 본질적 가치를 보자

비타씨의 빌라 투자 이야기

빌라 투자에 대한 좌충우돌 스토리라니, 대체 비타씨는 젊은 나이에 어떤 식으로 투자를 해왔던 것일까? 두 사람은 비타씨의 이야기에 귀를 기울였다.

사기 당할 뻔한 위험에서 기회를 찾다

 아직은 무서운 것도, 모르는 것도 많던 20대 초반, 두 번의 실패를 지나 마지막 재기에 총력을 다 하시던 부모님은 저와 동생을 남겨두고 지방으로 내려가셨습니다. 전화로 목소리만 들어도 눈물 나는 날이 많았던 때, 어느 날 아빠의 목소리가 어쩐지 불안했습니다.

아버지 아빠 친구 ㅇㅇ아저씨 알지? 그 친구가 평택 농지에 투자를 하라네. 그 동안 모은 돈으로 한번 해보려고.

당장이라도 돈을 보낼 것 같은 아버지와 전화를 끊은 후 찜찜한 마음이 들었습니다. 컴퓨터를 켜고 인터넷을 뒤지며, 부동산 커뮤니티에 가입해서 이것저것 물어본 결과 몇 시간 만에 얻어낸 정보는 바로 기획부동산. 현실적으로 개발되기 어려운 개발제한구역이나 맹지, 임야 등을 작게 쪼갠 후 개발 호재가 있다면서 불특정다수를 현혹하여 비싸게 팔아넘기는 집단이라는 것입니다. 아버지가 투자하려는 땅은 개발이 안 되는 절대농지였고, 그것이 기획부동산의 전형적인 수법이란 것을 알아냈습니다. 다급한 손길로 전화를 걸었지요. 통화연결음이 울리는 몇 초가 왜 그리 길게 느껴지던지…. 전화기 너머로 아빠의 목소리가 들리자마자 다급히 소리쳤습니다.

 아빠, 돈 보내면 안 돼! 아빠 친구 사기꾼이야!

다행히 아빠는 묻지마투자를 하지 않으셨고, 그것이 저와 부동산의 인연의 시작이었습니다. 좋은 경험은 아니었지만, 어쨌든 부동산의 'ㅂ'자도 몰랐던 제가 부동산에 관심을 갖게 된 계기였지요. 사기꾼에게 아빠를 구했다는 안도감이 느껴지자, 이번에는 순전히 호기심으로 부동산이란 키워드로 검색을 타고 타다 부동산 경매 카페에 가입하게 되었습니다.

오백떼기? 천떼기? 경매 한 건으로 한 달 월급의 두세 배를 벌었다는 회원들의 경험담을 밤새 읽고, 다음날 아침 서점에 가서 손에 잡히는 대로 부동산 책을 읽었습니다. 이렇게 돈을 버는 방법이 있다니! 처음 접하는 분야였지만 시간 가는 줄 모르고 책을 읽다가, 집으로 돌아와서 무엇에 홀린 듯 강의를 신청했습니다.

그때 저는 다른 회사에서 스카우트 제의를 받고 이직을 준비하던 때였지만, 과감히 포기했습니다. 새로운 회사에 적응하면서 부동산 공부까지 하기란 현실적으로 어렵기 때문이죠. 물론 가족들에게는 말하지 않았습니다. 기획부동산 사건으로 친구와 연까지 끊은 아버지와 그걸 지켜본 가족들에게 부동산 투자를 시작해 보겠다고 말할 엄두가 나지 않았거든요. 차라리 나중에 돈을 벌면 근사하게 용돈을 드리면서 말씀드려야겠다는 생각으로 더 열심히 전념했습니다. 그렇게 통장 잔고 200만 원 중 40만 원이라는 거금을 투자해서 부동산 공부를 시작했습니다.

생각 없이 무모하게 낙찰 받은 5채의 빌라

모아놓은 돈은 얼마 없었지만 배운 건 바로 실천에 옮겨야 하는 성격이라 제2금융권에서 고금리 대출로 1,000만 원을 대출받아서 부동산 경매를 시작했습니다. 경매에 입찰할 때에는 최저가격의 10%를 입찰보증금으로 내야 하기 때문에 제가 입찰할 수 있는 물건은 1억 원 이하여야 했어요. 그래서 감정가 7,000만 원 내지 8,000만 원의 수도권 외곽 빌라를 주로 공략하게 되었습니다.

가격이 저렴하다는 것은 수요가 적다는 뜻이죠. 지금 생각해보면 그 물건들은 입지가 좋지 않은 C급 물건이지만, 그때는 그런 걸 볼 수 있는 눈이 아직 없었어요. 어쨌든 낙찰을 받아서 경락잔금대출을 받아 잔금을 치르고, 겁도 없이 순식간에 5채의 빌라를 낙찰받았답니다.

사실 제 목표는 큰돈을 버는 것보다 빨리 매도해서 적더라도 빠르게 자산을 늘리는 것이었어요. 부동산을 일곱 군데나 돌면서 미리 시세를 꼼꼼히 파악했기 때문에, 시세대로만 팔아도 한 건당 500만 원 내지 1,000만 원이 남는 상황이었습니다. 흔히 말하는 '오백떼기'나 '천떼기'가 바로 제 이야기가 되는 거였죠. 명도도 수월하게 이뤄졌고, 이제 이 빌라들에 날개를 달아보자는 생각으로 인테리어도 싹 했답니다. 이제 예쁜 내 집들을 매도하려고 부동산을 찾았는데 중개사님 말씀에 순간 귀를 의심했습니다.

 에이~ 그 가격에는 절대 못 팔아요. 잘못 알고 오셨네.

낙찰받기 전에 조사했던 이 근방 시세와 낙찰 후 부동산 중개사님들이 말하는 시세는 완전히 다르더라고요. 초보자들이 저지르는 너무나 기본적인 실수를 저지른 거예요. 그 실수가 뭐냐면, 시세 조사를 할 때는 매도인, 매수인, 세입자 등 세 명의 입장에서 다각도로 시세 조사를 해야 정확해요. 원래 중개사들은 살 사람에게는 일단 비싼 가격을, 팔 사람에게는 싼 가격을 말하는 법이거든요.

그런데 저는 매수인이니까 "집을 사려고 하는데, ○○빌라 얼마예요?"라고만 물은 것이죠. 당연히 중개사들은 제게 시세보다 높은 가격을 알려주었고 저는 그것이 진짜 시세라고 곧이곧대로 믿은 겁니다. 만약 진짜 시세를 알았다면 입찰도 더 낮은 가격에 했을 텐데, 시세를 높게 잡은 탓에 낙찰도 비싸게 받은 셈이 되어버렸습니다. 심지어 다섯 건을 말이죠. 높은 낙찰가에 올수리 비용까지, 낙찰받자마자 손해를 본 거예요.

게다가 장마철이 겹치면서 이미 인테리어를 끝낸 집에 물까지 새더라고요. 어디 그뿐인 줄 아세요? 옆 건물에서 불이 나서 그을음과 매캐한 냄새가 배고, 윗집에서는 자살사건이 발생하고…. 정말 초보자가 감당하기 힘

든 일들이 한꺼번에 터지는 거예요. 엉엉 울면서 다시 부동산 중개사를 찾아갔는데, 와… 어쩜 그럴 수 있는지…. 처음에 임장 갔을 때는 그렇게 따듯한 눈빛을 주시던 분들이 이제는 '나더러 어쩌라고' 하는 식으로 귀찮다는 눈빛을 보내시더라고요. 이미 그 근방 부동산에는 제가 호구라는 소문이 쫙 퍼졌더군요.

 아가씨, 그 집 안 팔려! 그냥 월세 놓고 쭉 가져가.

중개사들은 그렇게 제안했지만, 그러면 대출이자를 제외하고 남는 수익이 월 5만 원에서 10만 원밖에 안 되는 상황이었습니다. 게다가 사건사고가 언제 터질지 모르는 시한폭탄 같은 집을 계속 보유하라니? 정신이 번쩍 들더라고요. 손해를 보더라도 빨리 매도해야겠다고 생각했습니다.

그렇게 빌라 매매 홍보 전단지를 만들어서 새벽부터 미친 듯이 부동산 중개소를 돌며 뿌리고 다녔습니다. 어렸을 때 아버지가 사업에 실패하신 적이 있는데, 그때도 새벽일을 하지는 않았거든요. 근데 그걸 두 달이나 했어요.

노력이 통했을까요? 저를 호구로 보던 부동산 사장님들도 어느 샌가 물건을 매도하려고 애써 주셨고, 덕분에 두 개는 수익, 두 개는 손해, 그리고 나머지는 그 지역에 발령받아 급하게 집을 구하는 분에게 시세보다 3,000만 원이나 싸게 전세를 주었습니다. 그렇게 마지막 전세 잔금까지 모두 처리한 날, 긴장이 풀린 탓인지 며칠을 앓아누웠죠.

싸게 샀다고 무조건 좋은 투자일까

투자가 두려워지더라고요. 누구보다 열심히 움직였는데 왜 이런 결과가 생긴 걸까? 생각해보니 저의 문제는 조급함이었던 것 같아요. 빨리 돈을 벌고 싶은데 투자금은 부족하니까 무조건 싼 지역의 싼 집에만 집중한 거죠. 원래 싼 데에는 그만한 이유가 있는 건데…. 지역과 물건의 본질적인 가치를 무시하고 무조건 싸게 낙찰받으면 그만이라고 생각했던 게 실패의 가장 큰 이유였던 것 같아요.

몇 년이 지난 지금도 조급증이 올라오려고 하면 날카로운 첫 투자의 기억을 일부러 끄집어내곤 합니다. '나는 호구였다, 하지만 이제는 호구가 되지 않겠다'라면서 말이죠.

빌라에 투자하지 말라는 뜻이 아니에요. 다만 무조건 싸다는 이유로 빌라에 접근하면 위험하다는 말씀을 드리고 싶은 거랍니다. 아파트냐, 빌라냐가 중요한 게 아니라 어떤 입지에 어떤 가치를 가진 물건이냐가 더 중요하다는 것을 절대 잊으시면 안됩니다.

실제로 아직 재건축·재개발 투자가 본격적으로 알려지기 전인 2017년, 레버리지와 보증금을 적절히 활용하면 1억 원 이하의 금액으로 여러 채에 투자하는 것이 가능했습니다. 그렇게 미아, 광명, 송파 등 여러 재건축·재개발 구역 빌라에 투자를 했고 덕분에 짧은 시간에 억대 수익이 발생했죠. 처음에 낙찰 받은 5채와 비슷한 연식의 낡은 빌라이고 인테리어도 별다를 게 없었는데, 정비 사업이란 개발계획이 잡혀 있다는 사실만으로 수익은 하늘과 땅 차이였지요.

생각 없이 덤비는 투자가 얼마나 무서운지 뼈저리게 느끼고 난 후에도 부동산 투자를 향한 관심은 멈추질 않았습니다. 오히려 무시무시한 첫 경험을 바탕으로 부동산의 가치, 시장의 흐름, 수요와 공급, 갭 벌리기와 갭 메우기 등 부동산의 가치를 공부하는 데에 큰 동기부여가 되었지요.

제가 다산신도시 34평 아파트에 혼자서라도 거주하기로 결정한 것 역시 미래가치가 기대되기 때문에 내린 결정입니다. 서울에서 차로 30분 거리의 새 아파트라니, 분명히 수요가 풍부할 거라고 생각한 것이죠. 그만큼 앞으로의 가치 상승도 기대되는 곳입니다. 부동산에 투자할 때에는 이처럼 현재와 미래의 가치를 입체적으로 분석하는 것이 중요합니다.

그렇다면,
무엇부터 공부해야 하나요?

젊은 나이에 그렇게 다양한 경험을 했다니, 성실과 미래는 그런 비타씨가 부러우면서도 멋지다는 생각이 들었다. 이제부터 조금씩 공부를 시작하면 왠지 본인들도 멘토 3인방처럼 부자가 될 수 있을 것 같다는 생각에 희망이 부풀었다. 그런데 대체 무엇부터 시작해야 할까?

말씀을 들으니까 저희도 이제부터 부동산에 대한 공부를 시작해야겠다는 생각이 들긴 하는데요, 부동산의 '부' 자도 모르는 저희 같은 '부린이'가 대체 뭘 어떻게 시작하면 되는 걸까요?

맞아요, 세 분은 저희 같은 초보자들에게 어떤 조언을 해주시겠어요?

기사 읽기를 생활화하자

가장 먼저 이야기를 꺼낸 것은 부토피아였다.

여러 가지가 있겠지만, 가장 먼저 기사 읽기를 생활화하라고 말씀드리고 싶네요. 저는 날마다 부동산 기사를 읽으면서 새로운 경험을 하게 된 사람이거든요.

기사만 열심히 읽어도 부동산 실력이 느나요?

물론 처음부터 그런 건 아니에요. 꾸준한 노력과 시간이 필요하죠. 기사를 이해할 수 있든 없든, 부동산 시장에서 일어나는 다양한 사건을 매일 접하다 보면 어느 순간 그 사건들의 연결고리를 발견하게 된답니다.

그러다 보면 어느 순간 전체적인 시장의 흐름까지 눈에 들어오게 되겠네요. 좋은 방법인데요?

이때 중요한 것은 일부러라도 기사를 비판적인 관점으로 바라보는 것입니다. 기사에 대한 간단한 의견을 덧붙여도 좋고, 다른 내용을 찾아보며 분석해도 좋습니다. 부동산 시장을 바라보는 나름대로의 시각이 생기게 될 거예요.

일부러 비판적으로 바라본다는 게 쉽지는 않겠는데요?

그렇다면 다른 건 몰라도 세 가지 질문만큼은 스스로에게 꼭 던져보세요. 첫째, 정말 그러한가? 둘째, 왜 그러한가? 셋째, 그렇다면 나는 어떻게 해야 하는가? 기사를 읽을 때 이 세 가지만 생각해 봐도 보는 눈이 달라질 겁니다.

 하나의 기사에 세 가지 질문을 해보라는 말씀인가요?

 예를 들어 이런 겁니다. '인천 부평, 경기 과천 등 17곳, 노후 아파트 비율 90% 이상… 대기수요 풍부'라는 기사가 있었습니다. 물론 마지막에는 다양한 분양 현장을 소개하는 광고성 기사로 마무리하고 있었지만, 앞부분에서는 수도권에 노후 아파트 비율이 높은 지역이 많다는 것과 새 아파트에 대한 대기 수요가 많다는 언급이 있어 흥미롭다는 생각이 들었습니다.

 그래서 어떤 식으로 읽으셨나요?

 첫째, 정말 그러한지를 살펴보았습니다. 서울, 경기, 부산, 대구, 대전 등 다양한 지역의 준공연도별 공급 규모 현황 데이터를 찾아보았습니다. 파란색으로 표시된 부분은 이미 재건축 가능 연한이 된 아파트들, 빨간색으로 표시된 부분은 앞으로 10년간 재건축 가능 연한이 도래하는 아파트들입니다. 각 도시들이 90년대에 지어진 아파트가 상당수 집중되어 있어, 앞으로 10년간 재건축 연한인 30년 이상이 되는 아파트가 무척 많다

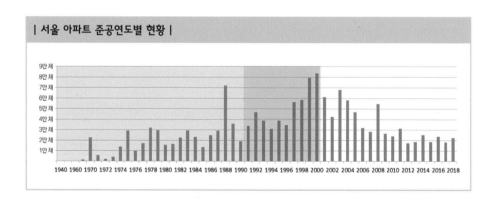

| 서울 아파트 준공연도별 현황 |

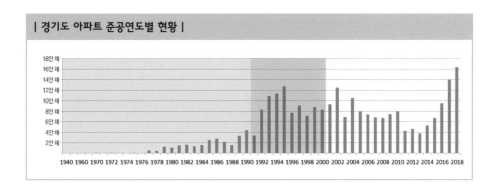

| 경기도 아파트 준공연도별 현황 |

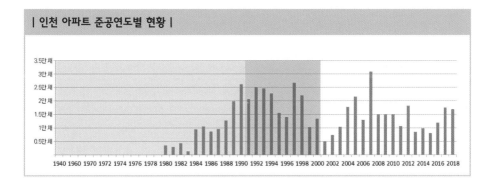

| 인천 아파트 준공연도별 현황 |

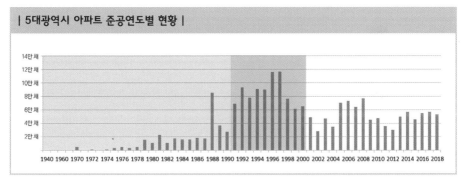

| 5대광역시 아파트 준공연도별 현황 |

출처 : 통계청 국가통계포털

는 사실을 확인할 수 있었습니다

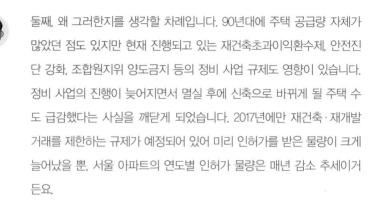

기사에서 말한 '노후 아파트 비율이 높다'는 말은 사실이었군요.

둘째, 왜 그러한지를 생각할 차례입니다. 90년대에 주택 공급량 자체가 많았던 점도 있지만 현재 진행되고 있는 재건축초과이익환수제, 안전진단 강화, 조합원지위 양도금지 등의 정비 사업 규제도 영향이 있습니다. 정비 사업의 진행이 늦어지면서 멸실 후에 신축으로 바뀌게 될 주택 수도 급감했다는 사실을 깨닫게 되었습니다. 2017년에만 재건축·재개발 거래를 제한하는 규제가 예정되어 있어 미리 인허가를 받은 물량이 크게 늘어났을 뿐, 서울 아파트의 연도별 인허가 물량은 매년 감소 추세이거든요.

아, 그런 식으로 생각이 확장되는군요!

마지막으로, 그렇다면 나는 어떻게 해야 할지를 생각해봐야 합니다. 앞으로 노후주택 비중이 계속 늘어날 것이기 때문에 더더욱 신축 아파트에 투자해야겠다고 판단했습니다. 신축 선호 현상이 심해질수록 신축과 구축의 가격 차이는 더 벌어질 것이고, 그렇다면 앞으로 신축 아파트가 될 재건축·재개발 시장도 계속 주목받을 거라는 생각이 들었습니다.

저라면 그냥 사람들이 신축 아파트를 선호하는구나~ 하고 단순하게 생각하고 넘어갔을 것 같아요.

대부분이 그렇지요. 하지만 그냥 수긍하지 말고 이렇게 직접 상세한 정보를 찾아보고 이해하면 그 과정에서 더 많은 공부가 됩니다. 스스로 질문을 던지며 기사를 읽다 보니 그냥 읽기만 했던 때와 다르게 얻을 수 있는 정보가 많습니다.

어찌 보면 날마다 부동산 기사를 읽는다는 게 그리 대단해 보이지 않을 수도 있는데, 그 안에서 많은 것을 찾아내셨네요.

매일 부동산 기사를 읽는다는 것은 매일 부동산을 생각하는 습관을 들이는 것과 같습니다. 그리고 비판적 시각으로 기사를 읽는 것은 부동산 시장에 대한 이해도를 끌어올리고 시야를 확장시키는 좋은 방법입니다. 어떤 일을 하더라도 기본기가 중요한 법이죠. 기사 읽기는 부동산 투자의 기본기를 쌓는 가장 좋은 방법임을 기억하시길 바랍니다.

알겠습니다!

투자를 결정할 때 3가지를 잊지 말자

부토피아에 이어 이번에는 준걸이 이야기를 이어나갔다.

여러분은 지금 종자돈을 이제 막 모았거나 모으고 있는 분들일 겁니다. 요즘 주위에서 부동산으로 돈 좀 벌었다는 소리도 좀 들으셨겠죠?

네, 사실은 그래서 조급한 마음이 들기도 해요.

이해합니다. 그래서 투자를 하고 싶어서 하이에나처럼 기회를 살피고 있을 수도 있죠. 하지만 그렇더라도 이제부터 말씀드리는 세 가지는 잊지 말고 기억하시기 바랍니다.

그 세 가지가 뭔가요?

첫째, 누구도 믿지 마십시오. 특히 "너만 알고 있어"라거나 "대박 수익률이야"라고 말한다면 십중팔구 악마의 속삭임이라고 보셔야 해요. 그렇게 수익률 좋은 투자기회를 왜 당신에게 아무 대가 없이 알려 줄까요? 그 속삭임은 "나만 알고 있는 건으로 돈을 좀 벌어야겠으니, 네가 돈을 좀 대줘야겠어"라고 해석하면 크게 무리가 없을 겁니다.

 헉, 무섭네요. 하지만 듣고 보니 틀린 말씀은 아닌 거 같아요.

 둘째, 조급함을 내려놓으십시오. 물론 급한 사정이 있을 겁니다. 젊은 세대답게 빨리 결론을 내고 싶고, 눈에 보이는 결과를 보고 싶으시겠죠. 그러나 투자에 있어 과속은 금물이고, 차선 자주 바꾸기도 그리 큰 효과는 없습니다. 투자에는 시간이라는 요소도 포함된다는 것을 반드시 기억하시면 좋겠습니다.

 투자에는 시간도 포함된다! 기억할게요.

 마지막으로, '내 공부'가 되어 있어야 합니다. 사람들은 세상의 모든 일이 실력 없이 거저 이루어지는 것은 없음을 잘 알고 있을 뿐 아니라, 당연히 그에 상응하는 노력을 기울입니다. 공부, 입시, 취직, 승진 같은 것들이 그렇지요. 그런데 유독 부동산에서는 내 실력 없이도 떠도는 정보를 잡아서 단기간에 큰돈을 벌 수 있다고 생각합니다. 하지만 그렇게 접근하시면 위험하고, 반드시 자기만의 공부를 먼저 하시고 투자의 세계에 입문하셔야 합니다.

 하긴 그 말이 맞아요. 이상하게 부동산은 정보만 잘 얻으면 왠지 큰돈을 벌 수 있을 것 같은 느낌이랄까요.

 그렇지요. 안타까운 현실이지만, 2838세대들은 이제 온전히 직장에만 열정과 에너지를 쏟을 수 없게 됐어요. 모든 것을 쏟아 부어도 내일이 보장

되지 않는다는 불안감 때문에 2838세대들이 방황하고 헤매는 걸지 모릅니다. 저 또한 그랬거든요.

맞아요! 하지만 어디서부터 어떻게 시작해야 될지 모르겠고, 새롭게 무언가에 도전한다는 것도 좀 두려워요.

저 역시 그랬어요. 실패에 대한 불안감이 계속 저를 멈칫하게 만들었습니다. 부동산에 대해 쏟아지는 사회의 부정적 인식도 그랬지요. 주식은 '투자'라 하면서 부동산은 '투기'라 합니다. 마치 내가 하면 로맨스인데, 남이 하면 불륜이라는 말처럼 들리죠.

준걸 님. 아까부터 너무 뼈 때리는 지적을 해주시네요. 맞아요, 부동산 투자에 대한 인식은 사실 아직 별로 좋지 않은 것 같아요.

하지만 불안과 선입견, 부정적 인식에 사로잡혀서 언제까지 머물러 계실 건가요? 걱정만 하고 있으면 내 미래는 누가 준비해 줄까요? 무조건 출발해봅시다. 혹시라도 가다가 잘못 들어섰다 싶으면, 다시 되돌아오면 되는 거 아닌가요? 우리에게는 젊음이라는 무기가 있으니까요.

젊음이라는 무기! 너무 멋진 말씀이시네요! 기억할게요.

누구와 함께 하느냐가 곧 터닝포인트가 된다

비타씨 역시 해주고 싶은 말을 신중하게 고르는 것 같았다. 그가 꺼낸 말은 이것이었다.

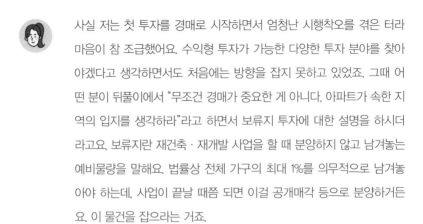

사실 저는 첫 투자를 경매로 시작하면서 엄청난 시행착오를 겪은 터라 마음이 참 조급했어요. 수익형 투자가 가능한 다양한 투자 분야를 찾아야겠다고 생각하면서도 처음에는 방향을 잡지 못하고 있었죠. 그때 어떤 분이 뒤풀이에서 "무조건 경매가 중요한 게 아니다. 아파트가 속한 지역의 입지를 생각하라"라고 하면서 보류지 투자에 대한 설명을 하시더라고요. 보류지란 재건축·재개발 사업을 할 때 분양하지 않고 남겨놓는 예비물량을 말해요. 법률상 전체 가구의 최대 1%를 의무적으로 남겨놓아야 하는데, 사업이 끝날 때쯤 되면 이걸 공개매각 등으로 분양하거든요. 이 물건을 잡으라는 거죠.

보류지요? 뭔가 어려운데요.

저도 그랬답니다. 하지만 중요한 건 용어 설명이 아니라, 아까 말씀드렸던 주택의 본질에 대한 것이에요. 아주 기본적이지만 저는 몰랐던 이야기였거든요. 그때 뭔가 눈이 번쩍 뜨이는 느낌이 들었답니다.

그래서 어떻게 되었나요?

그런 말을 쏟아내는 저 사람은 누굴까 싶었죠. 어디서 그런 용기가 생겼는지 무턱대고 다가가서 인사를 드리고, 조금 전에 말씀하신 그런 투자를 하려면 어디로 가야 하는지, 어떤 분야를 공부해야 하는지 직접적으로 물어봤습니다.

당황하셨겠네요. 답변은 잘 해주시던가요?

그러게요. 당황한 기색이셨지만, 그래도 새파랗게 어린 여자아이가 스스로 공부해 보겠다며 당돌하게 질문을 던지니 기특하셨는지 차근차근 알려주시더라고요. 생소한 단어들 속에서 귀에 꽂힌 단어는 '가치'였습니다. 이게 바로 투자의 포인트구나 싶었죠.

그때부터 가치 투자를 고민하기 시작하셨던 거군요?

맞아요. 투자를 하기 전에 정확한 가치판단을 하려면 부동산의 본질적 가치에 대한 공부가 필요합니다. 지금은 당연한 이야기인데 그때는 생각지 못했던 거죠. 경매라는 기술적인 부분만 생각하고 투자했었기에 그런 이야기를 해줄 멘토가 진작 주위에 있었다면 아마 첫 투자에서 그렇게 쓴 맛을 보지 않고도 더 빠른 성장이 가능했을 텐데 아쉽네요.

멘토가 그렇게 중요한 역할을 하나요?

물론이죠! 저는 미친 실행력 하면 누구에게도 뒤지지 않는다고 자부하는 사람이라, 그날 밤부터 멘토님이 힌트로 남겨주신 한강변의 가치, 그리고 서울 동부의 개발계획을 찾아보기 시작했답니다. 뿐만 아니라 멘토님이 권해주신 수업도 열심히 참여하고, 모르는 건 끊임없이 질문을 던지면서 강사님을 괴롭혔습니다. 나중에는 그런 노력이 운을 만난 것인지, 멘토님은 본인의 수업에 스태프로 참여하면서 스터디를 해보겠느냐는 제안을 해주셨어요.

와, 잘 된 일이군요!

그게 저의 터닝포인트였지요. 여기저기 흩어진 자료들을 취합하고, 분석하고, 그것을 바탕으로 임장을 했습니다. 힘들었지만 확실히 스스로 사고가 확장된다는 게 느껴지더라고요. 그리고 몇 개월 후 만들어진 부동산 스터디를 통해 광명, 성남 등 저평가된 지역 위주로 함께 공부를 하고 투자를 했습니다. 그 이후의 성과는 아까 말씀드렸던 대로이고요.

부동산 스터디가 성장에 도움을 많이 주나봐요.

스터디를 하면 가장 좋은 점은 자칫 방대하고 지루해질 수 있는 부동산 공부에서 서로 시너지를 내면서 성장한다는 점일 거예요. 물론 다른 동료 투자자들과 어떤 관계를 만들어 갈지는 본인의 선택입니다. 하지만 좋은 관계를 형성할수록 좋은 기회가 생겨나지 않을까요?

맞는 말씀이에요.

"팀워크는 개인의 총합보다 더 큰 일을 할 수 있다"라는 말이 있지요. HP 사장 칼리 피오나가 한 말이에요.

와, 멋진 말인데요!

사실은 멘토께서 알려주신 말인데 아직도 마음속에 담아두고 있어요. 저는 인생의 갈림길에서 손을 내밀어준 사람들 덕분에 인생 유턴에 성공했다고 생각해요. 그래서 이제는 제가 다른 누군가에게 도움의 손길을 내어 드리고 싶답니다. 오늘 이렇게 두 분과 이야기를 나누고 있는 것도 사실 부족하나마 저희의 경험담이 도움이 되었기를 바라는 마음이지요.

정말 큰 도움이 되고 있어요! 그렇지, 미래야?

그럼요! 비타씨 님뿐만 아니라 준걸 님, 부토피아 님 덕분에 저희도 부동산을 바라보는 관점이 조금 달라진 것 같아요.

질 되었네요. 앞으로 두 분도 꼭 인생의 터닝포인트를 만드셨으면 좋겠어요.

네, 꼭 그렇게 해보겠습니다!.

부동산과 빠르게 친해지는
3가지 방법

동행의 힘 : 부동산 커뮤니티를 활용하자

우리가 거주하고 있는 대한민국은 생각보다 넓습니다. 그 모든 지역은커녕 당장 내가 관심을 갖고 있는 지역을 혼자 공부해 나가는 것조차 버거운 것이 현실입니다. 이때 커뮤니티를 활용한다면 시간과 노력을 줄일 수 있습니다.

요즘은 부동산 관련 카페를 비롯하여 많은 커뮤니티가 존재합니다. 타인이 조사한 손품·발품 기록을 참고한다면 나중에 그 지역을 방문했을 때 매우 유용한 정보가 됩니다. 또한 나보다 먼저 시작한 선배들의 실전 경험담은 서적과 기사에서 얻을 수 없는 생생한 정보도 알려줄 것 입니다. 아프리카 속담에 '빨리 가려면 혼자 가고 멀리 가려면 함께 가라'는 말이 있습니다. 같은 목표를 가지고 함께 공부할 수 있는 동료와 이들을 이끌어줄 멘토가 있다면 자신이 성장하는데 큰 힘이 됩니다.

단, 커뮤니티를 찾을 때는 단순히 광고성·선동성의 정보를 공유하는 것이 아닌 부동산 전반적인 시장 상황, 지역분석, 입지 등을 공부할 수 있는 곳을 선정하는 것이 중요합니다. 허황된 수익을 약속하기보다는 물고기 잡는 법을 가르쳐주는 곳을 찾는 것입니다.

간접경험의 중요성 : 부동산 서적을 많이 읽자

누구에게나 새로운 도전과 시작은 막막합니다. 이 막막함은 경험의 부재 때문에 느껴지는 것입니다. 그렇다면 막막함을 해결하기 위해서는 많은 경험을 쌓으면 해결되겠지요. 하지만 당장 현실적으로 갑자기 경험을 쌓는다는 게 쉽지는 않습니다. 이러한 상황에서 큰 도움이 되는 것이 간접경험이고, 그 대표적인 방법이 바로 관련서적을 읽는 것입니다.

포털사이트에 부동산 투자에 대한 책을 검색하면 수백수천 권이 나옵니다. 그중에는 경·공매, 분양권, 재건축·재개발 등 특정 분야를 전문적으로 다루는 책도 있지만, 처음에는 부동산 시장을 전반적으로 쉽게 설명하는 책을 읽는 것이 좋습니다. 최소 다섯 권은 읽어보시길 권해드립니다. 그런 후에 어느 정도 감이 잡히면 추가적으로 부동산 분야의 베스트셀러도 세 권 정도는 읽어보시는 게 좋습니다.

이런 책을 읽다보면 저자들이 공통적으로 언급한 내용을 발견할 수 있습니다. 그렇다면 그 내용은 반드시 숙지해야 할 내용이겠지요. 이것만큼은 반드시 익혀두고, 추가로 그 밖의 다른 내용을 참고한다면 짧은 시간 내에 많은 경험과 지식을 쌓는 데에 큰 도움이 될 것입니다.

흐름 파악의 중요성 : 신문기사를 읽자

하루에 부동산 관련 기사는 몇 개나 올라올까요? 중복되는 뉴스를 제외한다면 대략 10~15건 정도일 것입니다. 이 정도의 기사만큼은 반드시 읽어보는 것이 좋습니다. 하루에 올라오는 그 모든 기사를 파헤칠 시간적 여유가 없다면 일단 헤드라인이 마음에 드는 한두 개를 선정해서 정독하는 것도 좋습니다.

부동산 기사를 처음 읽을 때의 마음은 '막막함'입니다. 지식이 짧다 보니 기사가 이야기하는 내용이 정확히 어떤 의미인지 파악하기 어렵기 때문입니다. 하지만 누구든지 처음은 항상 어렵습니다. 기사를 읽을 때는 해당 기사에서 나온 모르는 단어를 찾아서 정리해 보는 게 좋습니다. 이런 과정을 한 달 정도만 진행하면 외국어 같았던 부동산 용어가 어느 순간 모국어처럼 느껴지고, 그러면 이제 기사가 전달하려는 1차원적인 내용이 무엇인지 확인 가능해집니다.

이후부터는 기사를 읽을 때 그 너머에 숨은 맥락을 파악해 볼 차례입니다. '왜 이러한 현상이 일어나는 걸까'를 항상 고민하고 생각을 정리해 보며, 향후 일어날 일들에 대해 예상해 봅니다. 그리고 시간이 어느 정도 지난 후에는 그때 내가 했던 예상이 얼마나 정확하게 맞아떨어졌는지도 꼭 확인해봅시다. 만약 예상이 틀렸다면 내가 어느 부분을 놓쳤는지를 확인하면 됩니다. 이런 과정을 반복하다 보면 나만의 부동산 인사이트가 생기게 됩니다.

Chapter 2

두근두근!
생애 첫 내 집 마련 도전기

1단계 :
나의 자금 조달 능력 확인하기

미래야, 그동안 내 곁을 지켜줘서 정말 고마워. 이제 우리… 결혼하자!

어머, 성실오빠….

어느 한적한 레스토랑. 성실의 프러포즈에 여자친구 나미래는 말을 잇지 못했다. 성실이 어색한 듯 주섬주섬 반지를 꺼내들고 무릎을 꿇자 미래는 눈물까지 글썽거렸다. 두 사람이 만나온 시간은 오래됐지만, 적은 월급을 열심히 아끼고 쪼개서 열심히 저축해도 집 한 채 장만하기가 쉽지 않은 현실이라 성실은 프러포즈를 계속 미루고 있었고, 그 마음을 잘 아는 미래 역시 차마 독촉할 수는 없었지만 내심 그의 결심을 기다리고 있었던 것이다.

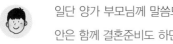 일단 양가 부모님께 말씀드려서 내년쯤으로 날짜를 잡자. 그리고 그 동안은 함께 결혼준비도 하면서 어떤 집을 사면 좋을지 알아보면 될 거 같아.

 뭐? 자, 잠깐. 집을 산다고?

감동의 눈물을 훔치던 미래는 깜짝 놀라서 성실을 바라보았다. 서로의 사정을 모르는 바도 아니고, 갑자기 무슨 돈이 있어서 집을 산다는 걸까? 사실 얼마 전 부지런 카페의 멘토 3인방과 대화를 나눈 이후부터 성실이 조금 달라졌다는 생각을 하긴 했다. 하지만 그렇다고 이렇게 갑자기 사람이 달라진다고? 혹시 이 오빠가 로또라도 맞은 걸까? 미래의 걱정스런 표정에 성실이 해맑게 말했다.

 응, 여러모로 고민해 봤는데 조금 무리를 하더라도 집을 먼저 장만하는 게 좋을 것 같아. 대신 미안한데 크고 좋은 집으로는 못 갈 것 같긴 해. 대출을 한 번 알아보니까 대략 우리가 가진 돈으로 살 수 있는 집은….

 아니아니, 잠깐만! 대출을 받는다고? 오빠는 대출 엄청 싫어하잖아.

 그랬지. 그런데 생각이 바뀌었어. 나 사실은 부동산 스터디 시작했어. 무리하지 않는 선에서 레버리지를 활용하면 충분히 안전하고 빠르게 자산을 불릴 수 있겠더라고. 너도 기억하지? 그때 만났던 비타씨 님, 부토피아 님, 준걸 님 말야.

 그래, 물론 기억나지. 나도 그때 이후로 부동산에 대해 조금 다르게 생각하게 되긴 했어. 하지만 갑자기 대출을 받는다니, 그렇게 쉽게 결정해도 될까?

아직 얼마 되지는 않았지만, 스터디를 시작해보니까 조금씩 새로운 길이 보이더라고. 당장 무리하게 밀어붙이려는 건 아니야. 차근차근 함께 공부해 보자는 거지.

처음에는 의심의 눈초리로 바라보던 미래도 점차 귀를 열고 이야기를 듣게 되었다. 생각해보면 예전부터 성실은 그야말로 노력의 아이콘이었다. 순둥순둥해 보이지만, 뭔가 하겠다고 결심하면 이를 악물고 해내고야 마는 근성 때문에 미래도 매력을 느꼈던 것이다. 이번에도 성실의 눈빛을 보니 결심이 장난이 아닌 것 같다.

결과적으로 두 사람은 혼수나 예단 등 결혼에 들어가는 비용은 최소화하고, 대신 신혼집을 구매하는 데에 최선을 다하기로 합의했다. 크고 좋은 집이 아니더라도 본인들이 할 수 있는 선에서 일단 집을 마련하기로 하고, 함께 부동산 공부도 계속해 나가자고 약속했다. 그렇게 두 사람의 신혼집 마련을 위한 여정이 시작되었다.

당장 조달 가능한 금액 계산해보기

부동산을 공부하는 건 재미있었지만, 막상 집을 사려고 마음먹고 보니 성실과 미래는 처음부터 큰 장벽에 부딪혔다. '영끌'이라는 말만 들어봤지,

직접 영끌을 해보려고 하니 생각보다 겁이 났던 것이다. 일단 두 사람은 가용 자금부터 계산해 보았다.

직장대출, 신용대출, 마이너스 통장 등 다 합쳐서 이들이 가용할 수 있는 자금은 2억5,500만 원. 생각보다 많은 금액이긴 했지만, 그렇다고 넉넉한 금액은 아니다. 성실은 조심스럽게 '부모님 찬스'를 부탁드리기로 했다. 성실의 말이라면 무조건 지지해 주었던 미래와 달리, 부모님을 설득하는 과정은 눈물겨웠다.

아버지 — 뭐어~? 빚을 내서 집을 산다고? 아이고, 우리 때는 말이여, 다들 사글세로 시작해서 전세로 가고, 차근차근 집 넓혀가면서 그렇게 너네들 다 키웠다. 대출을 받아야 한다고? 무슨 대출까지 받아서 집을 사?

대출을 마구잡이로 받겠다는 건 아니고요, 갚을 수 있을 만큼만 받으려고 해요. 걱정하실 만한 일은 없도록 할게요.

아버지 — 아니, 대출이 얼마나 위험한 건지 몰라? 그 뭐시냐, 너희 당숙이 대출 잘못 받았다가 집이 홀라당 경매에 넘어가가지고….

아, 아버지, 그거는 대출이 아니라 보증 서신 걸로 알고 있는데요….

아버지 — 으응? 그랬나? 아무튼 대출은 위험한 거여!

평생 대출을 멀리하셨던 부모님께 왜 집을 사야 하는지, 대출을 활용하는 게 얼마나 이익인지를 설명하기란 쉬운 일이 아니었다. 그러나 지성이면

감천이라고, 결국 부모님도 성실의 뜻을 지지해 주시기로 했다. 그리고는 성실도 모르게 차곡차곡 마련해 두신 성실의 결혼자금 4,500만 원이 담긴 통장을 내놓으셨다. 너무 감사하면서도 죄송했던 성실은 '반드시 성공해서 부모님께 돌려드려야지'라고 결심했다. 그렇게 모인 자금은 총 3억 원. 이제 이 3억 원으로 마련할 수 있는 집을 찾는 것이 문제다. 이제 시작이다!

| 성실과 미래의 자금 조달 금액 계산 결과 |

성실	미래
원룸 전세보증금 5,000만 원	예금액 4,000만 원
직장대출 2,000만 원	직장대출 1,500만 원
마이너스 통장 6,000만 원	신용대출 5,000만 원
예적금담보대출 1,000만 원	보험약관대출 1,000만 원
부모님 찬스 4,500만 원	
합계 약 3억 원	

※ 이해를 돕기 위한 사례입니다. 감당하기 어려운 범위를 넘어서는 무분별한 대출은 지양해야 합니다.

내가 받을 수 있는 대출액은 얼마일까

3억 원이라는 돈이 있다는 사실에 기뻐하는 미래와 달리 성실은 생각에 잠겼다. 그 동안 틈틈이 대출을 받기 위해서 꽤 열심히 알아봤던 성실은 머릿속으로 주택담보대출 가능 금액을 계산하고 있었던 것이다.

어디 보자…. 회사대출, 신용대출, 마이너스 통장, 주택담보대출을 LTV, DTI 고려해서 최대 한도까지 받으면….

 뭐라고? LTV는 뭐고 DTI는 뭐야?

 아, LTV와 DTI는 대출을 받을 수 있도록 정해진 한도 비율을 말하는 거야. 그 한도를 넘으면 은행이 대출을 해주지 않아.

LTV와 DTI

정부는 대출을 담당하는 금융기관들이 일정 비율 이상의 대출을 해줄 수 없도록 가이드라인을 정해놓고 있는데 대표적인 것이 LTV와 DTI입니다. 이것은 과도한 가계부채 증가를 예방하기 위한

| 주택 구입 목적시 대출 가능 비율 |

담보대출		투기지역, 투기과열지구		조정대상지역		이외 지역	
		LTV	DTI	LTV	DTI	LTV	DTI
서민 실수요자		50%	50%	60%	60%	70%	60%
무주택 세대		40%	40%	50%	50%		
시가 9억 원 이하	1주택 세대	0%	−	0%	−	60%	50%
	1주택 세대 예외	40%	40%	50%	50%		
	2주택 이상 세대	0%	−	0%	−		
시가 9억 원 초과 (고가주택)	원칙	0%		0%		시가 9억 원 이하 기존과 동일	
	예외: 9억 원 구간	40%	40%	50%	50%		
	예외: 9억 원 초과분	20%		30%			
시가 15억 원 초과	초고가 아파트	0%	−	해당 없음			

※ 주택가격 9억 원 초과분 LTV 차감   ※ 15억 원 초과 초고가 아파트 LTV 0
※ 규제지역 내 가계 주택담보대출 취급 시 전입 및 처분 요건 강화 (2020. 7. 1 이후)
　무주택자 6개월 이내 전입 / 1주택자 6개월 이내 처분 및 전입

한도가 어떻게 정해지는데?

 LTV는 담보물 가격의 몇 %까지라는 기준이, DTI는 소득의 몇 %까지라
는 기준이 정해져 있어. 지난번 스터디에서 배운 내용이 있으니까 함께
살펴보자.

것이기도 하고, 부동산 투자 수요를 억제하기 위한 것이기도 합니다.

■ LTV(주택담보인정비율)

LTV는 'Loan To Value'의 약자로, 주택 등 담보물의 가치 중 몇 %까지 대출을 해주느냐를 나타내
는 기준입니다. 투기지역, 투기과열지구, 조정대상지역 등 규제지역에 속하는 곳은 LTV가 낮게 조
정되며 주택을 여러 채 보유한 사람일수록 낮아집니다.

■ DTI(총부채상환비율)

DTI는 'Debt To Income'의 약자로, 원금과 이자를 합친 금액이 대출 신청자의 소득 중에서 몇 %
를 차지하는지를 나타내는 것입니다. 계산 공식은 '(주택담보대출 연간 원리금 상환액 + 기타부채
의 연간 이자 상환액) ÷ 연소득 × 100'입니다.

5억 원짜리 아파트를 매수할 때 가능한 대출금액(예시)			
담보대출	투기지역, 투기과열지구	조정대상지역	비규제지역
LTV	40%	50%	70%
대출한도	2억 원	2억5,000만 원	3억5,000만 원

그럼 소득이 많은 사람일수록 DTI에 따른 한도가 높고, 담보물 가격이 비싸수록 LTV에 따른 한도가 높게 나오겠네? 그만큼 대출도 더 많이 받을 수 있는 거고….

그렇지! 우리 예비신부님 완전 똑똑한데? 우리는 무주택 세대니까 비율이 높은 편이라서 대출도 상대적으로 많이 활용할 수 있어.

규제지역

정부는 부동산이 과열될 우려가 있는 지역을 규제지역으로 지정하는데 그 종류에는 투기지역, 투기과열지구, 조정대상지역이 있습니다. 종류에 따라 대출과 세금 등의 규제가 다르게 적용되므로 내가 사려는 집이 어디에 속해 있는지 반드시 확인해야 합니다.

■투기지역
주택 가격 상승률이 전국 소비자물가 상승률을 130% 초과한 지역 중, 가격 상승이 지속될 가능성이 있거나 다른 지역 확산 우려가 있는 지역

■투기과열지구
주택 가격 상승률이 물가 상승률보다 현저히 높은 지역에서 청약 경쟁률이 5대 1을 초과하거나 주택 분양계획이 전월대비 30% 이상 감소한 곳 중, 투기가 성행하거나 성행할 우려가 있는 지역

■조정대상지역
3개월간 주택 가격 상승률이 시·도 소비자물가 상승률의 1.3배를 초과한 지역 중, 주택 분양 등이 과열되어 있거나 과열될 우려가 있는 지역

그런데 오빠, 여기 보니까 지역에 따라 비율이 다른데 왜 그런 거야?

아, 이건 정부가 집값이 많이 오르거나 오를 것 같은 지역을 묶어서 특별 관리하기 때문이야. 규제지역에 포함된 곳은 대출 비율도 줄어들어서 집을 구입하기가 어려워지게 된 거지. 이것도 스터디에서 정리한 자료가 있으니 살펴보자.

| 전국 규제지역 지정 현황(2020.12.17. 현재 기준) |

지역	투기과열지구(49개)	조정대상지역(111개)
서울	전 지역(2017.8.3)	전 지역(2016.11.3)
경기	과천(2017.8.3), 성남 분당(2017.9.6), 광명, 하남(2018. 8.28), 수원, 성남 수정, 안양, 안산 단원, 구리, 군포, 의왕, 용인 수지·기흥, 동탄2[1](2020.6.19)	과천, 성남, 하남, 동탄2(2016.11.3) / 광명(2017.6.19) / 구리, 안양동안, 광교지구(2018.8.28) / 수원팔달, 용인 수지·기흥(2018.12.31) / 수원 영통·권선·장안, 안양 만안, 의왕(2020.2.21) / 고양, 남양주[2], 화성, 군포, 부천, 안산, 시흥, 용인처인[3], 오산, 안성[4], 평택, 광주[5], 양주[6], 의정부 (2020.6.19) / 김포[7](2020.11.20) / 파주[8](2020.12.18)
인천	연수, 남동, 서(2020.6.19)	중[9], 동, 미추홀, 연수, 남동, 부평, 계양, 서(2020.6.19)
대전/세종	대전 동, 중, 서, 유성(2020.6.19) / 세종[2017.8.3]	대전 동, 중, 서, 유성, 대덕(2020.6.19) / 세종[10](2016.11.3)
충청	–	충북 청주[11](2020.6.19) / 충남 천안동남구[12]·서북구[13], 논산[14], 공주[15] (2020.12.18)
부산/울산/경남	창원 의창[16](2020.12.18)	부산 해운대, 수영, 동래, 남, 연제(2020.11.20) / 부산 서, 동, 영도, 부산진, 금정, 북, 강서, 사상, 사하(2020.12.18) / 울산 중, 남(2020.12.18) / 창원 성산(2020.12.18)
대구/경북	수성(2017.9.6)	대구 수성(2020.11.20) / 대구 중, 동, 서, 남, 북, 달서, 달성[17] (2020.12.18) / 포항 남[18], 경산[19](2020.12.18)
광주/전북	–	광주 동, 서, 남, 북, 광산(2020.12.18) / 전주 완산·덕진(2020.12.18)
전남		여수[20], 순천[21], 광양[22](2020.12.18)

1 화성시 반송동·석우동, 동탄면 금곡리·목리·방교리·산척리·송리·신리·영천리·오산리·장지리·중리·청계리 일원에 지정된 동탄2택지개발지구에 한함 / 2 화도읍, 수동면 및 조안면 제외 / 3 포곡읍, 모현면, 백암면, 양지면 및 원삼면 가재월리·사암리·미평리·좌항리·맹리·두창리 제외 / 4 일죽면, 죽산면, 삼죽면, 미양면, 대덕면, 양성면, 고삼면, 보개면, 서운면 및 금광면 제외 / 5 초월읍, 곤지암읍, 도척면, 퇴촌면, 남종면 및 남한산성면 제외 / 6 백석읍, 남면, 광적면 및 은현면 제외 / 7 통진읍, 대곶면, 월곶면 및 하성면 제외 / 8 문산읍, 파주읍, 법원읍, 조리읍, 월롱면, 탄현면, 광탄면, 파평면, 적성면, 군내면, 장단면, 진동면 및 진서면 제외 / 9 을왕동, 남북동, 덕교동 및 무의동 제외 / 10 건설교통부고시 제2006–418호에 따라 지정된 행정중심복합도시 건설 예정지역으로, 「신행정수도 후속대책을 위한 연기·공주지역 행정중심복합도시 건설을 위한 특별법」제15조제1항에 따라 해제된 지역을 포함 / 11 낭성면, 미원면, 가덕면, 남일면, 문의면, 남이면, 현도면, 강내면, 옥산면, 내수읍 및 북이면 제외 / 12 목천읍, 풍세면, 광덕면, 북면, 성남면, 수신면, 병천면 및 동면 제외 / 13 성환읍, 성거읍, 직산읍 및 입장면 제외 / 14 강경읍, 연무읍, 성동면, 광석면, 노성면, 상월면, 부적면, 연산면, 벌곡면, 양촌면, 가야곡면, 은진면 및 채운면 제외 / 15 유구읍, 이인면, 탄천면, 계룡면, 반포면, 의당면, 정안면, 우성면, 사곡면 및 신풍면 제외 / 16 대산면 제외 / 17 가창면, 구지면, 하빈면, 논공읍, 옥포읍, 유가읍 및 현풍읍 제외 / 18 구룡포읍, 연일읍, 오천읍, 대송면, 동해면, 장기면 및 호미곶면 제외 / 19 하양읍, 진량읍, 압량읍, 와촌면, 자인면, 용성면, 남산면 및 남천면 제외 / 20 돌산읍, 율촌면, 화양면, 남면, 화정면 및 삼산면 제외 / 21 승주읍, 황전면, 월등면, 주암면, 송광면, 외서면, 낙안면, 별량면 및 상사면 제외 / 22 봉강면, 옥룡면, 옥곡면, 진상면, 진월면 및 다압면 제외

 그럼 진짜로 대출 가능한 금액은 DTI와 LTV를 감안해야 알 수 있는 거구나. 으으, 너무 어려워~.

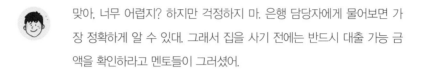 맞아, 너무 어렵지? 하지만 걱정하지 마. 은행 담당자에게 물어보면 가장 정확하게 알 수 있대. 그래서 집을 사기 전에는 반드시 대출 가능 금액을 확인하라고 멘토들이 그러셨어.

그럼 우리도 한번 알아보자. 오빠가 있으니까 너무 든든해~.

헤헷….

2단계 :
손품으로 지역 분석하기

가용 자금을 계산한 후, 이제는 어디에 집을 살지 정하기 위해서 흔히 말하는 '손품' 팔기를 할 때다. 발로 뛰어 정보를 얻는 '발품' 이전에 자료를 검색하고 분석해서 미리 대략적인 기준을 정해놓는 것이다.

매매를 위해 집을 분석하다 보니 전세를 구할 때와는 조금 다른 점들이 있었다. 전세를 구할 때에는 금액과 출퇴근 거리만 생각했었다. 어차피 별로 마음에 들지 않는 지역이라도 2년 후에는 이사를 갈 거니까 당장은 교통만 편리하면 된다는 마음이었던 것이다.

하지만 매매로 마음을 굳히니 금액과 출퇴근 거리뿐 아니라 투자 가치, 대출 여부 등 고민해야 할 것이 늘어났다. 다양한 주거 형태를 비교하고 있는 성실에게 미래가 말했다.

그런데 오빠, 나는 꼭 비싼 집은 아니어도 괜찮은데 최소한 아파트에는 살았으면 좋겠어.

 왜?

 아파트는 경비실도 있고 CCTV도 있으니까 안전할 거 아냐. 관리사무소가 있어서 환경도 좀 더 깨끗할 거고, 대형 건설사가 지었으니까 내구성도 좋을 거 같아. 나중에 아이 낳을 걸 생각하면 어린이집, 놀이터, 상가 같은 편의시설도 잘 갖춰진 게 좋을 것 같고. 이왕이면 초등학교랑 가까우면 좋겠지만, 아이가 학교에 가는 건 아직 먼 미래의 일이니까 그건 나중에 생각해도 되겠지?

성실은 깜짝 놀랐다. 부동산에 대해 잘 모르는 미래인데 좋은 아파트의 조건을 어쩌면 이렇게 콕콕 짚어서 말하는 걸까? 이것이 여자들의 감이라는 건가? 역시 실거주 주택에 있어서 내 눈에 좋은 것은 남들 눈에도 좋기 마련인가보다. 남들이 탐내는 아파트일수록 가치도 높을 수밖에 없다는 사실을 다시 한 번 되새기며, 성실은 앞으로 집 보는 일은 전적으로 미래에게 맡겨야겠다고 결심했다.

지역 선정에 도움을 주는 '프롭테크'

 그럼 우리 각자 살고 싶은 아파트를 몇 군데 조사해본 후에 의견을 조율해볼까? 너는 어떤 지역에서 살고 싶어?

 응, 한강이 보이는 곳!

하, 한강…? 음… 미래야? 한강변 아파트는 말이지….

 (씨익 웃으며) 나도 알아. 엄청 비싸다는 거지? 어떤 지역에서 살고 싶으냐기에 솔직히 말한 것뿐이야. 사실은 어느 지역이 좋을지 모르겠어. 수많은 지역들 중에 우리 돈에 맞는 지역을 어떻게 찾아내면 되지?

성실은 가슴을 쓸어내리는 한편 살짝 놀란 마음으로 미래를 바라보았다. 아이같이 순진해 보여서 무조건 좋은 곳, 비싼 아파트로 가자고만 할 줄 알았더니 이렇게 현실적인 생각을 하고 있을 줄이야! 그런데 미래의 말도 일리가 있다. 막연히 느낌만으로 'ㅇㅇ동' 또는 '△△아파트'라는 식으로 고를 수는 없는 일이니까.

네 말이 맞아. 일단 우리가 동원할 수 있는 금액은 3억 원이고, 여기에 조정대상지역 LTV 50%를 기준으로 계산해보면 주택담보대출까지 포함해서 최대 6억 원 이하의 아파트를 구입할 수 있어. 이 금액을 기준으로 적당한 지역을 찾아봐야 하는 거지.

그렇겠지? 그런데 그 지역을 어떻게 찾아낼 수 있어? 일일이 돌아다녀야 해?

요즘은 네이버 부동산처럼 포털사이트가 제공하는 서비스도 있으니까 아파트를 하나하나 검색해보는 것도 방법일 수는 있지. 하지만 요즘은 워낙 프롭테크 서비스가 많으니까 우리 조건에 맞는 지역과 아파트를 좀 더 쉽게 찾을 수 있을 거야.

프롭… 뭐?

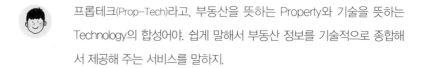

프롭테크(Prop-Tech)라고, 부동산을 뜻하는 Property와 기술을 뜻하는 Technology의 합성어야. 쉽게 말해서 부동산 정보를 기술적으로 종합해서 제공해 주는 서비스를 말하지.

와~ 오빠 되게 똑똑해 보인다! 그걸 어떻게 쓰면 되는데?

여자친구의 칭찬에 으쓱해진 성실은 스터디에서 배운 것들을 보여줄 때라고 생각했다. 즉시 스마트폰을 꺼내어 이것저것 몇 가지의 프롭테크 서비스를 검색하여 미래에게 보여주며 설명을 이어갔다.

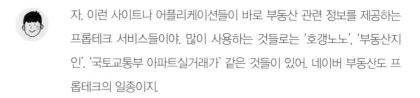

자, 이런 사이트나 어플리케이션들이 바로 부동산 관련 정보를 제공하는 프롭테크 서비스들이야. 많이 사용하는 것들로는 '호갱노노', '부동산지인', '국토교통부 아파트실거래가' 같은 것들이 있어. 네이버 부동산도 프롭테크의 일종이지.

그렇구나!

호갱노노라는 사이트를 한 번 볼게. 여기에는 규제지역을 표시할 수 있는 버튼이 있는데 이걸 누르니까 지도의 색이 바뀌지? 붉은색은 투기지역, 주황색은 투기과열지구, 노란색은 조정대상지역이야.
그리고 필터를 입력해서 원하는 물건만 따로 볼 수가 있어. 가격, 평형, 세대수, 연식 등의 조건을 입력하면 그에 해당하는 물건들만 지도 위에 뜨거든. 이렇게 해놓고 보면 '이 지역은 대략 이 정도이고, 저 지역은 저

정도구나'라는 걸 쉽게 파악할 수 있지.

| 프롭테크 서비스 사례(호갱노노) |

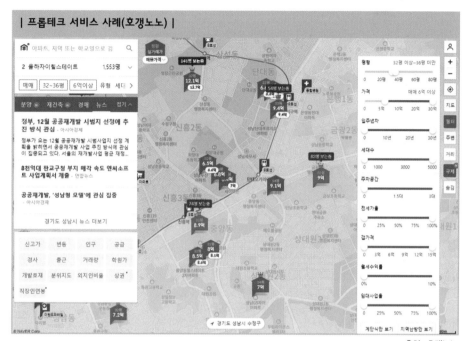

출처 : 호갱노노

 이번엔 국토교통부 실거래가 공개시스템(rt.molit.go.kr)을 한 번 볼까? 여기
는 국토교통부가 직접 운영하는 사이트야. 집주인이 부르는 호가가 아닌
실제 거래된 가격을 알 수 있는 시스템이지. 아파트, 다세대, 다가구, 오
피스텔, 분양권, 입주권, 토지 등 다양한 부동산의 실제 거래가격을 확인
할 수 있대.

 그러면 공신력이 꽤 높겠네?

 그렇긴 한데, 단점은 과거의 시세라는 거야. 현재 거래 가능한 매물과 차
이가 좀 난다는 점은 감안해야겠지?

그런 차이는 왜 나는데?

 이 사이트는 중개사들이 거래 신고를 한 내용을 바탕으로 만들어지기 때문이래. 과거에는 거래 신고 기간이 계약일로부터 60일 이내여서 두 달 정도 간극이 있었는데. 그나마 요즘은 30일로 단축되어서 좀 더 빠르게 반영되긴 한다더라.

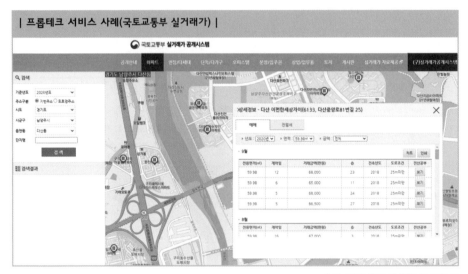

출처 : 국토교통부 실거래가 공개시스템

 이번에 볼 건 KB부동산 시세(onland.kbstar.com)야. KB국민은행 알지? 거기에서 운영하는 부동산 정보 사이트래.

 은행에서 그런 것도 하는구나. 이건 뭐야? 엄청 다양한 자료들이 있네?

 응. 여기는 월간 · 주간 부동산 가격 데이터와 아파트 시세정보를 제공해주는 곳이야. 흔히 말하는 시계열표라는 엑셀 데이터도 여기에서 나온 거야. 주로 협력업체인 공인중개사들이 조사한 가격을 상위평균가, 일반평균가, 하위평균가로 나누어 제공한대.

은행에서 하니까 대출하고도 관련이 있으려나?

우와, 예리한데? 맞아. 은행에서 담보대출금액을 정할 때 이걸 기준으로 한다더라고. 보통 1층은 하위평균가를 기준으로 하고, 다른 층은 일반평균가를 기준으로 대출액을 산정한대. 만약에 매수한 가격이 일반평균가보다 비싸다면 대출이 예상보다 적게 나올 수도 있다고 하니까, 미리 확인하는 게 좋다고 스터디에서 그러더라.

출처 : KB부동산 시세

이건 그래도 많이 봤지? 네이버에서 제공하는 네이버 부동산이야. 중개사들이 물건을 올리기 때문에 시장에 나와 있는 매물을 확인하기에 가장 대중적인 곳인 것 같아.

여기는 나도 전·월세 알아볼 때 종종 들어가 봤어. 근데 주로 팔려고 내놓은 물건들이던데?

응, 국토교통부 실거래가 자료가 과거의 기록이라면, 여기 있는 건 지금 매물로 나와있는 것들이니까 보다 현재에 가까운 시세를 확인하기 좋겠지? 매수 희망 단지를 검색해서, 올라와 있는 여러 매물들 중에 마음에 드는 걸 찾을 수 있지. 매물을 올린 부동산에 직접 연락하면 더 정확한 정보도 알 수 있을 것 같아.

우와, 대단해~. 이런 식으로 우리가 원하는 조건을 입력한 다음에 적합해 보이는 아파트나 지역을 정리하면 되겠구나.

바로 그거지! 그럼 우리 각자 이런 식으로 원하는 아파트를 찾아본 후에 의견을 조율해볼까?

거주 환경은 물론 미래가치까지 생각해야 한다

며칠 후 성실과 미래는 각자 노트북을 들고 카페에서 만났다. 취준생 때 이후 이런 데이트는 오랜만이라 새로운 느낌이다. 왠지 설레는 마음으로 성실이 이것저것 먼저 이야기를 꺼냈다.

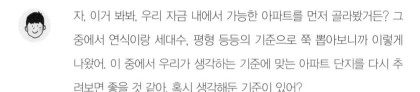

자, 이거 봐봐. 우리 지금 내에서 가능한 아파트를 먼저 골라봤거든? 그 중에서 연식이랑 세대수, 평형 등등의 기준으로 쭉 뽑아보니까 이렇게 나왔어. 이 중에서 우리가 생각하는 기준에 맞는 아파트 단지를 다시 추려보면 좋을 것 같아. 혹시 생각해둔 기준이 있어?

음… 나는 먼저 출퇴근이 편리해야 한다고 생각해. 우리는 맞벌이인데다 가 주로 대중교통을 이용하니까 아무래도 지하철이나 버스정류장이 가까우면 좋겠지?

그리고 편의시설도 생각해봐야 할 것 같아. 편의점 한 번 가는데 30분씩 걸어야 하는 곳이면 곤란하잖아.

그렇겠네. 그리고 이왕이면 학군이나 학원가가 잘 형성된 곳이면 좋겠어. 우리가 아직 아이를 낳은 건 아니지만, 한번 집을 사면 언제 팔게 될지 모르는 거니까 이왕이면 그것도 고려하는 게 좋겠어. 그리고 주변에 공원 같은 자연환경이 있어서 같이 산책도 하면 참 좋겠다. 그치?

성실은 문득 지금 두 사람이 이야기하는 조건이 바로 스터디에서 나왔던 '입지분석'과 크게 다르지 않다는 생각이 들었다. 업무지구로의 출퇴근이 편리한 교통, 거주민들의 소득수준, 학군과 학원가 형성 여부, 공원 등의 자연환경…. 많은 사람들이 선호하는 지역이 곧 좋은 입지인 것이다. 이것저것 다양한 조건을 적어 내려가는 성실을 보며 문득 미래가 말을 꺼냈다.

그런데 혹시 우리가 생각지 못한 다른 요소가 있는 건 아닐까? 오빠가 스터디하는 곳의 멘토님들께 물어보는 건 어때?

좋은 생각이야. 아무래도 전문가 의견을 듣는 게 좋겠지? 바로 전화해봐야겠다.

성실은 곧바로 부토피아에게 전화를 걸었다. 예전에 해주었던 내 집 마련 경험 이야기를 너무 공감하며 들었기 때문에 자신의 고민을 잘 이해할 것 같았기 때문이다. 두 사람은 얼굴을 바짝 붙인 채 전화기의 스피커폰으로 들려오는 통화연결음에 집중했다. 이윽고 반가운 목소리가 들린다.

성실 씨, 안녕하세요. 무슨 일이세요?

아, 느닷없이 죄송해요. 사실은 여자친구와 함께 일전에 말씀드렸던 신혼집을 찾아보는 중인데요….

성실은 지금까지의 상황을 대략 설명하면서 미래와 함께 적어본 신혼집의 기준을 이야기하며 추가로 고려할 사항은 없겠느냐고 물었다. 전화기 너머로 잠시 고민하는 듯한 침묵이 느껴지더니 부토피아가 말했다.

아주 잘 정리하셨네요. 실거주자들이 선호하는 요소가 많다는 것은 그만큼 수요자가 많다는 뜻이기도 하니까요. 그런데 두 분, 아주 중요한 걸 빼먹으셨어요.

네? 그게 뭔가요?

바로 미래가치입니다. 쉽게 말해서, 향후에 가격이 상승할 수 있을 것인지를 따져봐야 한다는 거죠. 매매할 집을 구할 때는 전세보다 더 신중한 접근이 필요합니다. 매매는 가격 자체도 전세보다 높지만, 여기에 취득세 뿐 아니라 여러가지 비용들이 붙기 때문에 거래비용이 전세보다 높답니다. 그래서 2년마다 이사할 수 있는 전세에 비해 오히려 이사가 쉽지 않을 수 있으니, 그만큼 투자 가치를 고려해야 하는 것이죠.

성실은 무릎을 탁 쳤다. 그 당연한 것을 왜 생각지 못했을까? 수요자들이 선호하는 요소가 많이 있는 곳일수록, 그 곳의 입지 가치는 높게 평가받는다. 또한 미래의 입지 가치를 올려줄 수 있는 호재까지 있다면 금상첨화일 것이다. 옆에서 듣고 있던 미래가 눈을 동그랗게 뜨고 성실에게 묻는다.

투자 가치가 높은 곳이 따로 있어? 부동산 시장이 좋으면 다 같이 오르고, 서울이 오르면 외곽도 따라 오르고 뭐 그런 거 아냐?

틀린 말은 아닌데, 그중에서도 특히 호재가 있거나 주변에 비해 저평가된 곳도 분명히 있을 거야. 기왕이면 그런 데로 가면 좋잖아. (전화기에 얼굴을 들이대며) 부토피아 님, 그런데 저평가된 곳을 어떻게 찾을 수 있나요? 인터넷을 검색해보면 자기들 동네는 다 저평가되었으니 지금 사야 한다고 나오던데요.

자기네 동네가 현재 고평가되어 있고, 가격에 거품이 끼어있다고 말하는 사람은 아무도 없죠. 그래서 프롭테크를 활용한 손품이 필요한 거랍니다. 요즘은 공급물량, 매매 및 전·월세 거래량, 매매 추이 등 웬만한 정보는 다 제공되니까요.

안 그래도 여자친구와 호갱노노를 들여다보며 지역을 찾아보고 있었어요. 그런데 구체적으로 어떻게 활용하면 좋을지 아직 잘 모르겠어요.

하하, 처음에는 그럴 수 있죠. 잠시만요, 제가 자료를 하나 보내드릴 테니 보면서 대화하시면 좋겠는데요.

네, 안 그래도 노트북 앞에 있습니다! 바로 보내주셔도 됩니다.

입지 좋은 지역의 구축은 신축보다 비쌀 수도 있다

성실과 미래는 나란히 앉아 부토피아가 보내준 지도를 함께 보면서 스마트폰으로 부토피아의 이야기를 들었다. 보내준 자료를 열어보니 서울시 강남구와 송파구 일대의 지도가 보였다. 지도에는 강남구의 도곡렉슬아파트와 송파구의 헬리오시티가 표시되어 있었다.

| 입지 좋은 구축이 신축보다 비싼 경우 |

출처 : 네이버 지도

지도 보이시죠? 2020년 10월을 기준으로 했을 때, 강남구의 도곡렉슬아파트 33평형의 매매가는 28억 원 내외였습니다. 그리고 송파구의 헬리오시티 33평형은 19억5,000만 원 정도였지요. 그런데 도곡렉슬은 2006년에 지어졌고, 헬리오시티는 2018년에 지어졌답니다. 무려 12년이나 더 오래된 아파트인데도 도곡렉슬의 가격이 비싼 거죠. 그 이유가 뭐라고 생각되시나요?

글쎄요, 강남구라서 그런가…?

맞습니다. 강남구의 입지가 송파구보다 높게 평가되었기 때문이죠. 요즘은 신축 아파트에 대한 선호도가 무척 높지만, 그럼에도 학군이나 생활 편의성 측면에서 강남구가 가진 장점이 확실하다는 뜻입니다.

그러면 가격이 높을수록 입지도 좋은 아파트겠군요?

항상 그런 건 아니지만, 그럴 가능성이 높긴 하지요. 가격이라는 건 어떤 지역에 대한 수요가 많을 때 올라가니까요. 그 지역을 좋게 평가하는 사람이 많다면 당연히 가격도 올라가는 게 자연스럽겠죠.

사실 저희 자금으로 강남은 꿈도 못 꾸는 게 당연하고, ○○구와 △△구 쪽은 가능하겠더라고요. 그런데 저희 둘 다 그쪽에서 살아본 적이 없어서 어떤 아파트 단지가 입지 좋은 곳인지 잘 모르겠어요.

아마 전국의 모든 지역을 손바닥처럼 잘 아는 사람은 없을 거예요. 지도만 보고 어디가 입지 좋은 아파트인지 알기는 어렵지만, 추측할 수는 있습니다. 바로 지역별 가격 수준을 확인해보는 것이죠. 말씀드렸듯이 가격이라는 건 그 지역을 선호하는 수요자들이 많을 때 올라가니까요.

그렇군요.

지역별 가격을 비교할 때 프롭테크를 활용하면 좋습니다. 혹시 '부동산지인'이라는 사이트에 접속하실 수 있나요? 상단 메뉴 중 '빅데이터 지도'라는 것을 한 번 보세요.

네, 바로 접속하겠습니다. (잠시 후) 와, 여기에는 지도 위에 동별로 평균가격이 뜨네요. 어떤 동의 집값이 비싼지 금방 알 수 있겠어요.

네, 그리고 아파트의 평당 가격 수준도 면적별 또는 연식별로 구분해서 볼 수 있답니다. 이 기능을 활용하면 동네별 입지 수준을 대략 짐작해볼 수 있는 거죠.
그리고 아까 호갱노노를 살펴보고 계셨다고 했죠? 호갱노노의 필터 기능을 이때도 이용할 수 있습니다. 필터에서 평형을 특정 크기로 고정해놓고, 가격의 하한선만 조금씩 조정해보는 겁니다. 가격 하한선을 높였다가 조금씩 낮춰보면 처음에는 가장 비싼 아파트들이 나오다가 점차 저렴한 아파트들이 나타나게 될 거예요.

| 빅데이터 지도의 활용 |

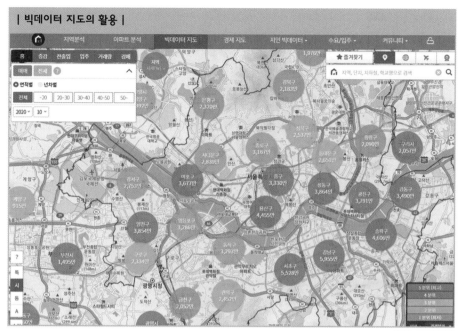

출처 : 부동산지인

| 필터 기능의 활용 |

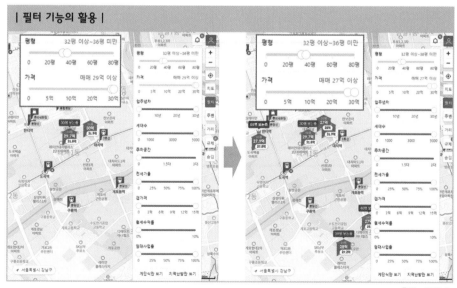

출처 : 호갱노노

아하! 가격이 달라짐에 따라 지도에 표시되는 단지들도 달라지네요! 이렇게 살펴보다 보면 좋은 입지의 흐름이 눈에 들어올 것 같아요. 재미있네요!

성실과 미래는 이것저것 클릭해보며 즐거운 탄성을 질렀다. 예전에는 집을 산다고 하면 무조건 부동산 중개사의 말만 따라야 하는 줄 알았는데, 요즘은 세상이 참 좋아졌다는 생각이 들었다. 신이 난 두 사람에게 부토피아가 당부했다.

 주의하실 점은, 좋은 입지로 평가받고 있는 지역이 어디인지 확인만 하고 끝나면 안 된다는 거예요. 그 지역이 왜 좋다고 평가받는지 정보를 꼭 수집해 보셔야 합니다. 그 과정에서 입지에 대한 이해도가 크게 높아질 테니까요.

 그렇군요! 정말 감사합니다.

같은 지역이라도 입지에 따라 가격이 다르다

이번에는 부토피아가 보내준 다른 자료를 열어보았다. 동작구 사당동의 사당롯데캐슬샤인아파트와 사당우성2단지아파트가 표시되어 있었다. 사당롯데캐슬샤인아파트는 2003년, 사당우성2단지아파트는 1993년에 입주를 한 아파트다.

부토피아 님, 이 두 아파트는 모두 동작구 사당동이니까 같은 지역에 위

치하고 있네요. 그러면 가격이 비슷한가요?

| 사당역 인근 입지 상황 |

자료 : 네이버 지도

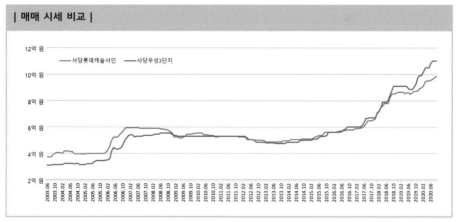

| 매매 시세 비교 |

자료 : KB부동산

예리하신데요? 바로 그 부분을 보여드리려는 겁니다. 그 다음에 있는 매매 시세 자료를 한 번 보시겠어요?

앗, 사당우성2단지의 가격이 최근 들어서 더 많이 올랐네요. 예전에는 사당롯데캐슬샤인이 1억 원 가까이 비쌌는데, 가격이 비슷해지더니 이제는 사당우성2단지가 1억 원 더 비싸네요. 심지어 10년이나 더 오래된 구축 아파트인데 가격이 더 많이 오른 이유가 뭘까요?

지도를 보시면 사당우성2단지는 4호선과 7호선 환승역인 이수역에 가깝습니다. 사당롯데캐슬샤인은 역에서 거리가 좀 더 있고, 경사가 있는 지형에 자리 잡고 있답니다.

같은 지역 안에서도 입지 차이가 나는 거군요!

표를 보면 아시겠지만, 사당롯데캐슬샤인은 2003년에 입주한 이후로 줄곧 사당우성2단지보다 높은 시세를 유지해 왔습니다. 그런데 2009년부터는 비슷한 수준으로 따라잡히고, 시간이 흐르면서 오히려 역전을 당했죠. 시간이 흐르면서 신축이라는 장점이 줄어드는 동안 상대적으로 양호한 입지라는 가치는 그대로 유지되었기 때문이라고 볼 수 있습니다.

호재가 생기면 입지의 가치가 달라진다

그 다음 자료는 용인시 수지구 풍덕천동 일대의 지도였다. 1994년에 입주한 수지현대아파트와 1998년에 입주한 현암마을 동성2차아파트가 표시되어 있었다. 부토피아가 설명을 이어갔다.

지도에서 눈에 띄는 게 있나요?

 일단 경부고속도로가 지나가네요. 그리고 신분당선과 분당선이 있고요.

| 수지구청역 및 죽전역 인근 입지 상황 |

자료 : 네이버 지도

| 매매 시세 비교 |

자료 : KB부동산

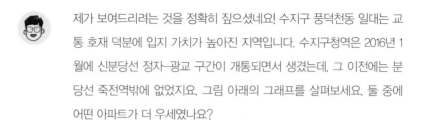

제가 보여드리려는 것을 정확히 짚으셨네요! 수지구 풍덕천동 일대는 교통 호재 덕분에 입지 가치가 높아진 지역입니다. 수지구청역은 2016년 1월에 신분당선 정자-광교 구간이 개통되면서 생겼는데, 그 이전에는 분당선 죽전역밖에 없었지요. 그림 아래의 그래프를 살펴보세요. 둘 중에 어떤 아파트가 더 우세였나요?

음… 전반적으로 비슷하지만 2014년까지는 그래도 현암마을 동성2차가 조금 더 우세였던 것 같네요. 이후부터는 수지현대가 확실한 우세를 보이고요.

맞습니다. 신분당선 개통 이전에는 현암마을 동성2차가 분당선 죽전역에 가까운 데다가 연식 면에서도 유리했기 때문에 가격이 좀 더 높게 형성되었죠. 하지만 신분당선 개통이 가시화된 2014년부터는 입장이 바뀌었습니다. 수지구청역에 더 가까운 수지현대가 더 각광받기 시작한 거죠. 아무래도 강남 접근성이라는 측면에서는 분당선보다 신분당선이 훨씬 우세하니까요.

교통 호재의 힘이란 이런 것이군요.

성실은 부토피아와의 이야기를 통해 많은 것을 생각하게 됐다. 입지가 좋은 곳에는 수요가 몰리고, 수요가 몰리면 가격이 오른다는 것. 그리고 그 입지는 지금 당장만이 아니라 미래의 가치에도 영향을 미친다는 것을 말이다. 내 집 마련을 위해서는 지금 당장 살기 편한지 뿐만 아니라 앞으로 자산 가치가 어떻게 변화할 것인지를 따져야 한다는 말이 새삼 마음에 와 닿았다.

'집값이 많이 올랐는데 내가 꼭대기에서 사는 건 아닐까?'

'너도 나도 집 사는 분위기에 휩쓸려 엉뚱한 지역에 사는 건 아닐까?'

사실 성실은 그동안 나름대로 부동산 스터디를 하면서도 한편으로 이런 의구심을 갖지 않았던 것은 아니었다. 한두 푼도 아니고 수억 원의 돈을 쓰는데 고민이 되는 건 당연지사. 그래서 공부한 것을 총동원해서 어떤 곳이 좋은지 따져보기 위해 노력해왔다. 그런데 이렇게 구체적인 사례까지 듣다 보니 어느 정도 감이 잡히는 듯한 느낌이다. 귀한 시간을 내준 부토피아에게 진심으로 감사의 인사를 전하며 긴 시간의 통화를 마쳤다. 전화를 끊고 고개를 드니 옆에서 구경하던 미래의 눈에는 하트가 뿅뿅 박혀 있다.

 오빠 너무 달라 보인다. 멋져~!

 그, 그래? 뭐 이런 걸 가지고…. (으쓱) 이제 우리 예산도 짰고, 지역을 비교하는 방법도 알았으니까 배운 걸 가지고 최대한 좋은 집을 찾아보자. 오래오래 편안하게 살 수 있으면서도 나중에 자산까지 불려줄 좋은 집을 찾아보는 거야.

 응. 나도 열심히 찾아볼게! 너무너무 기대된다~.

3단계 :
발품으로 숨은 보석 찾아내기

성실과 미래는 프롭테크 서비스를 활용하여 출퇴근이 용이한 지역, 조정대상지역으로 대출 LTV가 50%까지 가능한 지역, 그러면서도 자신들의 예산에 어느 정도 부합하는 지역을 뒤지기 시작했다. 출퇴근만 편리하다면 굳이 서울이 아니라도 상관없었기 때문에 두 사람이 최종적으로 선택한 지역은 ○○신도시였다.

이제 이 신도시 안에 있는 아파트 단지들을 둘러보고 좋은 물건을 고르면 될 거야. 네이버 부동산에 올라와 있는 매물들을 추려서 중개사무소에 연락해서 집 보러 간다고 하자. 자기는 △△아파트를 살펴봐, 나는 ◇◇아파트를 살펴볼게.

오빠, 이거 봐봐, 이 매물 엄청 괜찮다~. ◇◇아파트 25평인데 다른 것보다 3,000만 원이나 싼데? 전세가 들어있지도 않아서 바로 입주 가능하대. 저렴한 매물이 몇 개 있네! 내가 전화해서 약속 잡아볼게!

그렇게 설레는 마음으로 중개사무소에 전화를 돌려보기 시작한 두 사람은 얼마 못 가서 점차 어두운 표정으로 전화를 끊는 일이 많아졌다. 저렴하게 올라와 있었던 해당 매물은 실제로 전화해보면 모두 이미 거래가 되었다고 했다. 즉시 입주가 가능하다던 집도 사실은 내년 겨울까지 세입자가 살 예정이라며 "그거 말고도 다른 매물이 많으니 일단 와서 상담하라"고만 했다.

이후로도 몇 개의 단지에서 비슷한 경험을 반복한 미래는 다 팔린 매물을 왜 아직도 올려두고 있느냐며, 세입자가 있으면서 왜 즉시 입주라고 써놨느냐며 투덜대기 시작했다. 그런 미래를 다독이면서 성실은 왠지 잘못하면 큰일 날 수도 있겠다는 생각이 들었다. 이것이 말로만 듣던 허위매물 또는 미끼매물인 걸까. 자신들처럼 부동산을 잘 모르는 초보라면 자칫 능수능란한 중개사들에게 혹해서 섣부르게 계약을 해버릴 수도 있지 않을까.

도대체 허위매물과 진짜 매물을 어떻게 구별할 수 있을까? 성실은 이번에도 멘토에게 도움을 요청해보기로 했다.

허위매물 또는 미끼매물을 주의하라

부동산 스터디가 있는 주말 오후, 성실은 원래 시간보다 일찍 스터디 장

소인 카페에 도착했다. 평소라면 혼자 와서 스터디 멤버들을 만났겠지만 오늘은 미래도 함께였다. 얼마 지나지 않아 문을 열고 들어오는 비타씨의 모습이 보였다. 성실이 손을 흔들자 비타씨가 눈인사를 건네며 자리로 다가왔다.

성실과 미래는 최근에 중개사무소에 전화를 걸었던 경험을 꺼내놓았고, 비타씨는 말없이 주의 깊게 그들의 이야기를 들었다. 성실과 미래의 이야기가 끝나자 비타씨가 입을 열었다.

모든 중개사가 그런 건 아니지만, 일부 중개사들은 주로 시세보다 저렴하게 매물을 올려놓은 다음 그걸 보고 연락한 손님들에게 다른 매물을 보도록 유도하기도 해요. 일단 손님을 끌어서 자리에 앉혀놓으면 절반은 성공이라고 생각하는 거죠.

거봐 오빠, 우리한테 했던 게 딱 전형적인 방법이었네!

그러네, 어쩐지 하나같이 "하필 바로 어제 계약됐어요"라고 하더라.

2020년 8월 공인중개사법 개정안이 시행되면서 허위매물을 올리면 500만 원 이하의 과태료가 부과되기 시작했어요. 하지만 아직도 현장에는 그런 허위매물이나 미끼매물이 많으니까 조심하셔야 해요.

그럼 그런 허위매물을 피하려면 어떻게 해야 하나요?

흔히 이용하는 서비스가 아마 네이버 부동산일 텐데요, 몇 가지 기능들을 이용하면 생각보다 쉽게 허위매물이 아닌 것들을 골라낼 수 있답니다.

비타씨가 알려준 방법들은 의외로 간단했다. 첫째는 '집주인 인증' 표시가 된 매물 중심으로 살피는 것이다. 이런 매물은 소유자의 정보와 등기부 등본을 확인한 후 인증 표시를 해주기 때문에 허위매물이 아닐 가능성이 높다.

둘째는 매물의 등록일자가 오래되지 않은 물건 중심으로 보는 것이다. 올려놓은 지 오래된 것은 아직까지 거래가 되지 않았다는 뜻인데, 심지어 가격까지 저렴하다면? 진작 거래가 이뤄졌어야 했을 물건이 남아있다는 것은 이미 거래되었지만 내려놓지 않았거나 의도적으로 올려놓은 허위매물일 가능성이 있다.

셋째는 동일매물 묶기 기능을 활용하는 것이다. 집을 팔려는 사람들 중에는 빠르게 팔기 위해 여러 중개사에게 동시에 매물을 맡기는 경우가 많다. 동일매물 묶기 기능을 체크하면 여러 중개사가 올렸지만 같은 매물일 경우 하나로 묶어서 보여준다. 이런 매물은 허위매물일 가능성이 낮다.

와, 이런 꿀팁들이 있었군요! 역시 모니터로 보는 것만이 전부는 아닌가 봐요.

그럼요. 요즘은 프롭테크의 발달로 웬만한 자료조사는 인터넷을 통해 할 수 있는 게 사실이지만, 여전히 손품만으로는 한계가 있답니다. 특히 최근에는 발품의 중요성이 다시 이야기되고 있어요.
말씀드렸던 공인중개사법 개정안 때문에 이제 네이버 부동산에서는 거래된 매물을 '거래완료'로 표시해주는 게 아니라 그냥 지워버리거든요. 그래서 어떤 집이 실제로 얼마에, 언제 거래됐는지 등을 알아보기가 오히려 어려워졌어요. 이제 그런 구체적인 정보는 중개사를 통해 알아봐야 하는 상황인거죠.

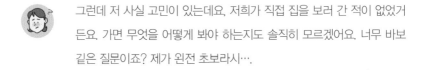

그럼 손품은 손품대로 팔되, 구체적인 정보는 반드시 발품을 통해서 알아봐야겠네요.

맞아요. 그리고 또 하나. 손품을 통해 얻은 정보가 정말 확실한지 현장에서 확인하는 것도 중요하고요. 인터넷으로 알게 된 가격이나 매물의 거래 조건은 반드시 중개사무소를 방문하거나 전화를 해서 확인하는 습관을 들이셔야 합니다.

하늘 아래 같은 매물은 없다

이제 물건을 골라낼 수 있겠다는 생각에 즐거워하는 성실과 달리 미래는 눈치를 살피더니 조심히 입을 열었다.

그런데 저 사실 고민이 있는데요. 저희가 직접 집을 보러 간 적이 없었거든요. 가면 무엇을 어떻게 봐야 하는지도 솔직히 모르겠어요. 너무 바보 같은 질문이죠? 제가 완전 초보라시….

천만에요. 처음 경험하는 분이라면 누구나 그러실 거예요. 부끄러워하실 필요 없답니다. 저도 처음엔 그랬는걸요.

비타씨의 말에 미래는 다행이라는 듯 미소를 지었다. 하지만 중개사와 함께 집을 보러 갈 때 무엇을 어떻게 봐야 할지 모르는 건 성실도 마찬가지였다. 그런 마음을 이해한다는 듯 비타씨가 천천히 설명을 시작했다.

일단 집에 하자가 없는지 봐야겠죠. 물 새는 곳은 없는지, 곰팡이는 없는지, 화장실 물은 잘 내려가는지, 어디 부서진 곳은 없는지, 채광이나 소음은 어떤지… 이런 것들은 인터넷을 검색하시면 금방 찾으실 수 있으니 굳이 설명하지 않을게요.

그럼 그것 말고 또 무엇을 봐야 할까요?

저희는 단순히 거주할 집을 넘어서 미래의 자산 가치가 있는 집을 고르려는 거잖아요. 그만큼 집의 '스펙'을 따져봐야겠죠. 같은 단지 안에 있는 같은 평형 아파트라도 가격이 다르답니다. 사람들이 선호하는 지역, 선호하는 단지, 그리고 그 안에서도 선호하는 동과 층이 나뉘죠.

아, 흔히 말하는 로열동 로열층 말씀이신가요?

맞아요. 사람들이 가장 선호하는 동과 층을 'RR(로열동 로열층)'이라고들 하죠. 로열층과 저층은 매매가격 차이가 납니다. 몇 천만 원에서 몇 억 원까지도 차이가 나니까 절대 무시할 수 없겠죠.

하지만 현실적으로 RR만 매수할 수는 없잖아요. 가격도 비싸지만 매물이 쉽게 나오지도 않을 텐데요.

당연하죠. 하지만 실제 현장에서 매물을 볼 때는 RR뿐만 아니라 다양한 요소를 고려해야 한답니다. 그에 따라 시세도 달라질 수 있거든요. 방금 말한 RR처럼 동이나 층도 봐야 하고, 어느 쪽으로 햇빛이 들어오는지 향(동향, 남향 등)도 봐야 하고, 같은 평형이라도 타입에 따라 구조가 다를 수 있으니 타입도 봐야 해요. 그리고 수리가 잘 되어 있는지 아니면 돈을 들여 수리를 해야 하는지도 봐야지요.

헐… 봐야 할 게 너무 많네요.

어쩔 수 없는 일이죠. 같은 단지라도 정확히 똑같은 조건의 매물은 없는 법이니까요. 설령 똑같은 조건의 매물이라도 집주인이 받고 싶은 금액이 달라질 수도 있고요. 이런 내용을 체크리스트로 만들어서 기록해두면 한눈에 파악하기 편하실 거예요.

비타씨는 멤버들과 함께 부동산 스터디를 할 때 사용하는 체크리스트 양식을 보여주었다. 다산신도시 아파트 단지 내에 실제로 나온 매물들의 조건을 하나하나 기록해서 만든 체크리스트였다.

| 시세 조사 체크리스트 작성 사례 |

다산e편한세상자이(전용59㎡)

번호	동	층	향	평면	수리	입주시점	가격
1	3502	중층	남동향	판상형3BAY	-(신축)	즉시가능	7.1억
2	3503	4층	남향	판상형3BAY	-(신축)	즉시가능	7억
3	3504	저층	남향	판상형3BAY	-(신축)	즉시가능	7.2억
4	3505	저층	남향	판상형3BAY	-(신축)	즉시가능	7억
5	3505	8층	남향	판상형3BAY	-(신축)	22년O월	7.5억
6	3506	1층	남동향	판상형3BAY	-(신축)	즉시가능	6.9억
7	3506	17층	남동향	판상형3BAY	-(신축)	즉시가능	7억
8	3506	18층	남동향	판상형3BAY	-(신축)	22년O월	6.8억
9	3508	28층	남동향	판상형3BAY	-(신축)	즉시가능	7.2억
10	3511	고층	남서향	판상형3BAY	-(신축)	22년O월	7억

출처 : 네이버 지도에 직접 표시

어? 체크리스트가 지도 위에 해당 매물과 함께 표시되어 있네요?

맞아요. 나와 있는 매물들의 특징과 가격을 이렇게 정리해서 지도와 함께 살펴보는 거죠. 여러 변수에 따라 다양하게 정해지는 호가를 정리하다 보면 단지 전체의 시세를 대략 파악할 수 있습니다. 그러면 '이런 조건에 가격은 얼마'라고 했을 때 이 가격은 저렴한 것이다 아니다가 한눈에 들어올 수 있거든요.

와, 이렇게 꼼꼼하게 정리해 놓으니까 한눈에 비교가 되네요!

지도와 함께 보면 좋은 또 다른 이유는 입지를 살펴보기 좋다는 점이죠. 저의 경우는 우선 단지 주변의 지하철역, 공원, 학교, 상권 등의 주거 환경을 살펴봅니다. 그리고 상대적으로 매수자가 선호할 것으로 생각되는 위치를 고민해 봅니다.

가격이 너무 비싼 매물은 빼고, 저희는 실거주를 할 거니까 전세가 끼어 있는 매물도 빼고, 허위매물은 당연히 빼고…. 매물이 많았을 때는 무엇을 봐야 할지 몰라서 막연했는데, 이렇게 하니까 좀 편한데요?

그게 바로 체크리스트의 장점이죠. 이제 해당 매물을 담당하는 중개사에게 전화를 걸어서 그 집을 보여달라고 하면 되겠죠?

잘 맞는 중개사를 찾으면 거래가 쉬워진다

막연히 부담스럽게 생각됐던 매물 고르기가 한결 수월해진 느낌이다. 하지만 성실은 여전히 걱정되는 것이 있었다.

그런데 중개사와 전화 통화를 몇 번 해보면서 느낀 게 있어요. 어떤 중개사들은 정말 일을 대충 하더라고요. 그런 사람들을 과연 믿어도 될지….

 어떤 일을 겪으셨는데요?

 제가 맨 처음 전화했던 M부동산 사장님은 제가 묻지도 않은 동네 정보를 시시콜콜하게 다 말씀하시더니, 요즘 이 동네 매수 분위기가 어떻다는 것까지 말씀해 주시더라고요. 덕분에 인터넷에서는 알 수 없었던 정보들까지 알 수 있어서 좋았죠. 집 상태가 어떤지, 주인은 어떤 상황인지도 자세히 이야기해 주시고요. 그런데 Y부동산 사장님은 그런 정보를 전혀 모르더라고요. 근처에 프리미엄 아웃렛이 들어온다는 이야기를 들었는데 혹시 집값이 들썩거리지는 않느냐고 물어봤거든요? 그런데 그분은 아예 프리미엄 아웃렛이 들어온다는 사실 자체를 모르시더라고요. 그냥 제가 물어본 매물에 대해서 가격은 얼마고, 지금 사는 사람은 언제 이사 나간다는 말만 하고, 집 보러 올 거 아니면 빨리 끊으라는 식으로 말하더라고요. 중개가 귀찮으셨나….

 맞아요. 중개사라고 해서 다 같은 중개사는 아니죠. 친절한가 아닌가를 말씀드리는 게 아니라, 그 지역에 대해 잘 알고 있느냐 아니냐, 그리고 공부를 열심히 하는 중개사냐 아니냐가 모두 다르거든요.

 그러게요. 중개사마다 일하는 스타일이 다른 건 알겠는데, 이왕이면 친절하고 정보도 많이 알고 계신 중개사와 거래를 하고 싶거든요. 이렇게 중개사를 골라서 거래하면 안 되는 건가요? 아니면 다양한 중개사를 두루두루 알고 지내는 게 좋은 건가요?

 나와 스타일이 잘 맞고 실력도 좋은 중개사를 찾는 건 어쩌면 당연한 일이죠. 다만 그런 곳을 어떻게 찾아내느냐가 문제겠지만요.

맞아요! 어떻게 해야 그런 중개사를 찾아낼 수 있을까요?

여러 가지 방법이 있는데, 맘카페를 이용하는 것도 방법이라고 생각해요. 동네에서 평판을 가장 확실하고 예민하게 알 수 있는 곳은 엄마들이 모여서 만드는 인터넷 맘카페잖아요. 부동산 중개사 말고도 동네에 어떤 문제가 있는지에 대해 시시콜콜한 정보가 많죠.

맞아요! 오빠가 말한 M중개사는 맘카페에서도 평판이 좋더라고요. 실제 동네 사람들이 추천하는 곳이 '찐'이겠네요.

그리고 요즘은 블로그를 이용하는 것도 좋은 방법이에요. 중개사들도 홍보를 위해서 블로그를 운영하는 곳이 많기 때문에 그런 곳을 둘러보다 보면 이 중개사의 분위기가 대략 파악이 되죠.

그러고 보니 M중개사도 블로그를 운영하더라고요. 매물 정보 말고도 여러 가지 부동산 뉴스와 정보를 올려주는데, 그냥 아마추어처럼 운영하는 블로그가 아니던데요? 왠지 홍보 비용을 뽑기 위해서라도 더 열심히 하시는 것 같은 느낌이었어요.

일단 인터넷이나 전화에서 맘에 드는 중개사가 있었다면 직접 찾아가서 대화를 나눠보세요. 꼭 매물에 대한 것뿐만이 아니라도 알 수 있는 정보도 많을 거고, 친해지면 좋은 물건이 나왔을 때 가장 먼저 나에게 연락을 주시겠지요. 부동산 투자하는 사람들은 반드시 중개사를 내 편으로 만들어야 더 많은 기회를 얻을 수 있답니다.

흐음… 제가 이상한 걸까요? 솔직히 중개사는 중개만 문제없이 잘 해주면 되지, 굳이 친분관계를 유지하면서 내 편으로 끌어들이려고 노력할 것까지야….

무슨 말씀이세요! 부동산 투자는 사람이 하는 일이잖아요. 중개사는 부동산 거래의 처음과 끝을 조율하고 협의하는 중재자입니다. 이런 사람이 내 편이 된다면 거래를 할 때 발생할 수 있는 여러 가지 사건들을 보다 쉽게 해결할 수 있다고요.

중개사에게 부탁해야 할 일이 그렇게 많은가요?

그럼요! 일단 좋은 매물을 찾아주는 게 중개사이고, 중간에 협상을 할 때 보이지 않게 조금씩 도와줄 수 있는 능력을 가진 게 중개사인걸요. 중개사가 중간에서 한 마디를 어떻게 해주느냐에 따라 협상의 결과가 달라진답니다. 그래서 먼저 중개사들을 내 편으로 만드는 것이 거래의 핵심이라 해도 과언이 아니죠.

비즈니스 파트너로서 예의를 지키자

그럼 제대로 일하는, 나와 스타일이 잘 맞는 중개사를 찾았다면, 이제 그 중개사를 내 편으로 만들어야 한다는 말씀이죠? 어떻게 하면 그럴 수 있을까요?

상식적으로 접근하면 답은 쉽게 나옵니다. 일단, 손님이지만 예의를 갖추고 신뢰를 주세요. 가끔 손님은 왕이라며 중개사를 머슴처럼 부리려는 사람들이 있는데, 그중에는 '내가 몇 억 원을 가진 손님인데 이 정도는 당연하지'라는 심보를 가진 사람들이 많아요. 하지만 입장 바꿔놓고 생각해 보세요. 중개사를 찾는 손님들 중에서 그렇게 돈 좀 있다는 사람이 어디 한둘일까요?

하긴, 저라도 그런 손님은 안 받고 싶을 것 같네요.

 그런 사람들은 결국 기회를 놓칠 수밖에 없어요. 예를 들어 완전 초급매물건이 나왔다고 합시다. 이미 많은 매수자들이 물건 나오면 연락을 달라고 해 놓은 상태일 텐데, 그런 상황에서 중개사는 누구에게 먼저 전화를 해야 하나 고민하겠지요. 결국 평소에 안부 문자라도 종종 보내고, 말도 친절하게 했던 사람에게 연락을 하게 되는 거예요.

 정말 그렇겠네요. 중개사가 왜 중요하다고 하는지 알겠어요.

 계약이 성사될 때도 마찬가지랍니다. 집을 본 매수 희망자는 두 명인데, 계약금을 입금할 계좌번호를 넘길 수 있는 사람은 한 명뿐이에요. 이럴 때 만약 1번 손님이 집을 보면서 여기저기 하자 보수가 있다며 불만을 이야기하고, 가격을 깎아달라고 이야기했다고 합시다. 반면에 2번 손님은 시종일관 웃는 얼굴로 집을 봤고 하자는 본인들이 알아서 관리실에 맡겨서 고치면 되니 신경 쓰지 않아도 된다고 말했다면? 성실 씨가 중개사라면 누구에게 계좌번호를 넘겨주시겠어요?

 당연히 2번 손님이겠지요. 이제 중개사를 내 편으로 만들라는 말이 이해가 되네요. 그런데 그렇다면 중개사에게 무조건 맞춰줘야 하는 건가요?

 그런 뜻은 아니에요. 요구할 만한 일이라면 당연히 요구해야지요. 그리고 설령 요구를 하더라도 예의는 지켜야겠지요. 물론 반대로 돈이 될 만한 손님과 아닌 손님을 구분하고 비교하는 중개사도 있긴 합니다. 저는 그런 곳과는 거래를 안 합니다. 손님은 손님대로, 중개사는 중개사대로 예의를 지키면 되는 건데 말이죠.

두 번째는 체리피커(Cherry picker)가 되지 말라는 거예요. 왜 그런 사람들 있죠? 생크림 케이크 위에 장식으로 올라간 체리만 쏙 빼먹는 사람들이요. 자기에게 이득이 되는 것만 쏙쏙 빼가고 나머지는 버리는 사람들을 체리피커라고 하죠.

맞아요, 어딜 가나 그런 얄미운 사람들이 있더라고요.

부동산 투자에도 그런 사람들이 있답니다. 중개사 입장에서는 사무실에 찾아와서 이것저것 정보만 묻고, 실질적인 거래는 하지 않는 사람들이 대표적인 체리피커일 거예요. 거래를 하기 위한 다양한 정보를 얻는 건 좋은 일이죠. 다만 처음부터 정보 수집을 목적으로 방문해서 바쁜 사람 붙잡고 이것저것 계속 물어보는 손님들은 싫을 수밖에 없을 거예요. 아무리 거래할 것처럼 연기해도 중개사들은 뻔히 안답니다.

하지만 정말 몰라서 물어보는 걸 수도 있잖아요.

그럼요, 물어보는 건 잘못이 아니에요. 하지만 조금만 손품을 팔아보면 쉽게 알 수 있는 당연한 것들까지 중개사에게 물어보려는 사람들이 있거든요. 현장에 가기 전에 최소한 손품을 열심히 팔아서 정보를 수집하고, 꼭 필요한 것만 질문한다면 중개사들도 준비된 투자자라는 것을 알고 필요한 부분에 대해 친절하게 상담해 주실 거예요.

하지만 방문하는 중개사마다 모두 계약을 할 수는 없는 거잖아요.

물론 이야기만 충분히 듣고 거래를 하지 않은 채 나올 수도 있지요. 그렇지만 만약 상담이 끝난 후에 계속 그 중개사와 관계를 유지해야겠다는 생각이 들면 드링크제 한 상자라도 들고 다시 방문하면 좋습니다. "오늘 감사했습니다. 좋은 물건 나오면 연락 부탁드려요"같이 진심으로 인사를 하면 그 손님은 기억할 수밖에 없지요.

그렇게 작은 선물에 중개사들이 꿈쩍할까요?

마음을 보이라는 거지 뇌물을 주라는 게 아니에요. 오히려 이런 작은 선물들이 부담 없이 마음을 전하기에 좋아요. 중개사무소는 박카ㅇ, 비ㅇ 500, 믹스커피 등을 손님들에게 제공할 일이 많은데 이런 걸 사 들고 가면 아무래도 쓰임새 있고 좋지요. 말로는 "뭘 이런 걸 사 오세요"라고 하면서도 아마 급매물이 나왔을 때 먼저 연락을 받으실 수 있을 거예요.

역시, 부동산 투자도 사람이 하는 일이라는 말씀이 그런 뜻이었군요.

부동산은 현장에 답이 있는 경우가 대부분이에요. 앞으로 경험이 쌓이다 보면 중개사를 대하는 자신만의 방법과 노하우가 자연스럽게 축적될 거예요.

이런 생생한 이야기를 해주시다니. 정말 감사해요! 저희와 잘 맞는 중개사를 찾아서 좋은 관계를 유지하면서 기회를 잡을 수 있게 노력할게요!

성실과 미래는 왠지 자신감이 생겼다. 물건 찾아내는 방법도, 중개사를 상대하는 요령도 배웠으니 이제 남은 건 실전이다. 다시 한 번 기분 좋은 두근거림이 느껴졌다.

4단계 :
정확한 판단을 위한 체크리스트 작성

성실과 미래는 요즘 아파트 조사하는 재미에 빠졌다. 두 사람은 신중한 분석과 계산을 통해 ○○동의 R아파트를 매수하기로 결정했고, 요즘은 주말마다 그 아파트가 있는 동네로 구경 겸 현장조사를 나간다. 대중교통 이용은 괜찮은지, 동네는 깨끗한지, 마트나 편의점 등을 이용하기 편리한지 등등 지도에서 확인할 수 없는 부분들을 직접 걸어 다니면서 확인하는 것이다. 자주 놀러가다 보니 두 사람의 마음은 이미 그 아파트 단지 주민이었다. "부동산은 현장에 답이 있다"던 비타씨의 말은 역시 사실이었다.

여러 중개사를 방문하면서 두 사람은 그 중 푸근한 인상의 S공인중개사 사장님과 친해지게 되었다. S중개사님은 내 집 마련을 위해 아등바등 뛰고 있는 예비부부가 기특해 보였는지, 올 때마다 맛있는 커피와 함께 그 동네 부동산의 이런저런 정보들을 알려주곤 하셨다. 이 단지와 옆 단지의 시세 비교, 요즘 이야기 나오고 있는 호재들, 단지에서 논의 중인 배관 교체 공사나 외벽 공사에 대한 이야기 등등.

조금만 기다려 봐요. 내가 딱 맞는 물건 찾아서 줄 테니까. 호호….

이제 저렴한 물건만 나오면 언제든 행동을 개시할 준비가 되었다. 그러던 어느 날 미래는 네이버 부동산에서 저렴하게 나온 물건을 발견했다. 가격도, 층도, 향도 딱 좋았고 입주 날짜도 딱 맞을 것 같았다. 이 매물을 놓치면 안 되겠다는 생각이 들었지만, 왠지 S중개사님이 마음에 걸렸다. 그 물건은 S중개사님의 매물이 아닌데, 성실과 미래는 웬만하면 S중개사님과 거래를 하고 싶었던 것이다. 두 사람에게는 나름 큰 고민이었던 이 문제는 비타씨에게 어떡해야 하느냐는 문자 한 통으로 아주 쉽게 해결되었다.

고민 안 하셔도 돼요. 요즘은 어차피 공동 중개라고 해서 중개사님들끼리 물건을 공유하거든요. 그 매물에 관심 있다고 S중개사님에게 말씀하시면 알아보시고 집을 보여주실 거예요.

중개사들의 중개 유형에는 혼자서 매도와 매수를 함께 중개하는 단독 중개도 있지만, 매도자 측과 매수자 측의 중개사가 각각 따로 있는 공동 중개도 있다. 과거에는 중개수수료를 양쪽에서 혼자 다 챙기려는 생각으로 매물이 나오면 꽁꽁 감춰두고 다른 중개사에게 공개하지 않는 경우가 많았지만, 요즘은 인터넷 부동산 서비스가 다양해지면서 분위기가 달라졌다. 중개사들도 혼자 수수료를 많이 받겠다고 매물을 감추기보다는 서로 매물을 공유하면서 빠르게 진행시키는 것이 더 이익인 시대가 된 것이다. 그래서 네이버 부동산 등에서 마음에 드는 매물을 발견했다면 나와 친분이 있는 중개사에게 그 물건을 중개해달라고 부탁할 수 있게 되었다.

집을 볼 때 꼭 살펴야 할 것들

토요일 3시에 집 보기로 약속을 잡았어요. 그때 오시면 말씀하신 그 물건도 보고, 내친 김에 몇 개 더 준비할 테니 한꺼번에 보고 결정하세요.

네, 그럼 여러 개 보려면 시간이 오래 걸리겠네요.

글쎄요, 뭐 하나당 한 10분이면 되지 않을까?

네? 겨우 10분이요?

겨우라뇨? 그 정도면 충분히 보고도 남지, 호호호….

꼼꼼하고 절약이 몸에 밴 성실은 2만 원짜리 티셔츠를 살 때도 몇 번을 들었다 놨다 하면서 고민해서 결정을 한다. 그런데 어떻게 몇 억 원짜리 집을 딱 하루, 그것도 10분만 보고 결정한단 말인가. 주말에 보러 갈 집의 모습을 상상하며 잠자리에 누운 성실은 문득 불안해졌다.

 혹시 궁금한 점이 생길 때마다 다시 보여달라고 하면… 아무래도 집주인
이 싫어하겠지?

천장을 바라보며 눈만 꿈뻑이던 성실은 마침내 이불을 박차고 침대에
서 일어났다. 그리고는 책상 앞에 앉아서 빈 종이에 무언가를 써보기 시작
했다. 집 보는 시간 10분을 최대한 알차게 쓰기 위해서 미리 봐야 할 체크
리스트를 만들기로 한 것이다. 집에 들어갔을 때 특히 눈여겨봐야 할 부분,
객관적인 정보 등을 기록해서 한눈에 비교할 수 있도록 하자는 생각이다.

이렇게 체크리스트를 적으면서 집을 둘러보려면 그냥 쓰윽 둘러보는 것
에 비해 시간이 더 걸릴 수도 있다. 또한 중개사도 빨리빨리 집을 보여줘야
하는 입장일 테니 중개사 눈치도 보일 것이다. 하지만 제대로 확인 못 해서
두세 번 오는 것보다는 한 번에 꼼꼼하게 확인하는 게 낫다고 애써 스스로
를 다독이며 체크리스트를 채워나갔다.

하지만 집을 둘러본 경험이 없으니 무엇을 체크해야 할지 정확히 알 수
가 없었다. 결국 이럴 때 기댈 곳은 멘토뿐! 다음 날 성실은 비타씨에게 카
톡 메시지를 보냈다.

 비타씨 님, 자꾸 번거롭게 해서 죄송한데요, 이번 주말에 드디어 집을 보
러 가기로 했어요. 그 전에 저랑 여친이 먼저 체크리스트를 만들어봤는

데, 그 외에 살펴봐야 할 것이 또 있을까요?

체크할 것들: 일조권 / 싱크대 / 수압 / 세부 크기 / 누수 및 곰팡이 / 발코니 확장 / 창틀(섀시) / 주요 가전 위치

 아주 잘 정하셨네요. 혹시나 하는 마음에 구체적으로 어떤 걸 봐야 하는지 적어봤으니, 집 볼 때 참고하세요.

| 체크리스트 |

① 일조권: 내부 채광이 좋은지 여부. 남향집이 선호도 높음.
② 싱크대: 조리공간 및 수납공간 충분한지 확인할 것.
③ 수압: 화장실 수압 및 배수 여부 확인할 것.
④ 세부 크기: 보유하고 있는 가구의 배치 등을 고려할 것. 부동산을 통하면 평면도 등 싱세 크기 확인이 가능함.
⑤ 누수·곰팡이: 천정 및 모서리에 곰팡이나 누수 흔적이 있는지 여부.
⑥ 발코니 확장: 발코니가 확장된 집은 선호도 높음. 단, 확장 구역의 바닥까지 난방공사가 잘 되어 있는지 확인할 것.
⑦ 창틀(섀시): 외부 방음 및 단열과 관련됨.
⑧ 주요 가전 위치: 세탁기, 건조기, 김치냉장고, 스타일러 등을 놓을 공간이 적당한지 여부.

꼼꼼하게 주의사항을 첨부한 체크리스트에 성실은 감동할 지경이었다. 뿐만 아니라 비타씨는 '하나하나 다 보려고 하기보다는 중요하게 생각하는 것에 우선순위를 정한 후 그 부분부터 중점적으로 확인하라'는 조언도 잊지 않았다. 처음 본 사람에게 살림살이를 상세하게 공개하는 걸 좋아하는 사람은 없기 때문에, 살고 있는 사람 입장에서는 집을 보여준다는 것만으로도 충분히 배려하는 것이다. 하나하나 꼼꼼하게 확인하기는 현실적으로 쉽지 않기 때문에 우선순위를 정해야 한다. 성실은 해당 내용을 캡처해서 미래에게 보내주며, 주말에 집 보러 갈 때 이런 부분에 주의하자고 이야기했다.

역시 비타씨 님은 꼼꼼하시다! 이렇게 체크리스트를 미리 작성해서 체크하면서 집을 보면 여러 채라서 헷갈리지도 않고 객관적인 비교가 편할 것 같아. 근데 중개사들이 싫어하면 어쩌지? 집주인들이 부담스러워 할 수도 있잖아.

하지만 두세 번씩 방문하는 것보다는 나으니까 중개사들도 이해해 주실 거야. 그나저나 우리가 눈으로 확인하기 어려운 것들은 살고 계신 분들한테 물어보면 되려나? 소음이나 외풍이 있는지 같은 것들 말야.

집을 팔려는 사람 입장에서는 솔직히 말해줄 것 같진 않긴 한데, 그래도 밑져야 본전이니까 한번 확인이나 해보지 뭐.

성실과 미래는 설레는 마음에 한동안 실컷 수다를 떨었다. 우리 집 후보를 보러 간다니 생각만 해도 즐거우면서 한편으로는 불안한 두 사람. 하지만 함께 꼼꼼히 준비했으니 괜찮을 거라고 스스로 다독이며 설레는 마음으로 주말을 기다렸다.

체크리스트를 바탕으로 장단점을 따져보자

드디어 집을 보기로 한 주말, 성실과 미래는 종이로 출력한 체크리스트와 펜을 꼭 쥐고 중개사를 따라 집 안으로 들어갔다. 여기가 바로 그 집이라니! 왠지 신기했지만, 이윽고 정신을 차린 후 체크리스트를 살펴보며 하나씩 하나씩 체크해 나가기 시작했다. 거주하시는 분께 정중히 허락을 구한 후 사진도 몇 장 찍었다. 중개사는 뭘 그런 걸 가져왔느냐며 참 꼼꼼하기도 하다고 말했지만 더 이상은 뭐라고 하지 않았다.

첫 번째 집을 무사히 보고 나온 후 성실과 미래는 뭔가 엄청난 일을 해낸 것 같은 기분이었다. 하지만 그런 기분을 느낀 것도 잠시, 곧바로 중개사를 따라 다음 집으로 향한 성실과 미래는 또다시 눈이 번쩍 뜨였다. 첫 번째보다 인테리어가 더 근사했던 것이다. 다만 첫 번째 집과 달리 베란다 확장이 되지 않았다는 점은 단점이었다. 이번에도 성실과 미래는 체크리스트에 따라 꼼꼼히 물어보고 확인하며, 사진도 몇 장 찍은 후에 예의 바르게 인사드리고 나왔다.

 아까 집도 좋았지만 이 집도 좋은 걸?

 응, 그렇지만 처음 집보다 가격이 좀 더 비싸. 어쩌지?

어쩌긴 뭘 어째요, 아직 봐야 할 집이 세 개나 더 있는데! 혹시나 해서 여기 말고 옆 단지 물건도 찾아놨어요. 다 둘러본 후에 결정해도 늦지 않으니까 어서 갑시다. 호호호….

좋은 집을 골라주겠다던 중개사는 정말 작정한 듯 여러 집을 미리 섭외해서 성실과 미래를 끌고 다녔다. 처음에는 하나라도 더 꼼꼼히 둘러보려고 노력했던 성실과 미래도 계속 반복되는 집 구경에 어느 순간 정신이 혼미해지면서 조금씩 지치기 시작했다. 몇 시간에 걸친 아파트 투어를 마친 두 사람은 중개사무소 소파에 주저앉아 뻐근해진 다리를 주물렀다.

휴우~ 집 보는 것도 장난 아니네요! 오늘 몇 군데를 본 건지 기억도 안 나요.

좋은 집 하나라도 더 보여주려고 그랬지. 내가 너무 많이 끌고 다녔나? 호호호….

아니에요, 덕분에 정말 좋은 집 구경 많이 했는걸요? 한두 개만 봤을 땐 몰랐는데 여러 개를 보니까 확실히 장단점이 눈에 좀 들어오더라고요. 감사해요.

맞아요, 그나저나 저는 아까 세 번째 봤던 집이 베란다가 확장되어 있어서 쾌적하고 좋더라고요.

세 번째? 아니지. 확장된 집은 네 번째였지. 세 번째는 화장실 수리된 집이고.

 그랬나? 화장실 수리는 두 번째 아니었어?

분명 같은 집을 이야기하는데 서로 다르게 기억하고 있었다. 결국 미래가 꺼낸 건 체크리스트였다. 적어놓은 내용을 다시 살펴보니 정확한 정보가 기억나기 시작했다.

 역시, 체크리스트를 만들길 잘 했네!

 그러네. 저, 사장님. 죄송하지만 저희가 이걸 바탕으로 정리를 좀 해보고, 내일 연락을 드려도 될까요?

 그렇게 해요. 대신 빨리 결정해서 연락을 주는 게 좋아요. 안 그러면 다른 매수자들이 먼저 사갈 수도 있으니까.

 네, 빠르게 결정해서 연락드릴게요!

성실과 미래는 일단 떨어진 체력을 삼겹살로 서둘러 보충하고, 근처 카페를 찾아서 체크리스트와 노트북을 펼쳐둔 채 하나하나 장단점을 따져보며 정리하기 시작했다. 여러 개의 매물 후보 중에서 성실과 미래는 다양한 조건을 바탕으로 하나씩 탈락시켜 나갔다. 최종적으로 남은 것은 '101동 702호'와 '104동 1201호'였다.

나는 사실 1201호가 마음에 들었어. 거실에서 공원이 보이니까, 탁 트이는 게 기분이 좋더라고.

나도 그렇긴 한데, 공원 뷰이긴 하지만 동향이더라고. 가격도 천만 원이 더 비싸고. 나는 차라리 중간층이더라도 남향인 702호가 더 나을 것 같아.

그치만 인테리어는 1201호가 훨씬 좋았잖아. 입주 날짜도 우리 결혼식이랑 잘 맞고.

그건 그런데, 인테리어는 어차피 새로 할 생각이었잖아. 702호가 우리 결혼 날짜보다 좀 더 일찍 이사를 나가긴 하지만, 오히려 잠깐 비워두면서 미리 인테리어를 하기에는 더 나을 것 같아. 아니면 몇 달 먼저 우리가 들어가서 살면 되지.

하긴 1,000만 원 더 싸니까 그 돈을 대신 인테리어에 투자한다고 생각해도 되겠네.

맞아. 예산은 정해져 있는데 모든 조건을 다 갖출 수는 없지. 포기할 부분은 포기하는 게 현명하다고 생각해.

마지막의 마지막까지 꼼꼼하게 점검을

이것저것 협의하면서 의견을 차분히 좁힌 결과, 두 사람은 702호를 매수하기로 결정했다. 하지만 마지막까지 두 사람은 이 결정이 최선이었는지를 따져보았다. 우리의 예산에 잘 맞는가? 오케이. 출퇴근하며 생활하기에 괜찮은 지역인가? 오케이. 집 구조나 모양이 마음에 드는가? 오케이.
앞으로 시세 차익을 기대할 만한 곳인가? 장담할 순 없지만, 가능성만큼은
오케이.

 좋아! 결심했어! 이 집을 우리의 첫 번째 집으로 하자.

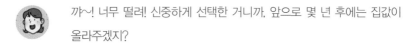 꺄~! 너무 떨려! 신중하게 선택한 거니까, 앞으로 몇 년 후에는 집값이
올라주겠지?

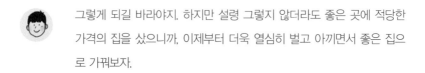 그렇게 되길 바라야지. 하지만 설령 그렇지 않더라도 좋은 곳에 적당한
가격의 집을 샀으니까, 이제부터 더욱 열심히 벌고 아끼면서 좋은 집으
로 가꿔보자.

 그러자, 오빠!

5단계 :
계약 시 확인할 사항들

집을 매수하겠다는 결정은 전날 이뤄졌지만, 성실은 당장 중개사에게 연락하지 않고 일부러 하루 정도를 더 생각해 보았다. 때마침 다음날은 부동산 스터디 모임이 있는 날이라, 혹시나 생각지 못했던 부분이 있을지 다른 선배들에게 물어본 후에 연락해야겠다고 생각한 것이다. 마지막까지 신중에 신중을 기한 끝에 결심이 서자, 성실은 드디어 떨리는 마음으로 중개사에게 전화를 걸었다.

 사장님, 저희 어제 본 매물 중에서 101동 702호로 결정했어요. 가계약금 입금할게요. 계좌 주세요.

 잘 생각했어요. 호호호…. 계좌번호는 문자로 전달해 드릴 테니까 바로 입금하세요. 100만 원 정도면 될 것 같아요.

100만 원이요? 가계약금이 그것밖에 안 하나요? 원래 매매가격의 10% 정도라고 인터넷에서 봤는데요.

 아, '계약금'과 '가계약금'의 개념을 헷갈리셨구나, 호호호…. 계약금은 통상적으로 매매대금의 10% 정도를 주고받는 게 일반적이지만 가계약금은 계약을 파기하지 않을 정도의 적당한 금액이면 충분해요.

허투루 보이고 싶지 않아서 인터넷에서 본 대로 "가계약금 보낼 테니 계좌 주세요"라고 당당하게 말했던 성실은 잠시 머쓱해졌다. 하지만 협상할 때 만만하게 보이면 안 되지! 성실은 일단 알겠다고 말하고 전화를 끊었다. 잠시 후 중개사로부터 문자가 날아왔다.

가계약금과 계약금, 어떻게 다를까

여기로 100만 원을 보내면 될 것 같긴 한데, 정말 괜찮은 걸까? 중개사 님이 그동안 이것저것 많이 신경 써주셨으니 이번에도 문제는 없을 것 같 긴 하지만, 그래도 최대한 조심하고 싶었다. 잠시 생각에 빠진 성실의 어깨 를 누군가 톡톡 건드린다. 돌아보니 비타씨가 서 있다. 스터디를 하다가 잠 시 쉬는 시간에 나온 성실이 멍하니 서있는 걸 본 것이다.

성실 씨, 여기서 뭐해요? 무슨 일 있어요?

그건 아닌데 잠시 생각을 하고 있었어요. 저, 괜찮으시면 초보적인 질문 하나만 해도 될까요? 부동산 계약을 할 때 계약금과 가계약금을 왜 구분 하는 거죠?

너무 기초적인 질문인 것 같아 민망해하는 성실과 달리 비타씨는 밝은 목소리로 대답한다.

아, 성실 씨, 지난번 그 집 계약하기로 하신 거군요? 축하해요! 사실 가계 약금이라는 말은 원래 없는 말인데 부동산 현장에서 편의상 만든 말이에 요. 원래는 '계약금의 일부'라고 표현하는 게 맞죠.

네, 알 것 같아요. 거래를 하자고 말은 했는데 계약서를 쓰기 전에 마음 이 바뀔 수도 있으니까, 계약이 파기되는 걸 막기 위해서 적은 금액이나 마 미리 주고받는 것이죠? 그러면 실제 계약서를 쓸 때에는 남은 계약금만 주고받으면 되는 거고요.

맞아요, 잘 알고 계시네요. 쉽게 말해서, 계약금이 1,000만 원인데 먼저 가계약금으로 100만 원을 송금했다면 실제 계약서를 작성할 때는 계약금 중 나머지인 900만 원만 주고받으면 되는 거죠.

감사합니다. 저는 가계약금이라는 것도 계약금, 중도금, 잔금처럼 원래 법적으로 있는 용어인 줄 알았어요. 그런데 계약금과 가계약금을 굳이 왜 구분하는 거죠? 크게 의미가 없을 것 같은데요.

맞아요, 평소에는 큰 의미가 없긴 하죠. 다만 중간에 계약이 해제될 때는 엄청난 차이가 발생한답니다. '배액배상'이라고 들어보셨나요? 그 배액 배상의 기준이 무엇이냐에 큰 영향을 미치거든요.

배액배상이라면, 매도자가 계약을 해제하겠다고 요구할 경우 받았던 계약금의 두 배를 상대방에게 배상하는 거죠? 반대로 매수자가 계약을 해제한다고 하면 주었던 계약금을 포기하는 거고요.

맞아요. 계약은 반드시 계약서를 써야만 효력이 있는 게 아니에요. 말로 약속한 구두계약도 법적 효력이 있답니다. 그래서 아직 계약서를 쓰기 전이라도 '몇 동 몇 호를 얼마에 매매하기로 약속했다'는 사실이 증명되기만 하면 계약의 효력이 있는 것이고, 그에 따라 배액배상도 이뤄지게 되는 거죠.

그런데 그 배액배상이 가계약이냐 계약금의 일부냐에 따라 달라진다는 말씀인가요?

비타씨는 싱긋 웃으며 설명을 이어갔다. 배액배상의 기준은 원칙적으로 거래가액의 10% 정도인 약정 계약금이 기준이라고 했다. 그런데 가계약금 이라는 용어를 쓰면 이 약정 계약금이 얼마인지 헷갈릴 수 있다는 것이다.

예를 들어 A라는 사람이 매매가 6억 원인 아파트를 매수하기로 하고, 계약서를 쓰기 전에 우선 '가계약금'이라는 이름으로 500만 원을 매도인 B 의 계좌로 송금했다. 그런데 계약서를 쓰기 전에 B가 계약을 해제하고 싶 다며, 배액배상을 해주겠다고 한다. 이럴 경우 A는 B에게 얼마를 요구할 수 있을까?

배액배상이니까 500만 원의 두 배인 1,000만 원을 요구하면 되는 것 아 닐까요?

많은 분들이 그렇게 생각하시더라고요. 하지만 일반적인 약정 계약금은 매매가격의 10%를 기준으로 한답니다. 매매가격이 6억 원이었으니까 약 정 계약금은 얼마겠어요?

6,000만 원이군요! 그걸 배액배상하면… 헉! 1억2,000만 원이나 되네요!

맞아요. 그런데 그냥 '가계약금 500만 원'이라고만 표기했을 때에는 그 500만 원이 마치 임시 계약금인 것처럼 느껴지잖아요. 법적으로 주장했 을 때 온전히 이긴다고 장담하기가 어려운 거죠. 하지만 '계약금의 일부 인 500만 원'이라고 표기했을 때는 계약금이 그보다 더 많다는 것을 간 접적으로 입증하는 셈이 되죠.

와, 단어 하나에 몇 천만 원이 왔다 갔다 하는 거군요?

비타씨의 말에 따르면 이처럼 배액배상의 기준이 되는 계약금에 대해 매도자와 매수자의 생각이 다른 경우가 많아서 분쟁으로 이어지는 경우가 꽤 있다고 한다. 특히 집값이 폭등하는 시기에는 하루 사이로 매매가격이 몇 백만 원씩 달라지다 보니 한 쪽이 일방적으로 계약을 파기하는 경우가 많이 생기는데, 그럴 때 어떻게 주장하느냐에 따라 손해의 폭이 달라진다는 것이다. 그런 분쟁을 막기 위해서는 어떻게 해야 할까?

그래서 요즘 중개사들은 분쟁을 방지하기 위해 정확한 기록을 남기더라고요. 대표적인 게 문자예요. 미리 계약 내용을 문자로 보내놓음으로써 나중에 다른 이야기가 나오지 않도록 하는 거죠.

아, 그래서 중개사님이 이렇게 긴 문자를 보낸 거군요! 저는 계좌번호만 보내지 않고 왜 이렇게 시시콜콜하게 적어 보냈나 궁금했거든요.

성실은 좀 전에 중개사에게 받은 문자를 비타씨에게 보여주었다. 잠시 살펴보던 비타씨는 고개를 끄덕이며 말했다.

이 중개사님은 정확하게 '계약금의 일부'라고 제대로 표기하셨네요. 이런 문자에 '가계약금'이라고 표기해서 보내는 중개사분들이 은근히 많답니다. 그럴 때에는 손님 입장에서 먼저 챙기고 요구할 수밖에 없지요. 중개사가 '가계약금'이라고 표현하더라도 가능하면 성실 씨는 '계약금의 일부'라고 표현하시는 게 좋아요. 그리고 요즘은 '계약해제 시 계약금의 일부를 기준으로 배액배상한다' 라고 명시하는 경우가 있어요. 분쟁 발생시 계약금으로 보낸 금액으로만 합의를 보면 매도자, 매수자, 그리고 중개사 모두 깔끔하게 정리할 수 있으니까요.

그렇군요. 계약금을 보내는 순간부터 정신 차려야겠네요. 그럼 이대로 계약금 일부를 보내도 되겠지요?

음, 저라면 그 전에 한 가지 더 확인을 할 것 같아요. 문자 마지막 줄에 있는 등기부등본 말이에요.

등기부등본이요? 아, 부동산 거래할 때 기본적으로 확인해야 한다는 그 거죠? 부동산에 대한 소유권이나 근저당권 같은 게 기록되어 있다는…. 근데 이런 건 중개사가 확인해주는 것 아닌가요?

대부분은 그렇죠. 그리고 대부분의 중개사들은 계약서에 도장 찍기 전에 등기부등본을 한 번씩 보여주면서 설명을 해줍니다. 하지만 만일이라는 게 있기 때문에 저는 결정을 내리기 전에 반드시 직접 등기부등본을 출력해서 확인합니다.

그렇군요! 그런데 저는 등기부등본을 볼 줄 모르는데 어떡하죠?

일단은 중개사에게 대출은 얼마나 있는지를 확인하시고, 등기부등본 상 집주인과 계좌의 예금주가 같은지만 확인해달라고 하세요. 집주인의 가족 명의의 계좌로 돈을 송금하는 경우가 있는데, 그렇게 되면 간혹 문제가 발생할 수 있습니다. 반드시 집주인 명의의 계좌로 돈을 송금해야 합니다.

네, 그렇게 하겠습니다!

그리고 계약서에 도장을 찍기 전에 등기부등본을 자세히 설명해달라고 말씀하세요. 만일을 위해서 나중에라도 등기부등본 보는 법은 꼭 익히셨으면 좋겠어요.

하마터면 등기부등본도 확인하지 않고 입금부터 할 뻔했다는 생각에 성실은 안도의 한숨을 내쉬었다. 공부를 했어도 실전은 다르구나…. 앞으로 부동산 거래를 할 때는 '선 확인 후 입금'을 잊지 말아야겠다고 다짐하는 순간이었다. 이와 함께 등기부등본 보는 법에 대한 공부도 반드시 해야겠

계약 전에 확인해야 할 것들

매수자는 신중히 매물을 결정한 후 중개사에게 매도자 측에 계약금을 입금할 계좌번호를 알려달라고 요청합니다. 매수자 입장에서는 이때야말로 '내가 심혈을 기울여 선택한 매물이 이미 팔렸거나 매도자의 변심으로 거래가 안 되면?'이라는 생각 때문에 떨리는 시간을 보내게 되지요. 무사히 계좌번호를 받아 계약금의 일부를 입금하면 드디어 계약 체결입니다. 통상적으로 계약은 '계약금−중도금−잔금' 순으로 진행되며 중간에 계약 해제를 원할 경우에는 계약금을 배액배상하거나(매도자), 계약금을 포기함(매수자)으로써 상대방에게 배상해야 합니다.

본격적으로 계약서를 작성하기 전에 확인할 것 중 첫 번째는 매도자의 본인확인 서류(신분증, 주민등록등본, 인감증명서 등)입니다. 등기부등본 상의 명의자와 실제 매도자가 일치하지 않으면 계약은 유효하지 않고 돈을 돌려받기도 어려워집니다. 만약 매도자 본인이 아니라 대리인이 계약을 진행한다면 대리인의 권리를 증명할 수 있는 위임장, 인감증명서 등의 서류도 확인해야 합니다.

확인이 끝나면 계약서를 작성하는데, 계약서에는 거래대상목적물을 표시하고 이에 대한 계약금, 중도금, 잔금의 금액 및 지급 날짜를 적습니다. 그밖에 이해관계인들의 인적 사항이 기재되고, 매도자와 매수자 사이에 합의된 특약사항도 기재됩니다. 앞서 계약금의 일부만 지급한 상태라면 약정 계약금의 나머지 금액을 매도자에게 지급함으로써 계약이 완료됩니다.

다고 결심했다(등기부 읽는 법은 챕터의 마지막에서 설명).

중도금은 어떤 역할을 할까

계약금의 일부를 송금하고, 드디어 내일이면 계약서를 쓰기로 한 날이다. 엄마는 늘 도장은 함부로 찍는 게 아니라고 했는데, 막상 내일이 계약이라니 무엇을 해야 하지? 어떤 것을 염두에 둬야 하지? 성실은 설레면서도 걱정이 되어 잠이 오질 않았다. 한참을 뒤척이다가 결국 스마트폰을 꺼내든 성실. '부지런 카페'에 접속했다.

'내일 처음으로 계약하러 가는데 너무 긴장돼요. 계약하기 전에 협의해야 할 사안이나 계약서에 넣어야 할 부분 있으면 알려주세요.'

두근대는 마음을 달래고 싶어 올린 글이었는데, 10분도 지나지 않아 여러 댓글이 달렸다. 반가운 마음에 댓글을 읽어 내려갔다. 첫 계약을 축하한다는 내용, 잘 되실 거라는 응원과 격려도 많았지만 그중에서 눈에 띄는 현실적 조언들이 있었다.

"어디 아파트인지는 모르겠는데, 집값이 비싼 지역에서는 중개수수료가 엄청 많이 나와요. 계약서 쓰고 나면 중개수수료를 상한 요율대로 다 줘야 할 수도 있어요. 미리 조율해서 깎아달라고 해보세요."

아차차, 내가 내일 만날 사람은 매도자만이 아니었구나. 중개사도 중요한 협상의 대상이라는 사실을 깜빡하고 있었다. 그리고 보니 성실은 중개수수료로 얼마를 줘야 하는지도 모르고 있었다. 집값이 만만치 않기 때문에 그에 비례해서 중개수수료도 만만치 않을 텐데, 과연 얼마나 될까?

중개수수료는 계약 전에 중개사에게 정확한 수수료율을 물어보고 협의를 해야 한다. 협의가 되지 않은 상태로 계약이 진행되면 후에 중개수수료로 분쟁이 발생할 수 있다. 거래되는 집값이 높아서 중개수수료율을 조정하는 상황이라면 더욱 사전에 협의를 해야 한다.

계약서를 쓰기 전 중개수수료를 확인하는 방법은 간단하다. 오른쪽의 표를 보고 직접 거래금액에 따라 계산을 하면 되는데 이것은 서울특별시 기준으로 작성된 것이고 그 외 시·도별 중개수수료도 한국공인중개사협회에서 확인이 가능하다. 또한 네이버에 '중개수수료'를 검색하면 부동산 중개보수 계산기를 바로 이용할 수 있다.

> 댓글
>
> "계약 파기를 막으려면 중도금을 조금이라도 꼭 넣으세요. 지인 중에 계약금만 보냈더니 그 사이에 매도자가 마음 바꿔서 계약 파기된 사람 있어요."

중도금을 넣지 않으면 계약이 파기된다는 뜻인가? 성실은 검색창에 '중도금 계약 파기'를 입력해 보았다. 수많은 관련 글들이 쏟아졌다. 잔금 치르기 전날 배액배상 당하고 계약이 취소되었다는 이야기, 심지어 배액배상도 못 받고 취소됐다는 이야기 등 아찔한 사연들이 많았다.

성실은 대체 중도금이 뭐기에 사람들이 이렇게 이야기하는지 궁금해서 검색해 보다가, 아무래도 안 되겠다는 생각이 들어서 미래에게 전화를 걸었다. 자다가 깼는지 미래는 살짝 졸린 목소리로 전화를 받았다.

| 중개 보수요율표 |

거래 내용	거래금액	상한 요율	한도액	중개 보수요율 결정	거래금액 산정
매매 교환	5,000만 원 미만	1천분의 6	25만 원	▶중개보수 한도 =거래금액 X 상한 요율 (단 , 이 때 계산된 금액은 한도액을 초과할 수 없음)	▶매매 : 매매가격 ▶교환 : 교환 대상 중 가격이 큰 중개 대상물 가격
	5,000만 원 이상 ~ 2억 원 미만	1천분의 5	80만 원		
	2억 원 이상 ~ 6억 원 미만	1천분의 4	없음		
	6억 원 이상 ~ 9억 원 미만	1천분의 5	없음		
	9억 원 이상	거래금액의 1 천분의 ( )이하		▶상한 요율 1천분의 9 이내에서 개업 공인중개사가 정한 좌측의 상한 요율 이하에서 중개 의뢰인과 개업 공인중개사가 협의하여 결정함	
임대차 등 (매매 , 교환 이외의 거래)	5,000만 원 미만	1천분의 5	20만 원	▶중개보수 한도 =거래금액 X 상한 요율 (단 , 이 때 계산된 금액은 한도액을 초과할 수 없음)	▶전세 : 전세금 ▶월세 : 보증금 +(월 차임 X100) 단 , 이 때 계산된 금액이 5,000만 원 미만일 경우 : 보증금 +(월 차임액 X70)
	5,000만 원 이상 ~ 1억 원 미만	1천분의 4	30만 원		
	1억 원 이상 ~ 3억 원 미만	1천분의 3	없음		
	3억 원 이상 ~ 6억 원 미만	1천분의 4	없음		
	6억 원 이상	거래금액의 1천분의 ( )이하		▶상한 요율 1천분의 8 이내에서 개업 공인중개사가 정한 좌측의 상한 요율 이하에서 중개 의뢰인과 개업 공인중개사가 협의하여 결정함	

출처:한국공인중개사협회

미래야, 지금 자고 있을 때가 아냐! 우리 아무래도 중도금을 넣는 게 좋을 것 같아.

중도금? 갑자기 웬 중도금 타령….

중도금은 계약금과 잔금 사이에 일부 지급하는 돈이야. 부동산을 살 때는 계약할 때 계약금을 10% 정도 주고, 나머지 금액은 잔금이라고 해서 계약이 시작되는 날 주는데 그 사이에 중도금이라는 걸 일부 먼저 줄 수 있다는 거지.

그걸 꼭 줘야 돼?

내가 인터넷으로 찾아봤는데, 중도금은 계약을 해제하지 못하게 하는 압박 요소가 된다고 하더라고. 그러니까, 중도금을 지급한다는 건 내가 이만큼 계약을 열심히 이행하려고 한다는 의사 표현과 같은 것이고, 상대방도 그것을 수락한 거지. 그래서 중도금을 주고 나면 아무리 계약금을 배액배상한다고 해도 계약이 해제되기 어렵다는 거야.

그럼 계약이 깨지는 걸 막기 위해서 중도금을 준다는 거야? 배액배상을 무릅쓰고 계약을 깨는 사람들이 그렇게 많은가?

아마 부동산 가격이 급격하게 상승하는 시기에는 그런가 봐. 심한 경우에는 자고 일어나면 하루에 호가가 천만 원씩 오르기도 한다잖아. 지난주에 계약금을 3,000만 원 받았는데 당장 이번 주에 가격이 5,000만 원 올랐다고 생각해봐. 그럼 차라리 계약금 3,000만 원에 배액배상으로 3,000만 원을 추가로 돌려주고, 다른 사람에게 5,000만 원을 더 올려서 파는 게 이익일 거 아냐?

성실의 열렬한 설명에도 전화기 너머의 미래는 대답이 없다. 혹시 다시 잠이 들었나? 성실은 잠시 눈치를 살폈지만, 미래는 다행히도 다시 잠든 것은 아니었고 갑작스럽게 들은 이야기를 애써 머릿속으로 정리하는 중이었다.

무슨 말인지는 알겠어. 그런데 우리가 사기로 한 아파트가 갑자기 그렇게 몇 천만 원씩 급등할까? 괜히 걱정하는 거 아닐까?

맞아. 사실 나도 그럴 거라고 생각하지는 않아. 하지만 우리가 이 집의 잔금을 치를 때까지는 시간이 8개월이나 남았잖아. 그 사이에 혹시 집값이 급등할 수도 있다는 생각이 들더라고. 너도 함께 조사했으니까 알겠지만, 지금 이 아파트에는 전세매물이 거의 없잖아. 그만큼 수요자가 많은 곳이니까 언제 가격이 올라도 이상하지 않은 상황이지.

하긴. 그런 미래가치 때문에 이 단지를 고른 것이기도 했고.

그래서 혹시나 하는 마음에 중도금을 좀 넣자는 뜻이었어. 어차피 우리는 계약을 해제할 이유가 전혀 없으니까. 네 생각은 어때?

그래, 그럼 오빠 말대로 하자. 그럼 얼마를 언제까지 넣어야 하지?

고수들이 조언해준 글을 봤는데, 웬만하면 계약금을 지급한 날부터 일주일을 넘기지 않는 게 좋대. 다만 매도자 입장에서는 굳이 중도금을 받을 필요가 없는 상황이니까 잘 협의하라고 하더라고. 내일 계약하기 전에 중개사하고 상의해보자.

중도금까지 이야기하고 나니 이제 정말 계약서에 도장을 찍는 일만 남았다. 전화를 끊은 성실과 미래는 다시 설레는 마음을 안고 잠자리에 누웠다. 왠지 좋은 꿈을 꿀 것 같은 밤이다.

중도금을 협의 없이 입금한다면

상승장에 매물이 귀해지면 매수자는 계약이 해제되는 것을 막기 위해 중도금을 지급합니다. 그런데 간혹 이 때문에 얼굴 붉힐 일이 발생하기도 합니다. 계약을 하고 난 후 갑자기 매매가격이 급격하게 상승하는 경우가 종종 있는데, 이럴 때 매도자는 '좀 더 기다렸다가 높은 가격에 팔 걸'이라는 후회를 하지요. 반면에 매수자는 초조함을 느낍니다. 혹시라도 매도자가 계약을 해제하겠다고 하면 좋은 기회를 놓치는 셈이 되니까요. 그런 매수자들이 인터넷에 이런 글을 올립니다.

"아직 잔금 지급 전인데 5,000만 원이 올랐어요. 계약금은 3,000만 원밖에 안 넣었는데, 계약이 파기되면 어떡하죠?"

그러면 십중팔구 이러한 댓글이 달리곤 합니다.

"단돈 100만 원이라도 중도금이라며 입금해버리세요. 일단 중도금이 들어가면 계약 파기하기 어려울 거예요."

그 글의 출처가 어디냐고 물으면 그냥 '인터넷에서 본 것'이라고 답합니다. 하지만 출처가 불분명한 그런 글을 믿고 무조건 밀어붙이는 일은 권하고 싶지 않습니다. 그럴 거라면 세상에 계약서는 왜 쓰고, 날짜는 왜 지정할까요? 쌍방 합의 없이 일방적으로 중도금을 지급하는 일은 서로의 신뢰를 무너뜨리고 오히려 매도자의 화를 키울 수 있습니다.

일방적인 중도금이 법적 효력이 있느냐 없느냐를 따지기 전에, 모든 계약은 합의 하에 작성된 내용을 따르는 게 기본입니다. 만약 조정이 필요하다면 먼저 상대방의 동의를 구하는 것이 원칙이자 예의입니다.

드디어 계약서에 날인하다

태어나서 처음으로 내 집을 사기 위해 계약을 하는 날. 성실과 미래는 아침부터 도장, 신분증 등 중개사가 챙겨오라는 서류를 다시 한 번 꼼꼼히 살폈고 계약금을 모바일로 바로 송금하기 위한 OTP도 빼먹지 않고 챙겼다.

성실과 미래는 일부러 약속시간보다 조금 일찍 중개사무소를 방문했다. 어젯밤에 이야기 나눈 대로 중도금을 조금 넣었으면 하는데, 매도자가 오기 전에 미리 중개사에게 협조를 구하고 싶었던 것이다. 중개사는 흔쾌히 중도금 협의를 도와주겠다고 약속했다.

그리고 이번에는 조심스럽게 중개수수료 이야기도 꺼내 보았다. 해당 지역의 중개수수료 보수 요율이 매매가의 0.5%인 것은 알지만, 6억 원의 0.5%이면 300만 원이나 되다 보니 가난한 예비 신혼부부로서는 좀 버거운 것이 사실이라고 솔직하게 털어놓았다. 이것저것 발 벗고 나서주었던 중개사가 살짝 미간을 찌푸리는 것을 보니 성실과 미래도 왠지 마음이 좋지는 않았지만, 중개사는 쿨하게 중개수수료를 깎아주겠다고 했다. 성실과 미래는 거듭 감사하다고 인사를 드렸다.

이윽고 매도자인 중년 부부가 사무실로 들어왔고, 본격적인 매매 계약이 이루어졌다. 매도자와 마주 앉은 성실과 미래는 중개사가 출력해서 보여주는 등기부등본을 눈여겨보았다. 중개사는 오늘 날짜가 기재되어 있는 등기부등본의 주요 항목을 손가락으로 짚어주며 하나하나 확인해 주었다.

여기, 등기부등본의 명의자 성함은 이○○ 님이시고, 신분증은 여기 있으니 확인하시고…. 현재 이 집에는 담보대출로 인한 근저당이 ○○○○만 원 있어요. 이 부분은 잔금을 치르는 날 매도자분이 바로 현장에서 대출 상환 하신 후에 법무사에게 말소해달라고 요청할 건데, 여기 계약서 특약사항에 넣어놨어요. 그 외에 다른 권리 사항은 없고…. 매수자 분들, 확인하셨지요?

그 외에도 중개사는 중개대상물 설명서에 적힌 내용도 꼼꼼하게 확인 해 주었다. 가끔 중개사가 이런 내용들을 대충 처리하는 바람에 사고가 나는 경우도 있다고 들었는데, 성실과 미래는 속으로 이렇게 꼼꼼한 중개사를 만나서 참 다행이라고 생각했다. 한참을 설명한 후 중개사는 드디어 손가락으로 계약서의 서명란을 짚었다.

 자, 여기에 자필로 이름 쓰세요. 도장도 찍으시고요. 매수자 분은 일반 도장 찍으셔도 되지만, 매도자 분은 인감도장 찍으셔야 하는 거 아시죠? 서명 날인하셨으면 이제 이 계좌번호로 남은 계약금을 입금하시면 됩니다.

중개사가 시키는 대로 하다 보니 어느새 계약이 완료되었다. 어안이 벙벙하다. 중개사가 파일에 깔끔하게 정리해 준 계약 서류를 받고, 수수료는 잔금 날 지급하기로 이야기한 후 사무실을 나올 때까지 두 사람은 여전히 어안이 벙벙했다.

 오빠…. 우리가 집을 샀어….

그러게, 미래야…. 우리가 집을 샀네…?

두 사람은 마주 보며 배시시 웃었다. 우리집이라니! 아직 대출받을 것도 걱정이고, 그걸 갚을 것도 걱정이지만, 그래도 드디어 우리집을 마련했다는 생각에 두 사람은 너무나 기뻤다.

오빠, 있지, 나 집에 꼭 팬트리(pantry)를 만들고 싶어! 외국영화처럼 식료품 같은 거 정리해놓고, 편하게 요리해 먹고 그럴 거야!

난 티비를 큰 걸로 살래! 벽걸이로 하자. 우리집이니까 벽에 못 박아도 되잖아!

꺄아~! 생각만 해도 너무 행복해!

계약을 마치고 돌아가는 두 사람의 발걸음은 가볍기만 하다. 취향에 맞게 마음껏 꾸밀 수 있는 '우리집'을 생각하니 두 사람은 왠지 모든 일이 잘 풀릴 것만 같다.

공제증서를 너무 믿지 마세요

매수계약을 무사히 진행하고 나면 중개사는 여러 서류가 담겨있는 파일을 매수자에게 쥐어줄 것입니다. 이 파일에는 어떤 서류들이 담겨 있을까요? 주로 다음과 같은 서류가 들어있습니다.

① 매매계약서

② 중개대상물 확인설명서

③ 중개사고 발생 시 책임을 진다는 내용의 공제증서

④ 계약금 영수증

⑤ 실거래신고필증 및 자금조달계획서(보통 계약서 작성 후 신고 및 작성. 계약서 작성일 30일 전에

　작성 후 추후 지급)

⑥ 잔금 영수증(잔금을 지급한 후 추가)

⑦ 중개수수료 영수증(수수료를 지급한 후 추가)

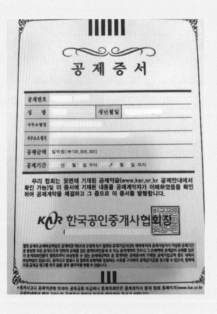

이중에서 '공제증서'란 중개사의 실수로 인해 사고가 발생할 경우 책임을 질 수 있도록 보험에 가입되어 있다는 것을 증명하는 증서입니다. 이 증서에 적힌 한도 금액은 대부분 1억 원인데 이 금액까지는 보험에서 책임을 진다는 뜻입니다.

다만 이때 주의할 점이 있습니다. 1년 한도가 1억 원이기 때문에 만약 그 해 1월 중개사고로 1억 원을 모두 사용했다면 한도가 모두 소진됩니다. 중개 건수마다 보장된다는 것이 아닌 1년 한도가 1억 원이라는 점을 기억해야 합니다.

6단계 : 레버리지의 활용

잔금을 치르고 이사할 날은 아직 8개월이나 남아 있지만 성실에게는 한 가지 고민이 생겼다. 뭐든지 열심히 하는 성실인지라 미리 대출을 알아보기 위해 발품을 파는 중인데, 예상은 했지만 대출을 받는 일이 생각보다 쉽지 않았던 것이다.

처음에는 대출 상품을 소개해주는 스마트폰 어플리케이션을 깔았다. 성실이나 미래 모두 직장생활을 하고 있으니, 은행을 직접 방문하고 알아보기가 쉽지 않았기 때문이다. 요즘 같은 시대에 내 정보만 입력해 놓으면 비대면으로 알아서 대출 상품을 추천해준다는 게 좋긴 했지만, 대출에 익숙하지 않은 성실에게는 여러 추천 상품의 구체적인 장단점을 확실하게 알수가 없어 답답하기도 했다.

본인의 상황에 맞는 대출을 정확히 알고 싶었던 성실은 중개사가 소개해 준 대출상담사에게 전화를 걸어보았다. 대출 상담은 은행에서만 받을 수 있는 줄 알았는데, 여러 은행의 대출 상품을 비교·분석해주는 대출상담사가 따로 있다는 사실이 신기했다.

 성실 씨는 지금 연봉이 ○○○○만 원으로 높지는 않으시지만, 직장도 안정적이시고 신용 상태도 좋으시네요. 현재 구매하시려는 아파트 주소 좀 알려주세요. 담보물의 가치가 어느 정도인지 알아야 정확한 대출 가능 금액이 나오거든요. 그리고 아내 되실 분의 정보도 함께 알려주세요. 두 분 다 가능한 대출 금액을 뽑아볼게요.

대출상담사를 활용하니까 확실히 시간과 발품을 줄일 수 있어 좋았다. 궁금한 것이 있으면 물어볼 수도 있었고, 자신의 상황을 상세하게 설명해 줄 수도 있었기 때문이다.

 감사합니다. 그런데 저… 대출 수수료는 얼마나 드리면 되는 건가요?

 수수료요? 아, 아니에요. 제 수수료는 엄성실 씨가 주시는 게 아니라 대출받는 은행에서 주는 거랍니다. 부담 안 가지셔도 돼요.

성실이 처음에 직접 은행을 방문하려고 했던 것은 대출상담사에게 줘야 할 수수료가 부담되어서였는데, 알고 보니 그 수수료는 은행이 지급한다니! 마음이 놓이는 것은 물론 이 참에 괜찮은 상담사를 한 명 알고 있으면 급할 때 도움을 받기 좋겠다는 생각도 들었다. 하지만 이번에는 다른 측면에서 멘붕이 왔다.

 금리는 변동으로 하실래요, 고정으로 하실래요? 상환 방식은 어떻게 하실 건가요? 거치기간은 얼마나 생각하세요? 그럴 경우 중도상환수수료는…

대출에도 여러 종류의 상품이 있다

지금까지 수많은 부동산 용어를 공부하느라 힘들었는데, 이번에는 금융 용어를 공부해야 하는 건가? 단순히 돈만 빌리고 이자만 갚으면 되는 줄 알았는데, 그 안에서도 다양한 선택지가 있다는 사실에 성실은 다시 한번 공부의 필요성을 절감했다. 오랜만에 참여한 부동산 스터디에서도 그런 고민이 드러났는지, 준걸이 먼저 말을 걸어왔다.

 성실 씨, 무슨 걱정 있으세요?

 아, 사실은 제가 처음으로 집을 샀다고 말씀드렸잖아요. 대출을 알아보는 중인데 생각보다 너무 어렵네요. 상담사가 하는 말을 하나도 알아들을 수가 없어서 좌절하는 중입니다.

 하하, 무슨 걱정이세요! 공부는 이제부터 하면 되죠. 뭐가 그렇게 어려우시던가요?

일단 대출의 종류가 너무 많아요. 대체 무슨 말인지 모르겠네요.

그러셨군요. 대출의 종류는 크게 두 가지라고 생각하시면 편해요. '담보대출'과 '신용대출'이죠. 뉴스에 맨날 등장하는 주택담보대출이라는 말 들어보셨지요? 말 그대로 주택을 담보로 삼아서 대출을 해준다는 뜻입니다.

그럼 담보는 꼭 주택만 있는 건 아니라는 뜻이군요?

맞아요. 주택뿐만 아니라 토지나 상가 등 대부분의 부동산은 담보가 될 수 있고요. 내가 다른 사람에게 돈을 받을 권리인 채권도 담보가 될 수 있지요. 어쨌든 경제적 가치가 있는 자산을 담보물로 제공해서 받는 대출은 모두 담보대출입니다.

담보대출이니까 담보물의 가치가 커질수록 받을 수 있는 대출 금액(한도)도 커지겠지요?

맞습니다. 게다가 담보대출은 이자율이 낮은 편이에요. 담보라는 확실한 보증이 있기 때문에 은행 입장에서도 돈을 돌려받지 못할 위험이 낮거든요. 여차하면 담보물을 경매로 넘길 수도 있으니까요.

그럼 신용대출은 뭔가요?

신용대출은 말 그대로 순수하게 신용을 바탕으로, 담보가 없이도 해주는 대출이죠. 그런데 은행이 생각하는 신용이란 게 무엇일 것 같으세요?

글쎄요… 연봉?

맞습니다. 정확히 말하면 상환 능력이에요. 직업이 좋거나, 근무 기간이 길었거나, 소득이 많거나 하면 아무래도 원리금을 제때에 상환할 가능성이 높을 테니 신용도도 높습니다. 그리고 과거에 다른 은행에서 원리금을 연체한 이력이 있는지, 금융기관과 거래한 내역이 있는지 등을 종합적으로 고려하죠.

그래서 신용도라는 게 중요하다고 하는 거군요. 무조건 소득만 높으면 되는 게 아닌가보네요.

소득이 높고 신용도가 높다면 대출도 많이 나올 거예요. 하지만 담보대출에 비해서는 금액이 상대적으로 적긴 합니다. 물론 이자율도 높죠. 담보물이 따로 없고 순수하게 개인의 신용을 믿어야 하니까, 그만큼 은행 입장에서는 리스크가 있거든요.

그럼 일단 이자가 낮은 담보대출 쪽으로 알아보는 게 맞겠네요. 한도도 많이 나올 테고요.

다만 담보대출은 절차가 다소 복잡한 편이라 최소 한 달 전부터 은행이나 상담사를 통해 구체적으로 알아보고 진행해야 합니다. 반면에 신용대출은 이자율이 높은 대신 신용평가만 통과된다면 비교적 간편하게 대출이 진행됩니다.

대출에도 이렇게 장단점이 뚜렷하게 갈리다니, 역시 투자의 세계는 놀랍네요. 이자 이야기가 나와서 말인데, 고정금리와 변동금리는 또 뭔가요?

말 그대로 금리, 그러니까 이자율이 고정되어 있느냐 주기적으로 변동하느냐의 차이예요.

이자가 변동하기도 하나요?

당연하죠. 우리가 흔히 말하는 대출금리는 기준금리라고 하는 것에 은행이나 상품별로 가산금리를 붙여서 정해지거든요. 그런데 이 기준금리라는 게 경제 상황에 따라서 조금씩 바뀔 수 있기 때문에 대출금리도 바뀌는 거예요.

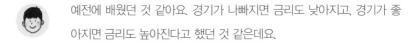

예전에 배웠던 것 같아요. 경기가 나빠지면 금리도 낮아지고, 경기가 좋아지면 금리도 높아진다고 했던 것 같은데요.

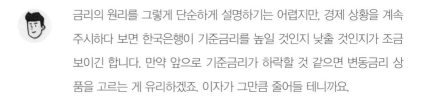

금리의 원리를 그렇게 단순하게 설명하기는 어렵지만, 경제 상황을 계속 주시하다 보면 한국은행이 기준금리를 높일 것인지 낮출 것인지가 조금 보이긴 합니다. 만약 앞으로 기준금리가 하락할 것 같으면 변동금리 상품을 고르는 게 유리하겠죠. 이자가 그만큼 줄어들 테니까요.

반대로 기준금리가 높아질 것 같으면 고정금리 상품을 고르는 게 유리하겠군요?

알쏭달쏭 대출 관련 용어 익히기

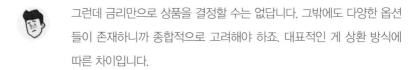

그런데 금리만으로 상품을 결정할 수는 없답니다. 그밖에도 다양한 옵션들이 존재하니까 종합적으로 고려해야 하죠. 대표적인 게 상환 방식에 따른 차이입니다.

대출마다 상환 방식이 다르다는 건가요? 그냥 이자 내고 원금 내면 되는 게 아닌가요?

하하, 아니에요. 매달 원금과 이자를 갚는 건 맞는데, 어떤 식으로 갚느냐에 따라 전략이 달라질 수 있거든요. 크게 세 가지로 나눠지는데 만기일시상환, 원금균등분할상환, 원리금균등분할상환 등입니다.

어휴… 이름만 들어도 어렵네요.

그런가요? 오히려 이름을 찬찬히 뜯어보면 어떤 뜻인지 금방 알 수 있을 거예요. '만기일시상환' 방식은 만기에 일시적으로 상환하는 방식, 다시 말해서 만기가 되는 날 원금을 한꺼번에 갚는 방식입니다. 물론 그 사이에 이자는 계속 내야겠지만, 이자만 내니까 금액 부담은 적은 편이겠죠.

아하, 정말로 이름을 뜯어보니까 뜻을 알 수 있네요. 그럼 '원금균등분할상환' 방식은 원금을 균등하게 분할한다는 뜻인가요?

맞습니다. 원금을 대출 기간으로 균등하게 나눠서 적금 갚듯이 내는 거죠. 하지만 착각하시면 안 될 게, 그렇다고 해서 매달 내는 돈이 똑같지는 않습니다. 왜냐하면 원금만 균등하게 분할하고, 거기에 더해지는 이자는 매번 다르거든요.

아, 매달 같은 금액이 나가는 것은 아니군요. 그러면 '원리금균등분할상환' 방식은 뭔가요? 이자도 균등하게 분할하나요?

이게 좀 헷갈리실 수 있는데, 원리금 전체를 균등하게 분할하는 방식입니다. 이때의 원리금이란 전체 금액을 뜻해요. 즉 전체 원금에 전체 이자를 합한 전체 원리금이지요. 그걸 균등 분할하는 것이고요. 이해가 되시나요?

음… 솔직히 잘 모르겠습니다.

그림으로 보시면 좀 더 이해가 쉬우실 텐데… (스마트폰으로 그림을 보여주며) 이런 식입니다. 매달 같은 금액이 지출되도록 설계해 놓은 것이죠. 원금균등상환에 비해 이자 금액이 좀 더 나가는 구조이긴 하지만, 매월 똑같은 금액을 지출하기 때문에 관리가 훨씬 편하거든요.

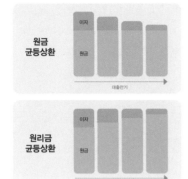

**원금
균등상환**

원금을 똑같이 나누어 갚는 방식
- 이자를 가장 적게 낼 수 있는 방식
- 초기에 금액적 부담이 큰 편

**원리금
균등상환**

원금과 이자 금액을 매월 같은 금액으로 갚는 방식
- 매월 지출 금액이 일정해서 관리가 쉬움
- 원금균등상환보다 전체 이자 금액이 좀 더 많음

**만기
일시상환**

이자만 내다가 만기일에 원금을 한 번에 상환
- 대출기간에는 이자만 내므로 부담이 적음
- 원금을 일시 상환할 때 부담이 있음

대출에도 이렇게 다양한 전략이 있는지 몰랐어요. 부동산 투자 하시는 분들은 주로 어떤 대출을 활용하시나요?

몇 년 전까지만 해도 만기일시상환 방식을 가장 선호했지요. 대출 기간 내에 나가는 금액이 적어서 부담이 없고, 그 사이에 집을 매매하면 그 금액으로 원금을 한 번에 갚을 수 있었으니까요. 다만 현재는 부동산 규제가 강해지면서 주택담보대출은 만기일시상환을 할 수 없도록 되어 있답니다.

앗, 무척 아쉽네요. 그러면 지금은 대출을 받으면 곧바로 다음달부터 원리금을 갚아나가는 형식인가요?

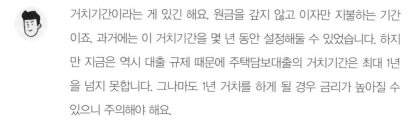

거치기간이라는 게 있긴 해요. 원금을 갚지 않고 이자만 지불하는 기간이죠. 과거에는 이 거치기간을 몇 년 동안 설정해둘 수 있었습니다. 하지만 지금은 역시 대출 규제 때문에 주택담보대출의 거치기간은 최대 1년을 넘지 못합니다. 그나마도 1년 거치를 하게 될 경우 금리가 높아질 수 있으니 주의해야 해요.

와, 정말 대출의 세계는 너무나 복잡하고 어렵네요. 그래도 이렇게 설명해 주시니까 조금은 이해가 되는 것 같아요.

빙빙 돌아가는 머리를 애써 붙들고 있는 성실을 보며 준걸은 살짝 미안하다는 듯한 표정으로 말을 잇는다.

그랬다면 다행인데… 아직 안 끝났어요. 한 가지 더 알려드릴 게 남아있거든요.

네? 이번엔 또 뭔가요?

'중도상환수수료'라는 개념입니다. 이게 어떤 뜻일 것 같으세요?

음, 이번에도 이름을 가지고 추측해보자면… 중도에 상환하는 것에 따른 수수료…?

와, 대단하신데요? 맞습니다. 대출받은 사람이 중도에 원금을 상환해 버렸을 때 그에 따른 수수료를 내는 걸 말하죠.

답변은 제대로 한 것 같지만, 성실은 약간의 혼란을 느꼈다. 내가 돈을 갚겠다는데 수수료를 내야 한다니? 아직 갚을 때가 되지도 않았는데 먼저 원금을 상환하면 은행 입장에서는 좋은 것 아닌가? 이런 수수료는 왜 받는 거지? 그런 표정을 감지했는지 준걸이 웃으며 말을 이어갔다.

은행은 돈을 빌려주고 이자를 받아서 수익을 내지요. 은행은 그 고객이 만기 때까지 계속 이자를 낸다는 가정 하에 이자율을 계산했을 거예요. 그런데 고객이 너무 빨리 원금을 갚아버린다면 어떨까요?

아, 은행 입장에서는 수익원이 사라지는 셈이군요.

맞습니다. 그래서 대출 계약을 맺을 때 아예 처음부터 중도상환수수료라는 것을 정해두는 거죠. 이걸 우습게 보면 안 되는 것이, 은행에 따라서 중도상환수수료가 0.5%에서 1.5%까지 달라지기 때문이에요. 몇 백만 원이 왔다갔다 하는 거죠.

그렇다면 내가 상환을 몇 년 후에 할 것인지, 그러니까 해당 주택을 몇 년 후에 팔 것인지도 미리 생각해봐야겠네요.

바로 그거죠! 제대로 이해하셨네요. 그리고 가장 중요한 것! 능력에 비해 과도한 대출을 받게 되면 그만큼 리스크가 높아진다는 것은 알고 계시죠? 한 번 원리금을 상환하지 못하는 것만으로도 신용도에 상당한 타격을 받거든요.

당연하죠! 대출은 무리하지 말고 능력 대비 적당한 수준까지만! 반드시 명심하겠습니다.

준걸의 설명을 들으니, 아직도 어렵긴 하지만 어느 정도 가닥은 잡히는 느낌이다. 다음 날, 약간의 자신감이 생긴 성실은 다시 대출상담사에게 전화를 걸었다. 일단 대출 한도금액이 최대한 많이 잘 나오는 상품 중에서 대출금리를 비교해서 알려달라고 했다. 특히 상환방식이 '원금균등분할'일 때와 '원리금균등분할'일 때의 대출금리를 비교해 달라고 부탁했다. 그것을 가지고 매월 갚아야 할 원리금이 얼마인지 비교해본 후 결정하겠다고 말이다.

또한 중도상환수수료는 크게 중요하지는 않지만, 조건은 알려달라고 이야기했다. 어차피 실거주를 생각하며 오래 생활할 생각이었으므로 부담이 클 것 같지 않아서였다. 열심히 찾아보겠다는 상담사의 말에 기분 좋게 통화를 마무리했다.

그리고 다른 사람이 소개해 준 또 다른 상담사와도 비슷한 통화를 했다. 대출 상품은 은행에서 만드는 것이므로 같은 은행이라면 조건도 비슷할 테지만, 이 사람은 제2금융권을 주로 다룬다고 했기 때문이다. 성실은 금리가 높은 제2금융권보다는 제1금융권에서 대출을 받고 싶었지만 이왕이면 다양한 상품을 비교하고 싶은 마음에 부탁을 해두었다.

계약금과 중도금 너무 많이 지급하지 마세요

담보대출이 이미 실행되어 있는 주택을 매수할 경우, 계약금(중도금 포함)을 많이 주지 않는 것이 좋습니다. 이런 경우 계약금은 매매 대금에서 대출 금액을 제외한 금액보다 적게 주는 것이 일반적입니다.

즉 매매가가 6억 원인 주택에 담보대출로 인한 근저당이 4억 원 설정되어 있다면 계약금과 중도금을 합한 금액이 2억 원을 넘지 않는 것이 좋다는 뜻입니다. 그 이유는 혹시 모를 거래 사고를 방지하기 위함인데 예를 들어 매도자의 요구로 계약금과 중도금을 3억 원 지급했다고 가정해봅시다. 매도자는 잔금일에 잔금 3억 원을 받아 4억 원의 근저당을 상환해야 하는데 매수자로부터 받은 계약금과 중도금의 합인 3억 원을 잔금일(대출 상환일) 전에 이미 다 소진했다면 거래 사고가 발생하는 겁니다. 이런 이유로 담보대출로 인한 근저당이 있는 경우 매매 대금에서 근저당을 제외한 금액의 70%(상한선) 수준에서 계약금과 중도금을 지급해야 합니다.

만약 매도자가 그보다 큰 금액을 요구한다면 잔금을 치르기 전에 대출의 일부라도 상환한다는 특약을 넣어야 합니다.

7단계 :
전략적 매수 타이밍과 갭 투자

상담사가 보내온 대출 상품 리스트를 보고 있자니 성실은 한숨이 나왔다. 각오는 하고 있었지만, 막상 앞으로 갚아나가야 할 원리금을 보니 막막했던 것이다. 맞벌이를 계속 할 생각이긴 하지만 한 달에 고정적으로 원리금 상환액을 부담하자면 허리띠를 열심히 졸라매야 할 것이 분명하다. 고민에 잠긴 성실의 방문을 누군가 두드렸다. 문을 열어보니 성실이 거주하는 원룸의 주인 할머니였다.

 집주인　총각, 관리실에 계약 연장할 수 있냐고 물어봤다며? 아직 만기가 5개월 이나 남았는데 벌써 연장하려고?

　네, 어르신, 사실은 제가 8개월 후에 장가를 가거든요. 그런데 신혼집에 입주하기까지 3개월 동안 살 곳이 애매해져서요. 괜찮으시면 3개월만 계약 연장을 할 수 있을지 여쭤본 거예요.

집주인: 아이고, 잘됐네 그려! 근데 어떡하나, 나는 총각이랑 계약이 끝나고 다른 사람 들어올 때는 전세금을 올리려고 했지.

아, 그러세요? 얼마나 올리시려고 했는데요?

집주인: 부동산에 물어보니까 한 7,000만 원까지는 세입자를 구해줄 수 있다고 하던데.

네에? 7,000만 원이요? 제가 지금 5,000만 원에 사는데 너무 많이 올리시는 거 아닌가요?

집주인: 아이고, 벌써 몇 년째 5,000만 원이었는데 많긴 뭐가 많아? 주변에 둘러봐, 우리처럼 싼 집이 있는지…. 아니면 어차피 3개월만 더 살 거면 그동안 반전세로 5,000만 원에 20만 원씩만 주고 살던지.

"요즘은 임대차 3법 때문에 한꺼번에 그렇게 많이 올리시면 안 된다"라고 대꾸하고 싶었지만, 성실은 일단 생각해 보겠다고 하고 방으로 돌아왔다. 가뜩이나 대출 때문에 한숨이 나오던 차에 고민이 더욱 깊어졌다.

이 원룸 한 칸을 팔면 1억 원도 될까 말까일 텐데 그중에 7,000만 원을 내 전세금으로 메우시겠다니…. 어차피 대출도 없으시면서, 결국 단돈 3,000만 원에 이 집을 갖고 있으시네.

그런데 여기까지 생각이 미치자 성실은 문득 다른 생각이 떠올랐다. 이

른바 '갭 투자'. 지난 몇 년 동안 부동
산 투자자들이 애용했다는 갭 투자
전략이 떠오른 것이다. '갭(gap)'이란
매매가격과 전세가격의 차이를 말하
는 것으로, 그러한 갭만큼의 투자금
으로 집을 매수하는 방식이다. 예를
들어 매매가 6억 원인 아파트가 있
는데 여기에 4억 원의 전세를 놓는다
면 매수자는 2억 원의 금액만 있으면
이 집을 매수할 수 있게 된다.

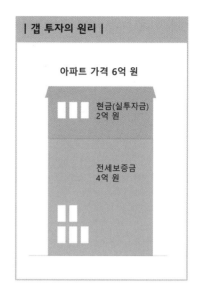

갭 투자는 소유자가 직접 거주를 하는 것이 아니라 임대만 놓고 있다가
차후에 집값이 상승하면 매도함으로써 시세 차익을 얻는 투자법이다. 초보
자나 소액 투자자들이 가장 쉽게 접근할 수 있는 투자법이기 때문에 널리
이용되는 것이다.

 뉴스에서 자주 나오던 갭 투자가 바로 이런 거였구나. 어려운 투자 방법
인 줄 알았는데, 이렇게 집 사고 전세를 놓으면 그게 갭 투자였네. 원룸
주인 할머니도 결국 갭 투자를 한 거였어.

투자에 관심이 없었을 때는 몰랐던 개념들이 직접 공부해 보니 알 것 같
았다. 임차인으로만 살 때는 보이지 않던 것들이, 이제 집을 사고 나도 임

대인이 될 수도 있다는 생각이 들면서 시야가 넓어지는 것이다. 물론 요즘은 정부가 갭 투자를 투기성 짙은 매수 형태로 규정하고 여러 규제를 내놓고 있긴 하지만, 그래도 방법이 없을 것 같지는 않았다.

생각해보면 투자자뿐만 아니라 실거주를 원하는 사람들도 갭 투자를 이용할 이유는 충분했다. 살고 싶은 아파트가 있는데 앞으로 가격이 오를 것 같다면 하루라도 빨리 잡아두는 게 이익이다. 하지만 당장은 돈이 많지 않기 때문에 전세 갭 투자를 이용해서 매수부터 해 두고, 나중에 자금이 생기면 세입자를 내보낸 후 실거주를 하는 것이다.

대출 vs 갭 투자, 어떤 레버리지가 나에게 적당할까

여기까지 생각이 미치자, 성실도 차라리 계약한 집을 이용해서 갭 투자를 해보면 어떨까 싶었다. 최근 임대차 3법이 시행되면서 해당 단지에는 전세매물이 사라졌고, 그만큼 전세가도 많이 올라서 어느새 매매가 6억 원짜리 아파트의 전세가 5억 원에 육박하고 있었다. 그렇게 전세를 놓는다면 나머지 1억 원의 금액은 지금까지 지불했던 계약금 및 중도금에 각종 에·적금과 신용대출을 활용해서 어떻게든 메울 수 있을 것 같았다.

물론 그것도 대출은 대출이므로 원리금이 나가는 건 마찬가지일 것이다. 하지만 계산해보니 대출 금액 자체가 적기 때문에 실제 지출되는 현금은 많이 줄어들었다. 이런 아이디어를 생각해 내다니, 성실은 기쁜 마음에

곧장 미래에게 전화를 걸었다. 하지만 성실의 이야기를 들은 미래의 반응은 냉담했다.

 뭐? 우리 집에 전세를 놓겠다고? 그럼 우리는 어디서 살아?

 아… 정말 미안하지만… 당분간은 지금 내가 살고 있는 원룸에서 살면 어떨까? 빌라라서 관리비도 싸니까 생활비 부담이 별로 늘지 않을 거야. 이미 옵션 가구도 있으니까 혼수 부담도 줄어들고….

 뭐어? 오빠 지금 진심이야? 나랑 장난해?

펄쩍 뛰는 미래 앞에서 성실은 입술을 꼭 깨물었다. 사실 무리한 부탁이라는 걸 본인도 알고는 있다. 하지만 더 빠르게 안정된 미래를 만들기 위해서는 어쩔 수 없이 현재의 불편함을 감수해야 하지 않을까? 그런 자신의 마음을 이해하지 못하는 미래가 야속했지만, 전화기 너머로 느껴지는 씩씩대는 숨소리 앞에서는 도저히 그런 말을 꺼낼 용기가 나지 않았다. 한참 동안 어색한 침묵이 흐른 뒤에야 미래가 입을 열었다. 애써 화를 꾹 누르고 있는 목소리였다.

 그래, 오빠가 무슨 생각을 하고 있는지는 알겠어. 대출 원리금으로 허리가 휠 생각을 하니까 까마득한 거지?

 그것도 그렇지만, 조금만 불편을 감수하면 더 빠르게 자산이 불어날수….

알겠어. 한 번 알아보자.

응?

오빠가 무슨 생각하는지 이해했다고. 많이 고민한 끝에 내린 결론이겠지. 그러니까 한번 알아보자고.

정말? 미래야. 그럼 나 믿어주는 거야? 너무 고마워!

김칫국 마시지 마! 그런 거 아니거든?

　

미래는 여전히 화가 나 있었다. 다만 성실의 말이 완전히 일리가 없는 것은 아니므로, 전세를 놓는 것과 대출을 받아서 실거주를 하는 것의 장단점을 하나하나 따져보자는 것이었다. 그렇게 해서 납득이 된다면 그때 결정해도 늦지 않는다는 것이다. 여전히 목소리는 싸늘하게 화가 나 있었지만, 당황했을 텐데도 이렇게 받아들여 주는 미래가 성실은 무척 고마웠다. 빠른 시일 내에 결정을 내리자고 이야기하고 성실은 곧장 갭 투자에 대한 공부에 돌입했다.

성실은 다음 스터디 날만 손꼽아 기다렸다. 갭 투자와 실거주를 놓고 올바른 판단을 하기 위해 멘토들에게 도움을 요청해놓은 상태였다. 멘토들은 갭 투자의 과거 흐름을 잘 알려줄 것 같았다. 멘토들을 만난 성실은 얼마 전에 있었던 미래와의 다툼을 털어놓으며, 매매 계약을 해둔 집을 갭 투자로 전환하는 것에 대한 의견을 물었다. 한참을 고민하던 준걸이 신중히 대답했다.

지금 그 집으로 갭 투자를 할 거냐, 실거주를 할 거냐고 단순하게 물어보신다면 저희는 사실 답을 해드릴 수가 없어요. 투자용 물건과 실거주용 물건은 비슷해 보여도 기준이 전혀 다르거든요.

 똑같은 아파트이고, 입지 좋은 물건을 찾아야 하는 것도 마찬가지인데 두 가지가 다르다고요?

 좋은 위치에 좋은 집을 찾아야 한다는 건 투자든 실거주든 모두 마찬가지죠. 다만 실거주를 위해서는 각자의 개별적 상황이 반영되어야 하니까 딱 떨어지게 답변을 해드릴 수 없는 거예요.

월세 갭 투자도 가능하다

갭 투자는 전세뿐만 아니라 월세로도 가능합니다. 월세를 활용한 갭 투자는 시세 차익뿐만 아니라 현금 흐름도 만들 수 있다는 장점이 있습니다. 흔히 전세 세입자들은 보증금의 금액이 크기 때문에 융자가 있는 집, 즉 담보대출이 설정되어 있는 집에 입주하는 걸 꺼립니다. 자칫 잘못해서 보증금을 잃을까 염려하는 것이지요.

반면 월세 세입자들은 보증금이 훨씬 적고, 임대차보호법에 의해 보호받을 수 있는 여지도 크기 때문에 어느 정도 융자가 있는 것에 크게 신경을 쓰지 않습니다. 그래서 집주인은 담보대출을 받은 상태에서 추가로 월세 세입자를 들임으로써 매매가와 레버리지 사이의 갭을 최소화할 수 있는 것이죠. 이와 함께 매달 들어오는 월세로 현금 흐름을 얻을 수도 있습니다.

하지만 매도할 때는 월세 세입자가 있다는 것이 결코 이점이 되지 않습니다. 담보대출이 있는 집에 월세 세입자가 들어오는 것은 가능하지만, 이미 세입자가 살고 있는 집에 담보대출을 추가로 받기는 무척 까다롭기 때문입니다. 레버리지를 활용하는 데에 불편이 있기 때문에 매도할 때에는 전세가 있는 집보다 월세가 있는 집에 대한 선호도가 훨씬 낮습니다. 그만큼 매도가격을 낮춰야 하거나 시간이 오래 걸릴 수 있다는 점을 염두에 둬야 합니다.

하긴 그러네요. 맘에 드는 집을 숫자로 정의할 수는 없는 거니까요.

 저희가 도와드릴 수 있는 건 단지 갭 투자를 어떤 식으로 할 수 있을까라는 것뿐이에요. 그 내용을 바탕으로 '그렇다면 갭 투자를 해야겠다'라고 결정하시든, '그럼에도 실거주를 해야겠다'라고 결정하시든 그건 성실씨와 미래 씨의 몫이죠.

준걸의 진지한 대답에 성실은 신선한 충격을 받았다. 미래와 자신이 그렇게 의견 차이를 보일 수밖에 없었던 이유도 그것일지 모른다. '그렇다면 갭 투자를 해야겠다'고 생각했던 자신과 '그럼에도 실거주를 해야겠다'고 생각했던 미래의 관점 차이 때문이 아니었을까?

 그 말씀이 맞네요. 그렇다면 어떤 식으로 갭 투자를 할 수 있는지 알려주세요. 나머지는 제가 스스로 판단해 보겠습니다.

 좋습니다. 그럼 한 가지 물어보죠. 손품으로 좋은 입지를 골랐고, 발품으로 좋은 물건을 찾았어요. 그 다음에는 무엇이 필요할까요?

 글쎄요, 자금력?

 천만에요. 우리가 갭 투자를 하는 이유는 투자금이 직게 들기 때문이에요. 자금력이 크다면 애초부터 왜 갭 투자를 하겠어요? 제가 원한 대답은 바로 타이밍입니다.

 타이밍이라면, 언제 매수하고 매도하느냐에 따라 결과가 달라진다는 말씀인가요?

그렇습니다. 같은 아파트라도 그 갭이 항상 똑같이 유지되는 건 아니에요. 부동산 가격은 파도처럼 출렁이기 때문에 어떤 시기에는 전세가가 엄청나게 올랐는데 아직 매매가가 잠잠할 때가 있습니다. 그때는 갭이 작은 시기죠. 반면에 매매가는 오르는데 전세가는 안정될 때도 있어요. 그때는 갭이 벌어지게 되겠죠. 갭 투자는 이렇게 갭이 가장 적은 타이밍에 매물을 잡아서, 가격이 오른 시점에 매도해야 큰 수익을 얻을 수 있습니다. 어떤 시점에 갭이 작아지는지 몇 가지 사례를 보여드리죠.

입주 시점과 짝수년 차를 활용하라

준걸의 말이 끝나자 부토피아는 노트북을 펴서 이것저것 자료를 찾았다. 그의 폴더 안에는 뭔가 다양한 데이터가 들어있었다. 부토피아는 그중한 그래프를 열더니 성실에게 물었다.

성실 씨, 혹시 '입주장'이라는 말 들어보셨어요?

입주장이요? 고추장이나 된장 같은 건가요?

하하. 그럴 리가요. 입주장은 입주가 많은 장. 그러니까 신축 아파트에 입주 세대들이 동시에 입주를 진행하는 2~3개월 간의 시장을 말하는 거예요. 이때는 그 단지 안에서 전세매물이 쏟아집니다. 그 아파트의 주인들이 모두 실거주를 하는 게 아니거든요. 분양 아파트의 잔금을 내기 위해서 전세 세입자를 들이려는 투자자들도 많기 때문에 전세매물이 엄청나게 쏟아지죠.

아, 그럼 그때는 전세가가 싸겠네요? 매물이 많으니까요.

맞습니다. 전세가가 싸기 때문에 덩달아서 매매가도 약세를 보입니다. 전세가가 떨어지면 갭이 커지고, 그만큼 실투자금이 많아지니까 못 버티고 급매로 아파트를 파는 사람들이 늘어나거든요. 만약 단지 규모가 크다면 그 영향은 인근 지역 아파트 전체의 가격에도 영향을 미칠 정도죠.

역시 전세가가 중요한 포인트네요.

그런데 재미있는 게 뭐냐면, 그 패턴이 2년을 주기로 반복된다는 거예요. 왜 그런지 아시겠어요?

2년 후에 같은 단지에 또 전세가가 떨어지는 현상이 나타난다는 건가요? 왜 그런 거죠?

왜냐면 전세 계약이 보통 2년 단위로 이뤄지기 때문이죠. 과거에 한꺼번에 입주했던 전세 세입자들이 이번에도 비슷한 시기에 이사를 하면서 전세매물이 다시 쏟아져 나올 가능성이 높은 겁니다.

아, 그러면 그때를 이용하면 상대적으로 저렴하게 거주할 기회를 잡을 수 있겠네요?

맞습니다. 매매도 그렇지만, 전세를 구하는 사람들도 이런 타이밍을 잡는다면 좋겠죠. 빈면에 집주인이라면 이 시기를 피해서 세를 놓이야 좀 더 갭을 줄일 수 있을 거고요. 그리고 비슷한 요소가 또 하나 있는데 뭔지 아시겠어요?

글쎄요, 뭘까요?

바로 양도소득세 비과세 요건입니다. 부동산에서 가장 많은 비중을 차지하는 세금이 양도소득세이다보니 사람들은 이걸 비과세 받기 위해 많은 노력을 기울이거든요. 지역에 따라서 양도소득세를 비과세 받으려면 2년 보유 또는 거주라는 요건을 채워야 하는 곳들이 있습니다.

 그렇다면 역시나 2년 차나 4년 차에 매물이 많이 나오겠네요.

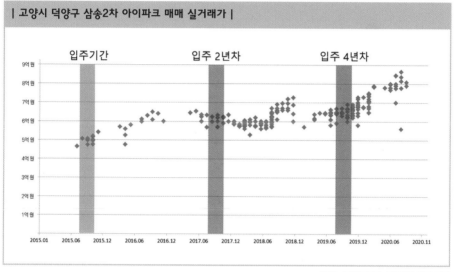

| 고양시 덕양구 삼송2차 아이파크 매매 실거래가 |

자료 : 국토교통부 실거래가 자료 가공

 그렇죠. 그래서 주로 입주한 때부터 짝수년 차에 매물이 많이 나오게 됩니다. 이 그래프를 한번 보세요. 고양시 덕양구 삼송2차아이파크의 매매 실거래가를 표시한 거예요. 색깔로 표시한 부분이 짝수년 차가 되는 달인데. 어떤가요? 이 시기를 전후로 상승세가 꺾이는 모습이 보이시죠? 그리고 그 시점을 지나고 매물이 서서히 소화되고 나면 가격이 다시 상승세를 보이게 되는 겁니다.

와, 이런 식으로 가격이 출렁거린다니 생각지 못했어요.

 만약 짝수년 차에 인근 다른 단지의 입주장이나 짝수년 차가 겹치면 그 효과는 훨씬 커집니다. 이 그래프를 보세요. 강동구 고덕래미안힐스테이트의 가격 그래프인데, 공교롭게도 이 아파트는 입주 2년 차 시점에 하필 멀지 않은 송파구의 헬리오시티 입주장과 겹쳤습니다. 헬리오시티는 무려 9,000세대가 넘는 대단지예요. 그로 인해 하락폭이 더 크게 나타났지요.

 정말 2년 차에 가격이 뚝 떨어진 것이 보이네요.

 이런 사례를 통해서 여러 방식의 접근이 가능합니다. 예를 들어 입주장이나 짝수년도를 맞이한 단지뿐만 아니라 그 인근의 구축 아파트에서도 기회를 엿볼 수 있겠죠. 또는 주변 지역의 신축 아파트도 그렇고요. 반대로 매도자나 임대인의 입장에서는 이 시기를 피하는 것이 좋을 테지요.

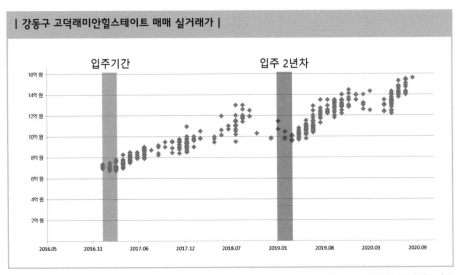

자료 : 국토교통부 실거래가 자료 가공

그렇다면 눈여겨본 아파트가 있다면 짝수년 차에는 특히 지켜봐야겠어요. 기회를 잡을 수 있을지도 모르니까요.

부토피아는 만족스러운 듯 미소를 지었다. 다만 최근에는 부동산 규제가 강화되면서 이러한 경향이 달라지고 있다는 점도 잊지 않고 이야기해주었다. 실거주에 대한 의무나 임대차보호법이 강화되면서 전세매물이 전체적으로 감소했고, 특히 규제 지역에서는 양도소득세가 중과되면서 매도 매물도 줄어들었다는 것이다. 그럼에도 관심 단지와 지역의 상황을 꾸준히 확인한다면 기회를 잡을 수 있을 것이라고 부토피아는 조언했다.

거래량이 적은 시기를 활용하라

부토피아는 다른 그래프를 열어서 보여주었다. 서울 아파트의 매매 거래량과 가격지수를 나타낸 그래프였다(뒷쪽 참조).

거래량 그래프라니, 약간 주식 차트 같은 느낌이에요.

그렇게 느끼실 수도 있겠네요. 여기서 질문! 거래량이 많으면 아파트 가격이 올라갈요, 아니면 떨어질까요?

흠…. 거래량이 많아진다는 건 사려는 사람이 많아진다는 거니까 가격은 올라가지 않을까요?

예리하신데요! 실제로 서울 아파트의 매매 거래량과 매매 가격지수의 흐름을 살펴보면 거래량이 많은 시기에 가격지수의 상승폭이 크게 나타난 것을 알 수 있습니다. 그렇다면 좋은 가격에 아파트를 사고 싶다면 어떻게 해야 하는지 아시겠죠?

 반대의 상황을 이용하면 되겠네요. 거래가 잘 되지 않는 시기에 과감하게 주택을 매수하는 거죠.

 맞습니다. 사람들이 집을 사려고 하지 않을 때 저렴하게 매물을 잡았다가 나중에 거래량이 늘면 오른 가격에 매도함으로써 시세 차익을 얻는 거죠. 단, 이때 주의할 점이 있어요. 거래량이 감소하는 현상이 과연 전체적인 상승장 중에 일시적으로 발생한 흐름일 뿐인지, 아니면 전체적인 정체기에 진입하려는 흐름인지를 잘 판단해야 한다는 거죠.

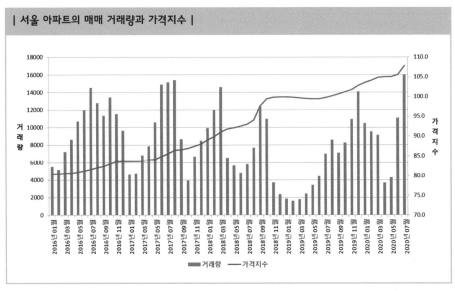

자료 : 한국감정원, KB부동산 가공

그걸 어떻게 파악할 수 있나요?

 단순히 거래량만 보시면 안 됩니다. 시장의 전반적인 흐름과 정부 정책, 통화량 등의 요소를 전반적으로 판단하는 것이 필요합니다. 그에 대한 이야기는 너무 방대하기 때문에 오늘 다 이야기해 드리기는 어렵네요. 앞으로 함께 스터디를 하면서 차근차근 배워보도록 하시죠.

상급지의 움직임을 체크하라

부토피아가 이번에 보여준 그래프는 잠실엘스아파트, 위례송파 꿈에그 린아파트, 성남 단대푸르지오아파트의 가격 흐름이었다. 세 개의 그래프는 분명 가격 차이가 있음에도 불구하고 모양은 묘하게 닮은 모습이었다.

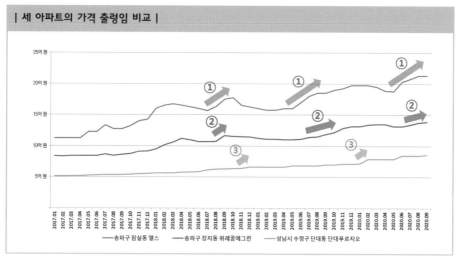

자료 : KB부동산

잠실, 위례, 성남은 거리가 좀 있긴 하지만 비슷한 생활권에 묶여 있습니다. 잠실에서 조금 내려가면 위례, 위례에서 조금 내려가면 성남이죠. 그런데 이 세 개의 지역 중에서 가장 상급지는 어디일까요?

당연히 잠실이겠죠?

맞아요. 순서를 매겨보자면 '잠실 〉 위례 〉 성남' 순으로 가격이 매겨질 거예요. 실제로 이 그래프를 보시면 세 아파트가 비슷한 움직임을 보이고 있지요. 비슷한 시기에 오르고, 비슷한 시기에 정체를 보이죠.

정말 그렇네요. 상승이나 하락 폭은 조금 다르지만요.

자세히 보시면 상승이나 하락폭 외에도 시기 역시 조금 다릅니다. 잠실이 약간 먼저 움직이고 그 다음이 위례, 그리고 그 다음에는 성남이 움직이지요.

앗, 듣고 보니 그러네요! 상급지가 오르면 그 다음 급지가 따라서 오른다는 말씀이신가요?

부동산 시장에는 흐름이 있습니다. 입지 좋은 곳의 가격이 움직이면 그 흐름이 주변지로 퍼져 나갑니다. 입지 좋은 곳의 가격이 먼저 움직이는 것을 현장에서는 '갭 벌리기'라고 하고, 주변지가 따라 오르는 것을 현장에서는 '갭 메우기'라고 하죠.

이런 움직임을 꾸준히 확인하다 보면 내가 관심 갖는 지역이 곧 오를 거라는 걸 알 수 있지 않을까요? 그보다 상급지가 오르면 해당 지역도 따라 오를 테니까요.

그것이 바로 선점하기에 좋은 타이밍을 잡는 하나의 요령이죠.

미래의 공급 물량을 확인하라

　갭이 줄어드는 타이밍과 매도하는 타이밍을 이런 식으로 알 수 있다니, 성실은 점점 재미를 느끼고 있었다. 부토피아는 이번에는 '부동산지인'이라는 사이트를 열더니 '수요/입주' 메뉴에서 울산광역시 자료를 띄워서 보여주었다.

 이건 최근에 한참 관심이 뜨거웠던 울산광역시의 상황을 나타낸 자료입니다. 연도별 입주 물량을 보여주는 자료죠. 울산이 왜 최근에 그렇게 투자자들의 관심을 받았는지 이 그래프를 보면 아시겠어요?

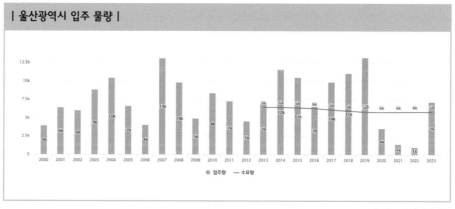

| 울산광역시 입주 물량 |

출처 : 부동산지인 가공

 글쎄요, 최근에 입주 물량이 과거보다 적다는 것 정도…? 그런데 이것이 큰 영향을 미치나요?

아파트 시장에서 입주 물량이란 곧 공급을 의미하는 거예요. 우리는 수요-공급의 원리를 익히 알고 있습니다. 공급이 적을수록 가격이 오를 확률이 높다는 것, 잘 알고 계시죠?

그거야 경제학을 안 배운 사람들도 알고 있는 필수교양인데…. 아, 그렇다면 울산의 경우는 최근 입주 물량이 적기 때문에 공급량도 적을 것이고, 그래서 가격이 상승할 거라고 예상되었던 거군요!

맞습니다. 그런데 이때 중요한 것은 지금 시점의 입주 물량이 아니라 내가 보유할 기간과 매도할 시점의 물량을 봐야 한다는 거예요. 보유 기간 동안 입주 물량이 계속해서 적었다면 집값이 하락할 것이라는 불안감이 줄어들겠죠. 그리고 무엇보다도 매도를 하려고 하는 시점에 물량이 적어야 좋은 가격에 매도할 수 있습니다.

아하, 지금 물량이 적다고 해도 앞으로 예정된 물량이 많다면 아무 소용 없겠네요.

물론 집값을 결정하는 요인은 무척 다양해요. 그래서 어느 한 가지만으로 판단하기는 매우 어렵지요. 예를 들어 서울·수도권의 경우에는 워낙 수요가 강한 지역이다 보니 물량이 폭발적으로 많아지지 않고서는 그 수요를 모두 충족시킬 수가 없죠. 그래서 물량이 많은 시기에도 상승 요인이 있다면 그 물량을 전부 소화시키면서 가격이 올라가기도 합니다. 반면에 울산 같은 지방 도시들은 상대적으로 공급 물량에 따라 가격이 출렁거리는 경향이 더 크지요.

그렇다면 제가 관심 갖는 지역이 어디냐에 따라 활용법이 달라지겠군요.

임차인이 살고 있는 매물을 노려라

이번에는 비타씨가 노트북으로 네이버 부동산의 매물 리스트를 열었다. 비타씨는 고덕동에 위치한 같은 단지, 같은 동의 매물 목록을 몇 개 살피더니 그 중에 두 개의 매물을 성실에게 보여주었다.

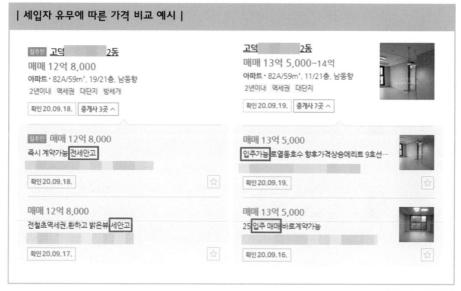

출처 : 네이버 부동산

 자, 왼쪽의 매물과 오른쪽의 매물은 같은 동이지만, 층과 뷰는 왼쪽이 더 좋아요. 그런데 가격은 왼쪽 매물보다 오른쪽이 더 높지요. 그 이유가 뭔지 아시겠어요?

 흐음… 자세히 보니까 왼쪽 매물은 '전세 안고'라는 문구가 있고 오른쪽 매물은 '입주가능'이라는 문구가 있네요. 이것 때문일까요?

잘 보셨네요. 일반적으로 임차인의 계약기간이 많이 남아있는 매물보다는 즉시 입주가능한 매물의 가격이 더 높습니다. 실거주를 원하는 실수요자는 당장 이사를 들어갈 수 있는 집을 찾는 경우가 더 많거든요.

하지만 투자자 입장에서는 전세가 들어있으면 더 편하지 않나요?

투자자의 입장에서도 입주 가능한 매물은 새로 전세를 놓을 수 있어서 더 선호할 수 있습니다. 과거보다 지금의 전세가 더 높을 수 있으니까요. 게다가 최근에는 임대차 3법이 시행되면서 임차인들의 권리가 강화된 것 알고 계시죠? 임차인은 한 차례 계약을 갱신할 수 있고, 4년까지 거주하겠다고 요구할 수 있습니다. 임대인 입장에서는 4년 동안 전세금을 충분히 올리지도 못한 채 계속 임대해야 하는 부담이 생기죠.

그렇군요. 전세보증금이 높지 않으면 갭이 커서 팔기도 쉽지 않겠는데요.

그만큼 입주 가능 매물과 전세를 낀 매물의 가격차는 점점 벌어질 거라고 봅니다. 그런데 실수요자라면 이것을 기회로 활용할 수도 있을 거예요.

그게 무슨 말씀이시죠?

실수요자 입장에서는 오히려 임차인이 살고 있는 매물을 저렴하게 매수할 수 있으니까요. 임대차 3법에서도 집주인이 실거주를 할 경우에는 임차인이 갱신청구권을 행사할 수 없기 때문에 임대차계약이 만료되는 시점에 이사를 들어가는 것이 좋은 선택이 될 수 있는 겁니다.

아, 그런 방법이 있군요!

임대차 3법 때문에 많은 사람들이 발목을 잡혔다고는 하지만, 그 안에서 기회를 찾을 수도 있다고 봅니다. 임차인이 있는 매물을 매수한 후 계약이 만기될 때까지 가격이 상승할 수 있다는 것을 노리는 거죠. 미리 사둔 물건이 시간이 흘러 임대차계약 만기 시점이 되면, 실거주를 원하는 사람에게 높은 가격을 받을 수 있습니다. 또한 그 사이에 시세가 오른다면 담보대출 금액도 늘어날 테니 전세금 반환에 유리할 수도 있지요.

소유자 입장에서 불편한 상황이지만, 저렴한 가격에 나온다면 전략적으로 활용할 수도 있는 거군요.

고개를 끄덕이며 설명을 듣던 성실은 문득 궁금한 점이 생겼다. 성실이 매매 계약을 체결해놓은 집은 아직 잔금을 치르지 않았기 때문에 엄밀히 말하면 성실 명의의 집이 아니다. 그런데 여기에 전세 세입자를 들인다면 그 계약은 누구와 해야 하는 걸까? 성실의 질문에 비타씨가 답했다.

전세 갭 투자는 매매 계약과 전세 계약이 동시에 진행되는 경우가 많아요. 하지만 임차인이 매도자와 매수자 중 누구와 계약하느냐에 따라 진행 상황이 조금씩 달라지긴 합니다.
원칙적으로는 이전 소유자, 즉 매도자와 임차인이 전세 계약을 하고 그것이 그대로 매수자에게 승계된다는 특약을 명시하는 방식으로 진행하게 되죠. 이때는 매수자가 기존 임차인의 전세 계약을 승계하는 것이므로 매도자에게 주어야 할 잔금에서 전세보증금을 제외한 나머지 금액만 지불하면 잔금을 치른 것으로 봅니다. 그리고 기존 임차인과 재계약을 진행한다면 중개사무소를 통해 새로운 전세 계약서를 작성하면 됩니다.

저희는 아직 전세 세입자가 없는데 어떻게 하면 되죠?

 그럴 때는 매매 계약과 새로운 전세 계약이 같은 날 진행된다고 생각해야겠지요. 먼저 임차인과 매도자가 전세 계약을 하고, 그것이 곧바로 매수자에게 승계되는 형식으로 계약을 합니다.

혹은 협의만 된다면 새로운 소유자, 즉 매수자와 임차인이 직접 전세 계

 꿀팁

임대차 3법이란 무엇일까

■ 계약갱신청구권

임차인은 임대차계약이 만료되기 전 6개월부터 2개월까지(2020년 12월 10일 이전은 임대차계약 만료 전 6개월부터 1개월까지) 계약 갱신을 한 차례 청구할 수 있습니다. 임차인이 안정적인 거주환경을 충분한 기간 동안 유지하도록 하기 위한 제도입니다. 임대인은 원칙적으로 갱신 요구를 거절할 수 없지만, 아래에 해당하는 경우에는 갱신 요구를 거절할 수 있으며, 이 외의 사유로 계약 갱신을 거절하는 경우 임차인은 임대인에게 손해배상을 청구할 수 있습니다.

① 임차인이 2기의 차임액에 해당하는 금액에 이르도록 차임을 연체한 사실이 있는 경우
② 임차인이 거짓이나 그 밖의 부정한 방법으로 임차한 경우
③ 서로 합의하여 임대인이 임차인에게 상당한 보상을 제공한 경우
④ 임차인이 임내인의 동의 없이 목적 주택의 전부 또는 일부를 선대(轉貸)한 경우
⑤ 임차인이 임차한 주택의 전부 또는 일부를 고의나 중대한 과실로 파손한 경우
⑥ 임차한 주택의 전부 또는 일부가 멸실되어 임대차의 목적을 달성하지 못할 경우
⑦ 임대인이 다음 각 목의 어느 하나에 해당하는 사유로 목적 주택의 전부 또는 대부분을 철거하거나 재건축하기 위하여 목적 주택의 점유를 회복할 필요가 있는 경우

약을 진행할 수도 있습니다. 이때는 임차인으로부터 받은 전세보증금에 매수자의 현금을 보태서 매매자금을 지급함으로써 매매 계약이 성립되는 것이죠. 과거에는 이런 방식을 낯설어 하는 중개사도 꽤 있었지만, 요즘은 갭 투자라는 것이 워낙 널리 알려지다 보니 대부분의 중개사들이 알아서 처리를 해주니까 너무 걱정은 마세요.

가. 임대차계약 체결 당시 공사 시기 및 소요 기간 등을 포함한 철거 또는 재건축 계획을 임차인에게 구체적으로 고지하고 그 계획에 따르는 경우

나. 건물이 노후 · 훼손 또는 일부 멸실되는 등 안전사고의 우려가 있는 경우

다. 다른 법령에 따라 철거 또는 재건축이 이루어지는 경우

⑧ 임대인(임대인의 직계존속 · 직계비속을 포함한다)이 목적 주택에 실제 거주하려는 경우

⑨ 그 밖에 임차인이 임차인으로서의 의무를 현저히 위반하거나 임대차를 계속하기 어려운 중대한 사유가 있는 경우

■ 전월세상한제

임대차계약을 연장할 경우 전월세 금액의 상승폭을 5% 이내로 제한하는 제도입니다. 또한 임대차계약이 이뤄진지 1년 이내에는 전월세 금액을 인상할 수 없습니다. 보증금과 차임이 급등함으로써 느끼는 임차인의 부담을 덜어주고, 이로 인한 임차인의 피해를 막겠다는 취지로 시행되었습니다.

■ 전월세신고제

주택임대차 계약을 맺고 30일 이내에 계약 내용을 해당 관청에 의무적으로 신고해야 하는 제도입니다. 신고 의무사항을 두고 전입신고와 확정일자 등이 모두 갖춰지도록 하여 임차인을 보호하자는 취지입니다.

미래가치와 현재가치, 무엇을 중시할 것인가

배운 내용을 바탕으로, 성실은 다시 한 번 이 집의 갭 투자 가능성 여부를 계산해 보았다. 완벽한 타이밍에 아주 저렴한 가격으로 매수한 것은 아니지만, 나쁘지 않은 가격이라고 생각되었다. 이제 전세만 5억 원 이상으로 높게 맞춘다면 약 5,000만 원의 신용대출로 이 집의 잔금을 치를 수 있을 것 같았다. 실거주를 위해 주택담보대출과 신용대출까지 끌어모으는 것보다 확실히 한 달에 지출되는 현금 흐름이 적은 게 사실이다.

꼼꼼하게 계산한 결과를 들고 성실은 미래를 만나러 갔다. 미래는 아직도 화가 풀리지 않았는지 뾰루퉁한 표정이다. 성실은 미래에게 열심히 자신의 계산 결과를 설명했다.

 … 이렇게 해서 결과적으로, 우리가 실거주를 할 때보다 갭 투자를 했을 때 한 달 원리금이 100만 원씩 절약된다는 결론이 나왔어. 1년이면 1,200만 원이고 2년이면 2,400만 원이나 되는 돈이야. 이 정도면 2년 정도는 원룸에서 생활해도 괜찮지 않을까?

성실은 잠자코 미래의 표정을 살폈다. 미래는 미간을 찌푸린 채로 잠시 고민하더니, 이윽고 빈 종이를 꺼내서 펜으로 무언가를 슥슥 적어나가기 시작했다.

반대로 생각해 보자. 오빠네 원룸에서 지내기 위해서는 2,000만 원의 추가 보증금이 필요해. 어차피 이 돈은 신용대출이나 마이너스 통장으로 받아와야겠지. 그러면 오빠가 생각한 것보다 원리금 금액이 늘어나겠네. 그렇지?

 그렇지….

 그리고 오빠가 생각한 수준으로 높게 전세를 놓기 위해서는 우리 집 인테리어를 싹 올수리하지 않으면 안 돼. 지금 인테리어 수준으로는 5억 원까지 전세를 놓기 어려워. 그러면 아무리 적게 잡아도 수리 비용이 2,000만 원은 나가겠네. 그렇지?

 그렇지….

전 소유자가 세입자로 바뀔 때 중개수수료는?

간혹 집을 팔고 이사를 가려는 사람 중에는 아직 이사갈 집의 거주자가 나갈 준비가 덜 되었다는 이유로 원래 살던 집에 당분간 전세로 살게 되는 경우가 종종 있습니다. 원래 본인 소유였던 집에 당분간 전세 세입자로 사는 것입니다. 이런 경우를 '점유개정'이라고 합니다. 전 소유자가 이렇게 점유개정을 했을 때, 매수자는 중개수수료를 어떻게 주어야 하는지 몰라서 중개사와 다툼이 생기는 경우가 제법 많습니다.

원칙적으로 매매 계약과 전세 계약을 동시에 진행했을 경우에는 같은 중개사라도 매매와 전세 둘 다 수수료를 지급하는 것이 맞습니다. 그러나 점유개정의 경우에는 매매와 전세의 중개수수료 중 큰 금액 한 건만 지급합니다. 이러한 사실을 바탕으로 미리 중개사와 협의를 함으로써 적절한 중개수수료를 책정하는 것이 좋습니다.

그런데 문제는 이렇게 수리를 하기 위해서는 집이 비어 있어야 하는데, 지금 살고 있는 전 집주인이 이사를 나가려면 우리가 잔금을 먼저 치러 줘야 해. 근데 우리가 잔금을 치르려면 짧게나마 대출을 받아야겠지? 그러면 고작 한 달 정도 대출받기 위해서 내야 할 중도상환수수료가 얼마나 나올 것 같아?

 그, 글쎄….

 그리고 전세를 구하려면 전세에 대한 중개수수료도 몇 백만 원 나가겠지. 그렇지?

 응….

 그리고 무엇보다 큰 문제가 있어. 뭔 줄 알아?

 뭐, 뭔데?

 주거의 안정성이라는 가치 말야. 우리가 처음에 이 집을 사자고 결심한 이유, 기억하지? 우리가 여유자금이 충분하다면 모르지만, 지금 이 집에 전세를 놓으면 나중에 언제 또 이 집에 입수할 수 있을지 장담하기 어려워. 요즘처럼 임대차 3법이 강력한 시점에 갑자기 임차인에게 나가 달라고 요청하는 게 과연 쉬울까? 만약 중간에 아이가 생기면 어떻게 해? 우리 집이 멀쩡하게 있는데도 좁은 원룸에서 아이를 키워야 한다니, 나는 솔직히 자신이 없어.

 ….

 나도 오빠가 왜 그런 말을 했는지는 알 것 같아. 부동산을 공부해 보니까 빠르게 자산을 키우고 싶은 욕심이 더 커졌겠지? 그리고 그게 우리 가족을 위한 결정이라는 것도 알 것 같긴 해. 그치만 오빠, 나는 미래의 행복도 중요하지만 현재의 안정성도 중요해. 아마 오빠 말대로 하면 지출이 더 줄어들긴 할 거야. 하지만 그 못지않게 돈으로 측정되지 않는 가치도 한 번 생각해보는 게 좋지 않을까?

조목조목 똑 부러지게 이야기하는 미래를 보며 성실은 대꾸할 말을 찾지 못했다. 원래 얘가 이렇게 숫자 계산에 밝고 현실감각이 좋은 아이였나? 늘 순진해 보이는 미래가 오늘따라 무척 똑똑해 보였다. 어쩌면 재테크에 대해 과도한 집착을 가진 자신보다 미래가 더 균형적인 판단을 하고 있는 건 아닐까? 왠지 오늘따라 미래가 더 멋있게 보였다. 성실은 미소를 지으며 미래의 손을 잡았다.

듣고 보니 네 말이 맞는 것 같아, 미래야. 내가 너무 급하게 자산을 불리고 싶어서 욕심을 부렸나 봐. 할 수 있는 선에서 최대한 좋은 집을 사고, 차근차근 한 단계씩 집을 키워나가면 된다던 멘토들의 이야기를 그새 까먹어버렸네. 네 말대로 일단은 실거주를 먼저 하자. 투자용 주택은 더 열심히 돈을 모아서 조금씩 해보지 뭐.

미래도 그제야 굳은 표정을 풀고 웃음을 보인다. 성실의 손을 꼭 맞잡으면서 미래가 말했다.

고마워, 오빠. 역시 우리 오빠는 그렇게 이해심 넓은 남자일 줄 알았어.

그리고 우리 이렇게 실거주 주택을 마련하는 것도 훌륭한 투자가 아닐까? 우리가 그 안에서 알콩달콩 사는 동안 집값은 무럭무럭 자라날 테니까.

그리고 오빠는 이번 기회에 갭 투자에 대해 많이 배웠잖아. 계속 공부해 나가다 보면 실거주 말고도 더 좋은 기회를 잔뜩 잡게 될 거야. 그때까지 나도 열심히 지원할게.

맞아. 너무 조급해하지 말고 우리 함께 노력하면서 예쁜 가정을 만들어 가자. 좋지?

응, 너무 좋아!

8단계 :
잔금과 소유권이전등기

드디어 잔금날이 다가왔다! 한 달 전부터 미리 대출상담사와의 조율을 통해 주택담보대출과 그 밖의 신용대출을 모두 잔금날에 맞춰 실행하기로 조정해 놓은 상태다. 2주 전에는 은행에 찾아가서 수많은 대출 관련 서류에 사인도 했는데, 그걸 '자서'라 부른다고 했다. 서류에 사인을 마치자 '내가 정말 집을 사는구나'라는 사실이 조금은 현실적으로 다가왔다.

그렇게 다가온 잔금날. 성실은 설레고 긴장되어 잠을 한숨도 못 잤다. 다음날 뻑뻑한 눈을 비비며 긴장된 마음으로 찐하게 믹스커피를 한 잔 타 마시는데 스마트폰으로 띠리링~ 문자가 도착했다. 요청하신 대출이 실행되어 계좌로 입금이 완료되었다는 것이다. 이제 이 돈으로 잔금을 치르기만 하면 되는구나!

신기하다는 생각을 하며 미래를 데리러 동네로 향했다. 미래 역시 눈이 퀭한 걸 보니 성실처럼 지난 밤에 제대로 잠을 못 잔 것 같다. 부동산으로 향하는 두 사람은 누가 먼저랄 것도 없이 긴장감을 쏟아냈다.

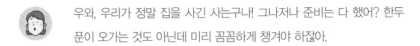

우와, 우리가 정말 집을 사긴 사는구나! 그나저나 준비는 다 했어? 한두 푼이 오가는 것도 아닌데 미리 꼼꼼하게 챙겨야 하잖아.

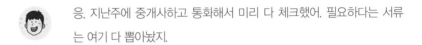

응, 지난주에 중개사하고 통화해서 미리 다 체크했어. 필요하다는 서류는 여기 다 뽑아놨지.

등기라는 걸 하려면 법무사도 미리 섭외해야 한다던데? 우리 법무사 섭외했어?

법무사를 섭외하는 방법

법무사를 찾는 가장 손쉬운 방법은 중개사무소와 연결된 법무사를 소개받는 것입니다. 다만 이럴 경우에는 직접 섭외한 법무사에 비해 수수료가 좀 더 비쌀 수 있습니다.

그것이 싫다면 '법무통'이라는 스마트폰 어플리케이션을 이용해서 직접 법무사를 섭외할 수도 있습니다. 소유권을 이전할 부동산의 정보를 입력하면 그에 맞는 견적을 미리 받을 수 있으므로, 적당히 조율하여 진행하면 됩니다. 또는 법무통에서 받은 견적을 바탕으로 중개사가 소개해 준 법무사와 비교하여 진행할 수도 있습니다.

스스로 소유권이전등기를 진행하는 '셀프 등기'를 할 수도 있습니다. 다만 은근히 챙겨야 할 것들이 많아서 실수가 발생할 수 있으니 꼼꼼하게 확인하고 공부한 후 도전하시기 바랍니다. 부동산 등기의 과정을 셀프로 경험하는 것도 상당한 공부가 되므로 한두 번 정도는 직접 해보시는 것을 추천합니다.

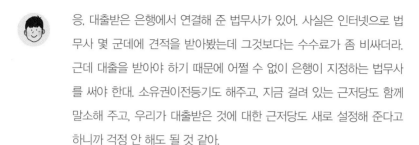

응, 대출받은 은행에서 연결해 준 법무사가 있어. 사실은 인터넷으로 법무사 몇 군데에 견적을 받아봤는데 그것보다는 수수료가 좀 비싸더라. 근데 대출을 받아야 하기 때문에 어쩔 수 없이 은행이 지정하는 법무사를 써야 한대. 소유권이전등기도 해주고, 지금 걸려 있는 근저당도 함께 말소해 주고, 우리가 대출받은 것에 대한 근저당도 새로 설정해 준다고 하니까 걱정 안 해도 될 것 같아.

관리비는 어떻게 했대? 오늘까지의 관리비랑 공과금은 살던 분들이 다 내고 가셔야 할 거 아냐.

응, 중개사가 그것도 체크해 준다고 했어. 그나저나 인테리어 회사는 어떻게 하기로 했어?

응, 지난번에 보여준 견적대로 진행할 거고, 이따가 오후에 이삿짐 빠지면 실측하러 온대. 2주 걸린다고 했으니까, 그때는 진짜 우리가 이사 들어가는 거야!

두 사람은 체크해야 할 것들을 되짚으며 빼먹은 것이 없는지 서로 확인했다. 성실은 예전에 혼자 전셋집을 옮기던 때가 떠올랐다. 짐도 별로 없고 귀중품은 더더욱 없으니 친구의 차를 빌려서 박스 몇 개 나르면 이사가 끝날 줄 알았는데, 문제는 짐이 아니었다. 혼자서 전세 잔금 치르고, 공과금과 관리비 정산하고, 전입신고와 확정일자 받고, 이삿짐 정리도 하고…. 발바닥에 불난다는 느낌이 어떤 건지 성실은 그날 처음 알았다.

하지만 이번에는 미래와 함께 진행하니 몸도 덜 힘들고 마음도 든든하다. 인테리어는 미래에게 전적으로 맡겼고, 잔금에 대한 것은 성실이 전담하기로 했다. 이삿짐센터도 정해졌으니 남은 것은 조금씩 서로 나눠서 처리하면 될 일이다. 성실은 문득 생각났다는 듯 주머니에서 출력한 종이를 꺼내어 미래에게 건네주었다.

 이건 뭐야, 오빠?

 응. 이사할 때 체크리스트야. 우리 집 볼 때도 체크리스트 덕을 크게 봤잖아. 혹시 정신없어서 빼먹는 게 있을까봐 한 번 만들어봤어.

 와, 오빠는 역시 보기보다 꼼꼼해. 어떻게 이런 걸 만들 생각을 했어? 걱정 마, 내가 최대한 챙겨볼게.

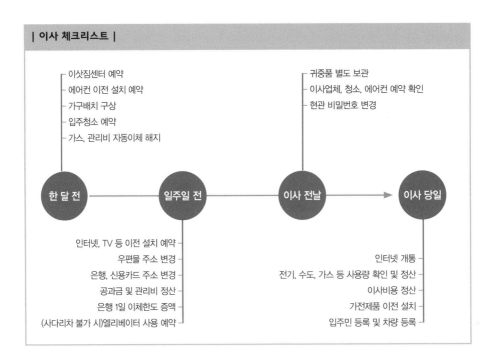

| 이사 체크리스트 |

한 달 전
- 이삿짐센터 예약
- 에어컨 이전 설치 예약
- 가구배치 구상
- 입주청소 예약
- 가스, 관리비 자동이체 해지

이사 전날
- 귀중품 별도 보관
- 이사업체, 청소, 에어컨 예약 확인
- 현관 비밀번호 변경

일주일 전
- 인터넷, TV 등 이전 설치 예약
- 우편물 주소 변경
- 은행, 신용카드 주소 변경
- 공과금 및 관리비 정산
- 은행 1일 이체한도 증액
- (사다리차 불가 시)엘리베이터 사용 예약

이사 당일
- 인터넷 개통
- 전기, 수도, 가스 등 사용량 확인 및 정산
- 이사비용 정산
- 가전제품 이전 설치
- 입주민 등록 및 차량 등록

이삿짐 빠진 후의 상태도 확인하자

이런저런 기대감으로 대화를 하며 걷다 보니 어느새 중개사무소 앞이다. 문을 열고 들어가 보니 매도인 부부는 물론 법무사도 먼저 와 있었다. 성실과 미래는 무엇을 어떻게 해야 할지 몰라 눈치를 보고 있는데, 중개사가 그 마음을 알았는지 먼저 이야기를 꺼냈다.

 드디어 잔금날이네요. 계약서에 다 적혀 있으니 딱히 챙길 건 없고, 매도자 분 이삿짐은 다 빠진 거죠? 매수자 분들, 잔금 치르기 전에 잠깐 가서 집 상태 한번 확인하고 오실래요?

성실과 미래는 중개사를 따라 집을 확인하러 갔다. 일전에 계약하기 전에 본 적은 있지만 이삿짐이 거의 빠지고 휑한 집을 보고 있으니 기분이 묘했다. 이제 여기에 인테리어를 예쁘게 하고, 우리만의 신혼집을 차릴 수 있다니! 멍 때리고 있는 성실과 미래를 잡아끌고 중개사가 이곳저곳을 확인시켜 준다.

 자, 가구에 가려서 못 봤던 곳들 꼼꼼히 보세요. 곰팡이 핀 곳이나 누수 흔적 없는지, 어디 잘못된 부분 없는지….

그 말에 퍼뜩 정신이 든 성실과 미래는 다시 한 번 눈에 불을 켜고 문제가 없는지를 확인했다. 군데군데 벽지가 뜯어져 있긴 했지만 어차피 새로 인테리어를 할 예정이고, 과거에 확인했던 것과 크게 다르지 않았기 때문에 두 사람은 바로 잔금을 진행하기로 했다.

정신없는 잔금 정산, 마지막까지 꼼꼼하게

다시 사무실로 돌아온 두 사람에게 법무사가 이것저것 요청한다. 이미 계약서 등의 서류는 다 넘겨받은 것 같고, 성실과 미래가 따로 준비해온 서류만 합치면 되는 것 같았다. 두 사람이 얌전히 앉아있을 동안 법무사는 혼자서 바쁘게 이것저것 서류를 확인하더니 한참 후에 말한다.

> **법무사** 네, 서류는 다 됐네요. 이제 잔금 송금하시면 됩니다. 그 전에 매도자분, 이 집에 걸려 있는 근저당의 대출금이 얼마였는지 확인해 오셨죠?

> **매도자** 네, 여기 은행에서 온 문자 보여드릴게요. 상환해야 할 대출원금 ㅇㅇㅇㅇ만 원입니다. 가상계좌로 입금하면 바로 상환처리 된다네요.

> **법무사** 알겠습니다. 매수자분이 잔금 치르는 대로 곧상 대출금 상환해 주세요. 저는 확인되는 대로 바로 근저당 말소 신청하겠습니다.

이 집에 걸려 있는 근저당을 말소하기 위해 성실이 치른 잔금으로 기존 대출을 상환한다는 뜻이다. 중간에 선수관리비니, 장기수선충당금이니 하는 것들을 주고받아야 한다는데 중개사가 알아서 잔금에서 빼고 계산하고, 영수증까지 만들어주었다. 성실이 할 일은 중개사가 일러준 금액을 확인하고, 매도자 계좌에 돈을 송금하는 것뿐이었다. 그렇게 계약은 모두 완료되었다.

잔금 시 대출을 상환하는 방법

매매가 진행되는 집에 담보대출이 있고, 이에 따라 근저당권이 설정되어 있는 경우가 있습니다. 이럴 경우 매매를 할 때 담보대출을 완전히 상환하고 근저당권을 말소해야 하는데 방법은 크게 두 가지로 정리됩니다.

먼저, 매수자가 잔금을 현금으로 치르는 경우에는 잔금이 진행되는 그 시간에 스마트뱅킹 등을 이용해서 그 자리에서 바로 대출을 상환하는 것입니다. 또는 대출금에 해당하는 금액을 먼저 중도금으로 지급한 후, 그 돈을 이용해서 매도자가 미리 대출을 상환하고 올 수 있도록 하는 것도 방법입니다.

그러나 매수자 역시 현금이 아닌 대출을 받아서 잔금을 치르는 상황이라면 매수자가 대출을 실행한 은행의 법무사가 매도자의 대출은행을 방문하여 직접 상환 및 말소를 진행합니다. 간혹 대출이 있는 집을 매수하는 것을 꺼리는 사람도 있지만, 법무사가 소유권이전등기를 진행하기 때문에 걱정할 필요는 없습니다.

참고로, 담보대출은 소유자 개인에 대한 대출이 아니라 부동산 등 담보물 자체에 걸려 있는 대출입니다. 그래서 잔금을 치르고 매매 계약을 체결한다고 해서 자동으로 근저당이 사라지는 것은 아닙니다. 따라서 잔금을 치를 때에는 반드시 대출 상환과 근저당 말소를 확인한 후에 소유권이전등기를 진행해야 합니다.

법무사 3~4일 후에 인터넷등기소에서 등기부등본 한 번 뽑아보시면 소유권이 전등기 된 것이랑 근저당 말소된 것 확인하실 수 있을 거예요. 그리고 제 가 등기필증을 우편으로 보내드릴 건데, 넉넉잡고 일주일 정도 걸릴 거 예요. 나중에 매도할 때 등기필증이 필요하니까 꼭 잘 보관하셔야 합니 다. 그럼 저는 가보겠습니다.

중요한 말을 남기고 법무사는 자리를 떴다. 중개사가 말하길, 잔금을 치를 때는 법무사가 매도자와 매수자에게 필요한 서류를 받아서 구청과 등 기소를 돌며 취등록세 납부와 소유권이전등기 업무를 완료하면 된다고 했 다. 다만 완벽하게 내 이름으로 등기가 이전되었는지, 이전 소유자가 근저 당을 제대로 말소했는지 등을 확인하기 위해 반드시 며칠 후에 등기부등본 을 떼어서 확인해보라고 조언했다. 모든 절차가 끝나자 매도자 역시 이삿 짐을 정리하러 가야겠다며 자리를 떴다.

좋은 집을 좋은 가격에 넘겨주셔서 감사합니다. 새로 이사 가시는 집에 서도 좋은 일만 생기시길 바랄게요.

매도자는 예의 바른 성실의 인사에 함박웃음을 띠며 떠났다. 이렇게 모 든 매매 절차가 끝났다. 집을 알아보고, 계약하고, 대출받고, 잔금을 치르 기까지의 과정들이 새삼스럽게 머리를 스치며 지나갔다. 마지막으로, 중개 사에게 수수료를 송금하고 현금영수증을 받은 후 성실과 미래는 인사를 드 리고 나왔다.

앞으로 부동산에 대한 관심을 놓지 않는다면 성실과 미래는 살면서 몇 번의 계약을 더 진행하게 될 것이다. 그때마다 세부적인 계약사항도 다를 것이고, 예상치 못한 변수가 생길 수도 있다. 하지만 기본적인 절차를 한 번 경험해 봤으니 나머지는 하나하나 차분하게 풀어나갈 수 있다는 자신감이 생겼다. 이제 두 사람에게는 인테리어와 이사를 무사히 마치고 입주할 일만 남았다.

 미래야, 우리 앞으로 행복하게 잘 살아보자. '우리 집'에서!

손을 꼭 잡은 채 콧노래를 부르며 걸어가는 성실과 미래의 발걸음이 마치 구름 위를 걷듯이 가벼웠다.

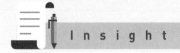

등기부등본에서
꼭 확인해야 할 것들

부동산 계약을 할 때 가장 기본적으로 살펴봐야 할 서류가 바로 등기부등본입니다. 부동산과 관련된 등기 내역을 기록한 문서로, 법원 등기소가 관할하는 공식 서류입니다. 요즘은 '대법원 인터넷등기소' 사이트에서 편하게 다운받을 수 있습니다. 등기부등본은 소유자와 상관없이 누구에게나 공개된 자료로, 주소지만 입력하면 누구나 열람할 수 있습니다.

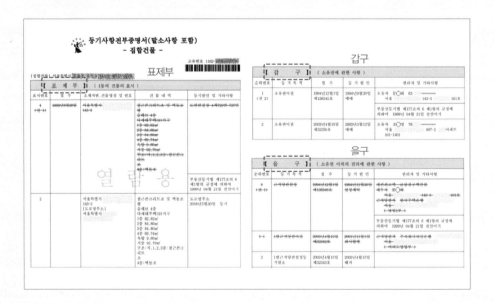

등기부에는 해당 부동산의 소유자, 근저당(대출) 등의 권리관계, 그 밖에 압류나 소유권이전 등 권리와 관련된 다양한 내용들이 기록되어 있습니다. 그래서 부동산 거래 시에 기본적으로 확인해야 하는 서류인데, 빨간 줄이 그어져 있는 것은 이미 말소되어 아무 효과가 없다는 것을 나타냅니다. 초보자에게는 등기부의 내용을 살피는 것이 어렵게 느껴질 수 있지만, 조금만 익숙해지면 어렵지 않습니다. 등기부등본은 크게 표제부, 갑구, 을구로 나누어집니다. 하나하나 확인해 볼까요?

표제부

표제부는 해당 부동산의 기본적인 내용을 담은 부분으로 건물의 위치, 명칭, 번호 등의 건물표시와 부동산의 면적, 대지권의 종류(지상권, 소유권 등) 등을 확인할 수 있습니다. 사실 아파트를 비롯한 주거용 집합 건물의 경우에는 표제부에 있는 내용 중에서 크게 문제가 될 만한 내용은 없습니다.

갑구

갑구에는 해당 부동산의 소유권에 대한 등기사항이 기록되어 있습니다. 등기 목적, 등기원인, 권리자, 접수 기타 사항 등인데 그 동안 해당 매물이 어떤 과정을 겪어왔는지의 역사를 알 수 있기도 하지요. 그중 가장 마지막에 있는 소유자가 현재의 소유자입니다.

계약을 앞두고 있다면 신분증과 등기부등본 상 소유자를 대조하여 동일한 사람인지 반드시 확인해야 합니다. 만약 소유자가 여러 명인 공동소유자 형태라면 공유자로 표기된 사람의 지분이 어느 정도인지도 확인할 수 있습니다. 참고로, 가압류 등의 권리가 표기되어 있다면 해당 매물에 권리상 복잡한 문제가 있을 수도 있으므로 어떤 내용인지 알아보고 주의해야 합니다. 갑구에 소유권과 관련된 권리 문제가 기록되어 있다면, 매수 계약 이후 소유권을 가져오기도 전에 분쟁이 발생할 수도 있음을 기억해야 합니다.

을구

소유권 이외의 모든 권리 사항이 기록되어 있습니다. 대표적인 것이 은행의 대출로 인한 담보설정, 즉 근저당권 설정이며 그밖에 전세권 등의 권리도 여기에서 확인이 가능합니다.

만약 을구에 근저당이 설정되어 있다면 해당 매물에 담보대출이 있다고 생각하시면 됩니다. 참고로, 실제 대출된 금액은 을구에 표시된 근저당설정액보다 적을 수 있습니다. 은행에서는 해당 매물에 연체 등의 문제가 발생할 경우를 대비해서 실제 대출 금액보다 120~130% 정도의 높은 금액을 근저당으로 설정하는데, 이를 채권 최고액이라고 합니다. 만약 을구에 아무 것도 기재되어 있지 않다면 해당 물건은 대출이 없다고 생각하시면 됩니다.

일반적으로 주택담보대출을 실행할 때 LTV를 기준으로 하기 때문에, 그 외의 과다한 채무가 발생하지만 않는다면 매매계약 시에 별다른 문제가 발생하지 않습니다. 매수자가 지급하는 매매 대금으로 충분히 대출을 상환하고 소유권을 이전해 줄 수 있기 때문입니다.

을구를 더욱 주의 깊게 살펴봐야 하는 분은 세입자입니다. 을구에 근저당이 있다면, 일반적인 경우는 전세자금으로 근저당을 말소하는 조건으로 전세 계약이 진행됩니다. 그러나, 간혹 대출을 갚지 않는 조건으로 저렴하게 나오는 전세 물건들이 있습니다. 이 경우, 대출액과 전세보증금의 합이 집값을 넘지는 않는지 반드시 체크해야 합니다. 만약 두 금액의 합이 집값을 넘는 경우, 해당 주택이 경매 등의 문제가 발생했을 때 보증금을 온전히 지킬 수 없습니다.

Chapter 3

상급지 갈아타기로
자산을 빠르게 불려보자

자본주의 시대, 우리는 왜 투자를 해야 할까요?

새집으로 이사를 하고 신혼생활을 시작한 지 두 달째. 신혼은 당연히 핑크빛 깨소금을 볶는 줄만 알았던 성실과 미래는 요즘 현실과 이상이 얼마나 다른 것이었는지 뼈저리게 깨닫는 중이다.

처음 몇 주는 그냥 좋았다. 하지만 시간이 흐르면서 두 사람 사이에는 조금씩 사소한 말다툼이 생기기 시작했다. 성실은 미래가 식료품을 대량으로 샀다가 상해서 버리는 것과 치약을 중간부터 짜서 쓰는 것이 못마땅했고, 미래는 성실이 물병에 입을 대고 마시는 것과 옷을 빨래 바구니에 넣지 않는 것에 대해 잔소리를 했다.

그리고 또 다른 다툼거리는 부동산 투자에 대한 것이다. 안 그래도 절약의 아이콘이었던 성실은 부동산 스터디를 본격적으로 시작하면서부터 더더욱 짠돌이가 되었다. 주택담보대출 원리금을 갚기 위한 금액을 먼저 떼어놓고 남은 돈으로만 생활하는 것은 이해가 되지만, 어서 빨리 더 좋은 집으로 이사를 가야 한다며 미래와 상의도 없이 적금통장을 추가로 개설한 것이다.

우리 앞으로 50만 원씩 추가로 적금을 부으려면 생활비를 줄이는 수밖에 없을 것 같아. 너도 앞으로는 나처럼 도시락을 싸서 다니는 게 어때?

오빠 너무 한 거 아냐? 갑자기 생활비를 한 달에 50만 원씩 줄이라고 하면 어떡해! 아 몰라, 나랑 한 마디 상의도 없이 든 적금이니까, 오빠가 알아서 메워!

그렇게 말하면 서운하지! 내가 나 혼자 잘 살려고 그런 게 아니잖아.

미래는 내 집 마련의 꿈을 이루었으니 어느 정도는 스스로에게 보상을 하면서 살아도 괜찮다고 생각했다. '욜로(You Only Live Once)'라는 말도 있지 않은가! 흘러가 버리면 그만인 젊은 날, 가끔 분위기도 낼 겸 함께 맛집도 찾아다니고, 가끔 한 번씩은 해외여행도 가면서 추억을 많이 만들고 싶은 미래였다. 반면 성실은 지금 그렇게 흥청망청 써대다가는 나이가 들어서 고생할 기리는 두려움 때문에 더 좋은 집, 더 많은 종잣돈에 목을 맸다.

이대로는 안 되겠다는 생각이 든 미래는 성실이 왜 그리 부동산에 집착하는지 궁금했다. 대체 내 남편을 어떻게 홀렸는지(?) 한 번 물어나 봐야겠다는 생각에, 미래는 멘토 3인방에게 상담을 요청했다. 세 사람은 뜻밖에도 흔쾌히 미래를 맞아 주었다. 그렇게 성사된 멘토들과의 대화. 마주 앉은 미래의 표정이 사뭇 비장하다.

투자의 시작은 자본주의 세계를 이해하는 것부터

시간 내주셔서 감사해요. 사실 요즘 성실오빠가 너무 심하게 절약에 집착한다는 생각이 들어서 걱정이거든요. 미래를 준비하는 것도 좋지만, 그렇다고 현재를 희생하는 것도 옳지는 않다고 생각하는데 말이죠.

그러셨군요. 요즘에는 미래 씨처럼 불확실한 미래보다는 현재에 집중하자는 생각을 가진 분들이 많긴 하죠. '욜로족'이 유행처럼 번졌던 것도 그 때문인 것 같고요. 하지만 저는 그런 생각이 위험할 수 있다고 봅니다. 이 순간이 전부라는 식의 태도는 자본주의 사회에서 전혀 이득이 되지 않거든요. 불확실함 때문에 현재를 즐긴다고 하지만, 한편으로는 그래서 미래가 더 불확실해질 수도 있는 거죠.

그러면 자본주의 사회에서 부자로 살아가기 위해서는 소비하기보다 무조건 아끼고 아껴서 저축을 해야 되는 건가요? 하지만 그렇다고 인생이 크게 달라지는 것 같진 않은데요.

미래 씨 말도 맞습니다. 성실 씨처럼 계속 돈을 모으기만 하는 것도 위험한 생각일 수 있어요. 자본주의라는 현실에서 절대 떨어질 수 없는 것이 바로 물가입니다. 물가가 오른다는 것을 단순히 물건 가격이 비싸졌다는 뜻으로만 생각하시는 분이 많은데요. 정확히는 돈의 가치가 떨어졌다는 것을 의미합니다. 그런 현실에서 돈을 모아두기만 한다는 것은 오히려 어리석을 수 있죠.

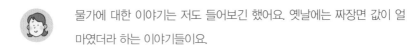 물가에 대한 이야기는 저도 들어보긴 했어요. 옛날에는 짜장면 값이 얼마였더라 하는 이야기들이요.

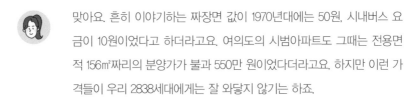 맞아요. 흔히 이야기하는 짜장면 값이 1970년대에는 50원, 시내버스 요금이 10원이었다고 하더라고요. 여의도의 시범아파트도 그때는 전용면적 156㎡짜리의 분양가가 불과 550만 원이었다더라고요. 하지만 이런 가격들이 우리 2838세대에게는 잘 와닿지 않기는 하죠.

그럼 이렇게 살펴볼까요? 적어도 우리가 돈이라는 개념을 인지할 나이였던 2000년에는 짜장면 값이 3,000원이었어요. 그때 여의도 시범아파트 전용 156㎡의 시세는 4억3,000만 원이었습니다. 20년이 지난 현재는 어떨까요? 미래 씨, 요즘 짜장면 값이 얼마인지 아세요?

음… 저희 동네는 6,000원이에요.

그렇군요. 20년 동안 두 배 오른 거네요. 그럼 여의도 시범아파트 전용 156㎡의 시세는 얼마나 올랐을까요?

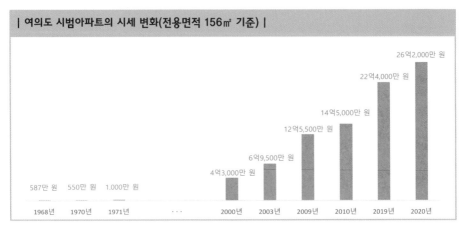

| 여의도 시범아파트의 시세 변화(전용면적 156㎡ 기준) |

출처 : KB시세 일반평균가 및 『아파트 문화사』

똑같이 두 배 올랐나요?

 아뇨, 현재는 26억2,000만 원이 되었답니다. 여섯 배가 넘죠.

놀라움에 입이 떡 벌어진 미래를 보며, 옆에 있던 준걸이 빙긋이 웃으며 말을 꺼냈다.

 말이 나온 김에 돈의 가치에 대해서 함께 고민해 보도록 하죠. '물가가 오른다'는 말의 진실이란 결국 그런 겁니다. 물건의 가격이 비싸졌다는 말은 바꿔 말하면 화폐의 가치가 떨어졌다는 것이죠. 그래서 화폐를 가만히 보유만 하는 것은 매우 위험한 일이에요.

 어떻게 위험하다는 건가요?

 1960년대의 1,000만 원과 2020년대의 1,000만 원은 똑같은 값어치를 지니고 있을까요? 전혀 아닐 거예요. 극단적인 예시이긴 하지만, 어떤 사람이 1960년대에 1,000만 원이라는 돈을 누가 훔쳐갈까 봐 땅에 묻어뒀다고 합시다. 반대로 그 돈으로 땅을 매수한 사람이 있다고 하죠. 두 사람의 재산은 어떻게 달라졌을까요?

 당연히 땅을 사둔 사람의 재산이 더 많이 올랐을 것 같긴 하지만, 차이가 그렇게 많이 나나요?

 예를 들어볼게요. 말죽거리, 그러니까 지금의 서초구 양재동 인근 땅값은 당시에 평당 400원 정도였어요. 그러다 서울로 편입된 1963년에는 평당 1,000원대가 되었고, 1968년 경부고속도로가 착공하면서부터는 평당

1만 원대까지 올랐습니다. 그리고 1969년에 제3한강교(한남대교)가 개통된 이후에는 평당 3만 원에서 5만 원이 되었습니다. 고작 7년 사이에 땅값이 자그마치 100배 정도 오른 거죠.

(손가락을 꼽아보며) 그럼 1963년에 1,000만 원으로 말죽거리 땅을 샀다면, 단순계산으로 1만 평 정도니까… 그걸 지금까지 가지고 있었다면… 헉! 엄청나네요!

이제 느낌이 오셨나요? 1960년에 1,000만 원으로 강남의 땅을 산 사람과 1970년에 550만 원으로 여의도 시범아파트를 산 사람, 그리고 1,000만 원을 그냥 보유만 하고 있었던 사람의 자산은 2020년 현재 엄청난 차이가 난다는 것을 인식하셔야 합니다.

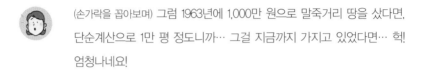

재테크는 선택이 아닌 필수

자본주의라는 시스템에서는 화폐가치가 계속 하락하기 때문에 돈보다는 부동산 같은 안전자산을 보유하는 것이 좋다는 말씀이시죠? 그건 이제 이해가 되네요. 그런데 저희 부부는 이제 내 집을 마련했잖아요. 그럼 충분한 것 아닌가요?

충분하다고 느낀다면 상관없지만, 사람은 누구나 욕구가 있고 그걸 충족하기 위해 다양한 노력을 하며 살아가잖아요. 미래 씨가 지금 살고 있는 집보다 더 좋은 아파트로 이사 가고 싶은 마음이 평생 없을까요?

흐음… 하긴, 아이를 둘 정도 낳으려면 좀 더 넓은 집이 좋긴 하겠죠.

좀 더 좋은 곳에서 살고 싶은 건 대부분의 사람들이 가진 공통적인 욕구예요. 그렇기 때문에 실거주용 주택 갈아타기를 해야 하는 겁니다. 문제는 좋은 곳이라면 더 비싸다는 거죠. 평범한 2838세대의 근로소득만으로 그 비용을 모두 감당하기는 거의 불가능하다고 봐야죠.

 근로소득만으로는 상급지로 이사하는 게 왜 불가능한지 구체적으로 생각해보죠. 예를 들어 5억 원짜리 아파트에 거주하면서 현금 5,000만 원을 보유한 사람이 있다고 가정해봅시다. 그런데 이사하고 싶은 집은 7억 원이라면? 가지고 있는 집을 팔아도 총 자산은 5억5,000만 원뿐이기 때문에 그 집에 이사를 갈 수가 없습니다. 1억5,000만 원을 추가로 저축해야 하는데, 억대 연봉자가 아니라면 근로소득만으로 과연 가능할까요?

	현재 거주 주택의 시세	5억 원
+)	보유한 현금	5,000만 원
−)	이사 가고 싶은 집의 시세	7억 원
→	나에게 필요한 돈	1억5,000만 원

 로또에 당첨되지 않는 이상은 어렵겠네요.

 물론 대출을 이용하는 것도 하나의 방법이 될 수 있어요. 이사 가고 싶은 집의 시세가 7억 원이므로, 만약 조정대상지역이라면 50%를 대출받았을 때 3억5,000만 원만으로 이사가 가능하거든요. 그러면 거주 중인 주택을 판 5억 원으로도 충분히 마련할 수 있겠죠?

 그런데 저희는 지금 거주 주택에도 대출을 받은 상태거든요. 저희처럼 기존 거주 주택에 대출이 있는 사람들은 어쩌죠? 5억 원 중에서 50%인

2억5,000만 원이 대출이니까 나머지 2억5,000만 원만 자기자본인 셈이고, 보유한 현금 5,000만 원을 보태서 3억 원을 마련한다고 해도 7억 원짜리 집으로 이사를 하려면 5,000만 원은 더 필요하겠는데요?

 근로소득으로 5,000만 원을 더 모으는 방법도 있겠지만, 근로소득의 절반을 고스란히 저금한다고 해도 벌어야 할 소득은 1억 원이나 되어야 가능해요. 가능한 사람도 있겠지만 불가능한 사람들이 더 많겠죠. 결국 방법은 보유한 현금 5,000만 원에 5,000만 원을 추가로 벌어야 한다는 겁니다.

 그렇기 때문에 재테크가 필요한 거죠! 다시 말해서 근로소득 이외의 자본소득을 만들어내야 한다는 거예요. 나와 함께 자본을 늘려줄 아바타를 만드는 셈이죠! 이게 바로 우리가 살아가고 있는 자본주의 시대에 적합한 방법이라고 생각합니다.

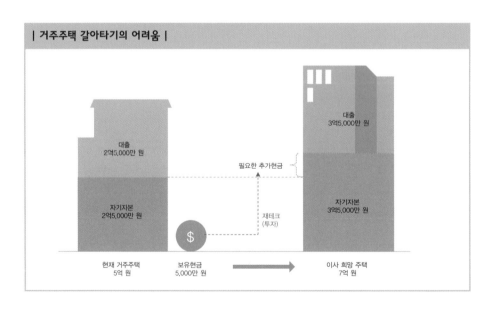

| 거주주택 갈아타기의 어려움 |

근로소득 외에 자본소득을 만들어내야 한다는 거군요. 부동산 투자나 주식 투자 같은 다양한 방식으로요.

미래는 그제야 고개를 끄덕였다. 자본주의 사회에서는 저축만 한다고 반드시 부자가 되는 게 아니라는 걸 들어보기는 했지만, 이렇게 구체적인 수치를 가지고 생각해보기는 처음이었다. 곰곰이 생각하던 미래는 다시 질문을 던졌다.

 만약 현금 5,000만 원으로 5,000만 원을 추가로 벌었는데, 그때 다시 이사 가고 싶은 집의 가격이 더 오르면 어떻게 하나요? 물가는 계속 오른다면서요.

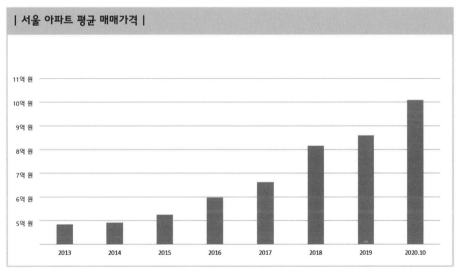

출처 : KB부동산

그 말도 일리가 있어요. 여기 표를 보시면 아시겠지만, 실제로 서울 아파트의 매매가격 상승세는 상당히 가파르답니다(앞쪽 참조).

 와, 정말 해마다 큰 폭으로 오르네요. 다른 집으로 갈아타기가 쉽지 않겠어요.

 하지만 뒤집어 생각하면, 집값이 큰 폭으로 오르는 만큼 누군가는 부동산으로 수익을 보고 있다는 뜻이기도 하겠죠. 그래서 자산 증가의 속도에 있어서는 부동산 투자를 통하는 것이 근로소득을 통하는 것보다 월등히 빠른 것이기도 하고요.

상급지 갈아타기,
어떻게 해야 효율적일까

미래의 눈빛이 바뀌었다. 처음에는 순진한 남편을 부동산 투자의 세계로 끌어들인 이 사람들에게 불만이 가득한 표정이었지만 지금은 눈빛을 반짝이며 멘토들의 조언을 기다리는 중이다. 적극적인 미래의 반응에 멘토 3인방도 흥이 나는 것 같다. 미래가 다시 질문을 던졌다.

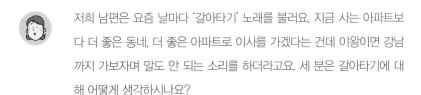 저희 남편은 요즘 날마다 '갈아타기' 노래를 불러요. 지금 사는 아파트보다 더 좋은 동네, 더 좋은 아파트로 이사를 가겠다는 건데 이왕이면 강남까지 가보자며 말도 안 되는 소리를 하더라고요. 세 분은 갈아타기에 대해 어떻게 생각하시나요?

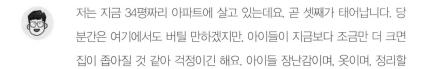 저는 지금 34평짜리 아파트에 살고 있는데요. 곧 셋째가 태어납니다. 당분간은 여기에서도 버틸 만하겠지만, 아이들이 지금보다 조금만 더 크면 집이 좁아질 것 같아 걱정이긴 해요. 아이들 장난감이며, 옷이며, 정리할

공간도 부족하고, 나중에 더 컸을 때 각자 방 하나씩만 준다고 해도 40평대는 되어야 할 것 같아요. 그래서 저는 더 나은 입지보다는 사실 더 큰 평수로 늘려가는 걸 우선으로 생각하고 있습니다. 저처럼 평수를 늘려가는 것도 갈아타기의 한 방식이라고 생각합니다.

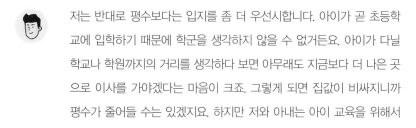

저는 반대로 평수보다는 입지를 좀 더 우선시합니다. 아이가 곧 초등학교에 입학하기 때문에 학군을 생각하지 않을 수 없거든요. 아이가 다닐 학교나 학원까지의 거리를 생각하다 보면 아무래도 지금보다 더 나은 곳으로 이사를 가야겠다는 마음이 크죠. 그렇게 되면 집값이 비싸지니까 평수가 줄어들 수는 있겠지요. 하지만 저와 아내는 아이 교육을 위해서라면 더 좋은 학군지의 집으로 갈아타기를 해야 한다고 생각합니다.

대부분의 사람들은 가족들 때문에 갈아타기를 하려는 경우가 많은 것 같아요. 비타씨 님은 1인 가구라고 하셨는데, 그럼 갈아타기에 별다른 욕심이 없으신가요?

무슨 말씀이세요, 욕심이 없었다면 부동산을 쳐다보지도 않았겠죠, 하하… 욕심이 있으니 목표를 세우고 전진, 또 전진하는 거랍니다. 미래 씨는 죽기 전에 꼭 한 번 살아보고 싶은 집이 있나요?

사실 남편에겐 농담처럼 말하긴 했지만, 한강이 보이는 강남의 아파트라면 정말 좋을 것 같긴 해요.

제 목표도 그래요. 지금은 한강이 멀리서 보이는 수도권 신도시의 34평짜리 신축 아파트에 거주하고 있어요. 그리고 좀 더 상급지에 위치한 재건축 구역에 입주권 투자를 해놓은 상태예요. (입주권에 대한 설명은 이 장의 뒷부분을 참조하세요) 차후 신축 아파트가 지어지면 그곳으로 갈아타기를 할 예정이죠. 앞으로도 적절한 때에 맞춰 갈아타기 전략을 이용하면서 상급지로 계속 집을 업그레이드해 나갈 거예요. 제 개인적 만족은 물론 자산의 가격 방어를 위해서요.

그래도 확실히 1인 가구라서 그런지 이동이 자유로워 보이시네요.

그건 맞아요 제가 지금 살고 있는 신도시로 이사를 갈 때 친구들은 시골로 간다고 엄청 놀렸는데, 저는 별로 개의치 않았어요. 싱글이라 오히려 거주지 선택이 자유롭기 때문에 주거 수준을 좀 낮추더라도 시세 차익을 생각해서 이사를 다니면서 몸으로 때우는 투자를 했답니다. 이른바 '몸테크'죠. 결과적으로 그 선택은 옳았다는 생각이 들어요.

상황에 따라 갈아타기 전략도 달라져야 한다

미래는 이번에도 고개를 끄덕였다. 멘토들의 말을 들어보니, 아이가 태어나기 전에는 좀 더 적극적으로 갈아타기에 임해도 될 것 같았다. 결혼한지 얼마 되지 않은 미래와 성실이 당장 중요하게 본 것은 직장과의 거리가 가까운 것이었고, 그 다음은 주거환경이 깔끔한 신축 아파트라는 점이었지만, 앞으로 아이가 태어나게 된다면 좋은 교육 환경을 갖춘 곳도 중요한 고려 대상이 될 것 같다. 인근에 PC방이나 술집이 없는 환경에 좋은 학교까지 가까운 곳이라면 더할 나위 없겠다는 생각이 들었다.

갈아타기는 어쩌면 선택이 아닌 필수입니다. 혹시 '나는 지금 갈아타기가 필요 없다'는 생각을 하신다면, 나중에는 갈아타기를 하고 싶어도 할 수 없는 상황에 이르게 된다는 사실을 꼭 명심하세요.

 그런 경우가 많은가요?

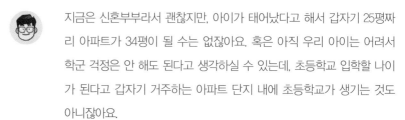 지금은 신혼부부라서 괜찮지만, 아이가 태어났다고 해서 갑자기 25평짜리 아파트가 34평이 될 수는 없잖아요. 혹은 아직 우리 아이는 어려서 학군 걱정은 안 해도 된다고 생각하실 수 있는데, 초등학교 입학할 나이가 된다고 갑자기 거주하는 아파트 단지 내에 초등학교가 생기는 것도 아니잖아요.

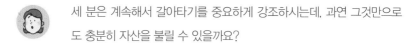 그런 아파트들은 대부분 가격이 비쌀 수밖에 없어요. 각자의 상황에 따라 달라지기는 해도, 대부분의 사람들이 공통적으로 좋아하는 입지는 분명히 있거든요. 그리고 이왕이면 더 넓은 평수, 더 좋은 새 아파트에서 살고 싶어하는 마음은 누구나 같습니다. 이런 마음들이 가격에 반영되니까 살기 좋은 신축 아파트들은 모두 비쌀 수밖에 없습니다. 가격도 빠르게 상승하고요. 미리미리 갈아타기를 준비하지 않으면 나중에는 선택조차 할 수 없어질 확률이 높아집니다.

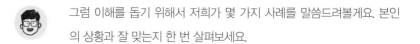 세 분은 계속해서 갈아타기를 중요하게 강조하시는데, 과연 그것만으로도 충분히 자산을 불릴 수 있을까요?

 그럼 이해를 돕기 위해서 저희가 몇 가지 사례를 말씀드려볼게요. 본인의 상황과 잘 맞는지 한 번 살펴보세요.

상대적으로 저평가된
상급지를 선점하는 법

 가족 수가 늘어나면 더 큰 집에 대한 욕구가 생기고, 아이가 더 크면 교육 환경이 좋은 지역에 대한 욕구가 생기기 마련이죠. 원하는 곳으로 원하는 때에 이사를 갈 수 있는 충분한 자금이 있다면 걱정 없겠지만, 그렇지 않다면 전략을 잘 짜야 합니다. 그중 하나가 '상대적 저평가 활용하기'입니다.

 상대적 저평가라면 가치에 비해 저렴한 물건이라는 뜻인가요?

 그렇습니다. 제 지인의 사례로 설명해볼게요. A씨는 남양주 다산신도시에 2018년 준공된 다산이편한세상자이라는 단지에 살고 있었습니다. 이 단지는 2023년 개통 예정인 8호선 연장 호재, 우수한 서울 접근성, 양호한 주거환경 등으로 가격이 오름세를 보였어요. 2015년 이 단지가 분양할 때 24평형의 분양가는 약 2억 2,000만 원 정도였는데, 2020년 초에는 6억 원대까지 시세가 상승했더라고요.

와, 많이 올랐네요! 정말 부러워요.

 네, 축하할 일이죠. 그런데 A씨에게도 나름의 고민이 있더라고요.

 어떤 고민이었죠?

A씨의 고민은 이랬다. 두 아이가 자라면서 24평형짜리 아파트가 작게 느껴지고, 더 큰 집으로 이사를 가고 싶었지만 추가 자금이 많지 않았다는 것이다. 어떻게 해야 하나 걱정만 쌓이던 중, A씨의 눈에는 어느 순간 인근의 한 아파트가 들어오게 되었다. 2년 먼저 입주했던 힐스테이트황금산이라는 아파트로, 구도심 단독주택 재건축으로 지어진 아파트였다. 신도시 내에 위치한 것은 아니지만 신도시와 가까워서 인프라를 충분히 누릴 수

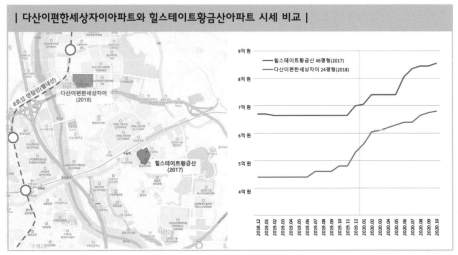

| 다산이편한세상자이아파트와 힐스테이트황금산아파트 시세 비교 |

출처 : KB부동산

있는 곳이었다.

힐스테이트황금산아파트의 46평형과 다산이편한세상자이 24평형은 평수 차이가 있는 만큼 가격 차이도 상당했다. 그런데 수요가 다산신도시로 집중되면서 2020년 초까지 다산이편한세상자이 24평형의 가격이 계속 상승을 했다. 그러더니 어느 순간 힐스테이트황금산 46평형과의 가격 차이가 1억 원 내외로 좁혀졌다.

비록 신도시 아파트는 아니지만, 연식 차이도 겨우 2년에 불과하고 같은 인프라를 누릴 수 있는 훨씬 큰 평형의 아파트인데도 가격 차이가 그 정도라고 하니, A씨는 이 기회를 놓칠 수 없었다. 드디어 넓은 평형으로 이사를 갈 수 있는 절호의 기회가 생긴 것이다. 결국 A씨는 자금력을 끌어모아서 힐스테이트황금산 아파트 46평형으로 갈아타기에 성공했다.

작은 평형의 가격이 오르니까 큰 평형의 가격이 상대적으로 싸 보였나 봐요. 그래서 상대적 저평가 물건을 찾는다고 하신 거군요!

맞아요. 그런데 그보다 더 좋은 건 뭔지 아세요? 최근 들어 힐스테이트황금산 아파트도 가격이 많이 올랐다는 사실이에요. 대형 평형을 찾는 수요가 늘어나면서 사람들도 점차 그 가치를 알아보기 시작한 것이죠.

와~ A씨는 대체 전생에 어떤 덕을 쌓으신 걸까요? 그저 부럽네요. 그런데 힐스테이트황금산 아파트는 신축 아파트와 연식이 비슷하니까 가격이 오른 것이 이해가 되는데, 구축 아파트도 그렇게 오를 수가 있나요?

그럼요. 상대적 저평가 물건이 오르는 것은 꼭 신축에서만 생기는 흐름이 아니에요. 실제로 A씨가 갈아타기를 한 것과 비슷한 시기에는 인근 구축 아파트의 대형 평수 가격도 크게 상승하는 현상이 나타났답니다. 신축 소형 평수와 비교했을 때 가격이 너무 저렴했기 때문에 그걸 알아본 수요자들이 몰린 것이죠.

중소형이 오르는 곳의 중대형을 노리는 전략

부토피아가 보여준 것은 인근에 있는 부영그린타운1단지 아파트의 가격이었다. 시세의 흐름을 보니 45평형 아파트인데도 실제로 다산이편한세상자이 24평형의 가격과 크게 차이가 나지 않았다. 아무리 구축이라도 평수가 그렇게 큰데, 확실히 저평가되었다고 볼 수밖에 없었다.

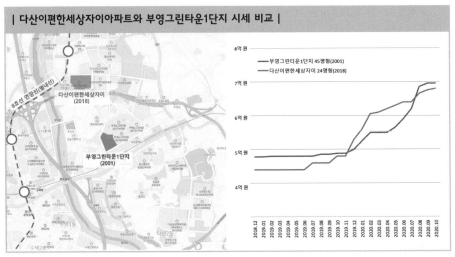

| 다산이편한세상자이아파트와 부영그린타운1단지 시세 비교 |

출처 : KB부동산

와~ 구축 아파트인데도 이렇게까지 많이 올랐군요? 중소형이 오르는 곳에서 중대형으로 갈아타는 전략, 정말 좋아 보이네요. 중요한 공식을 알게 된 것 같아요!

잠깐만요! 그렇다고 해서 중소형이 오른다고 무조건 대형으로 갈아타면 안 됩니다! 상대적 저평가된 대형 아파트가 추후 강세를 보일 수는 있지만, 그건 어디까지나 입지가 좋고 수요가 풍부한 곳에만 해당되는 이야기예요. 대형 아파트는 단순히 매매가격만 보고 접근하면 안 됩니다. 대형 아파트에 거주하는 걸 고려하는 분들이 제일 많이 걱정하는 부분이 있는데, 뭔지 아세요?

음… 관리비?

맞아요. 사실 넓은 평수에 사는 걸 싫어하는 사람이 어디 있겠어요? 다만 관리비 같은 고정지출액이 늘어나는 게 부담스러운 거죠. 그래서 대형 평형을 매수하려고 할 때에는 그 지역 거주민들의 생활 수준이 그만한 고정지출액을 감당할 만한 정도인지를 고려하셔야 합니다. 관리비를 좀 더 내더라도 대형 평형에 기꺼이 거주하겠다는 사람이 많아야 상대적 저평가가 해소되고 가격이 오를 수 있거든요.

아, 그럼 반대로 대형 평형에 거주하는 걸 부담스러워하는 사람이 많은 지역에서는 저평가가 해소되지 않을 수도 있겠네요? 가격이 오르지도 않을 거고요.

구축 아파트일수록 더더욱 그렇습니다. 다음의 표를 보세요. ○○시에 위치한 한 아파트의 47평형 가격인데, 처음에는 근처의 신축 아파트 34평형보다 훨씬 가격이 높았지만, 나중에는 오히려 가격이 더 떨어진 걸 볼 수 있지요.

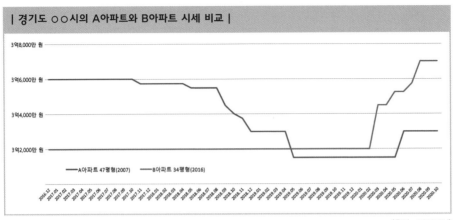

| 경기도 ○○시의 A아파트와 B아파트 시세 비교 |

(출처 : KB부동산)

 아, 중소형이 오른 곳에서 대형으로 갈아타는 전략이 어느 상황에서나 먹히는 건 아니네요.

 그렇죠! 그래서 갈아타기 할 때 지역에 대한 공부는 필수랍니다.

'갭 벌리기'와 '갭 메우기'를 활용하는 전략

미래는 상대적 저평가를 활용하는 방법이 무엇인지 조금씩 감이 오는 것 같았다. 넓은 평형으로 갈아타기에 적합한 지역이 있다니 왠지 재미있었다. 성실이 이래서 부동산 공부에 빠졌구나 하는 생각이 들었다.

 상대적 저평가는 언제 어디서나 발생합니다. 쉬운 예를 들기 위해 중소 평형과 대형 평형을 비교해 드렸지만, 흔히 말하는 '갭 벌리기'와 '갭 메우기'도 상대적 저평가 활용하기의 한 종류라 할 수 있죠.

 갭 벌리기와 갭 메우기가 뭔가요?

 갭 벌리기란 중심지 아파트나 신축 아파트 같이 그 지역의 1등 아파트의 가격이 상대적으로 저렴해졌을 때 1등 아파트의 가격이 다시 오르는 현상을 말해요. 1등 아파트와 인근 다른 아파트들 사이의 갭이 벌어진다는 뜻이죠.
그리고 갭 메우기란 이런 1등 아파트의 가격이 많이 올라서 인근 다른 아파트들과의 갭이 너무 벌어지면, 이번엔 반대로 인근의 다른 아파트들의 가격이 따라 오르는 걸 말합니다. 인근의 외곽지 아파트나 구축 아파트가 상대적으로 너무 저렴하다는 생각이 퍼지면 그렇게 되죠.

부토피아의 설명에 의하면, 중심지가 상대적으로 저렴해졌을 경우 갭 벌리기가 발생한다. 중심지가 외곽지보다 다소 비싸더라도 '그 가치에 비해서는 저렴한 편'이라는 인식이 생기면 중심지의 가격이 오르게 되는 것이다.

반면에 외곽지가 상대적으로 저렴해졌다면 갭 메우기가 발생한다. 외곽지의 가격이 중심지보다 저렴한 것이 일반적이긴 하지만 '싸도 너무 싸다'는 인식이 생기면 외곽지 가격이 오르면서 중심지와의 차이가 줄어드는 것이다. 따라서 외곽지 아파트를 소유하고 있다면 갭 메우기가 발생하는 시점에 내 아파트를 팔고, 앞으로 갭 벌리기가 발생할 것이라 예상되는 아파트로 갈아타는 것이 훌륭한 전략이 될 수 있다.

이렇게 각 지역이나 단지의 가격은 완전하게 똑같이 움직이지 않아요. 그래서 서로 다르게 움직이는 그 사이에 일시적으로 저렴한 지역이나 단지가 생기기 마련입니다. 그 기회를 잡아야 한다는 뜻이에요.

네! 이제 좋은 기회를 잡아서 갈아타기를 할 수 있도록 흐름을 꾸준히 살펴봐야 할 것 같아요. 당장 이사를 가고 싶은 마음이 드는데요?

아! 중요한 걸 아직 말씀 안 드렸네요. 갈아타기를 하려면 반드시 알아야 할 게 있답니다.

그게 뭐죠?

바로 세금이죠. 그중에서도 양도소득세를 반드시 알지 못하면 오히려 세금 때문에 낭패를 볼 수 있습니다.

양도소득세를 모르면
낭패를 볼 수 있다

좋은 집으로 갈아타기 위해서는 양도소득세를 알아야 한다는 말에 미래는 고개를 갸웃거렸다. 물론 집을 사면서 소유권이전등기라는 걸 할 때 취득세라는 걸 내야 한다고 해서 법무사에게 큰돈을 송금하긴 했다. 그리고 집을 팔아서 이익을 얻으면 양도소득세라는 걸 내야 한다는 사실도 알고는 있었다. 그런데 그게 그렇게 중요하단 말인가?

 양도소득세라는 게 그렇게 중요한가요? 세금이 나와봐야 얼마나 나오겠어요.

 하하, 아직 납부해 보지 않은 분은 그렇게 생각하실 수도 있지만, 부동산 관련 세금 중에서 가장 액수가 큰 것이 바로 양도소득세랍니다. 몇 백만 원에 그치기도 하지만, 몇 천만 원 또는 몇 억 원까지 내게 되는 경우도 많거든요.

네에? 몇 억 원을 세금으로 낸다고요?

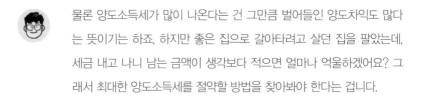
물론 양도소득세가 많이 나온다는 건 그만큼 벌어들인 양도차익도 많다는 뜻이기는 하죠. 하지만 좋은 집으로 갈아타려고 살던 집을 팔았는데, 세금 내고 나니 남는 금액이 생각보다 적으면 얼마나 억울하겠어요? 그래서 최대한 양도소득세를 절약할 방법을 찾아봐야 한다는 겁니다.

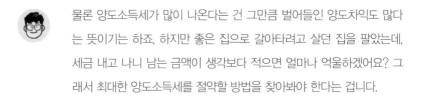
1주택자는 양도소득세를 안 낸다고 알고 있었는데, 아닌가요?

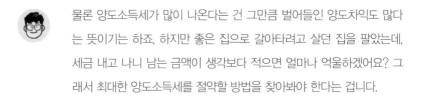
맞습니다. 주택을 한 채 가지고 있는 실수요자라면 특정 요건을 충족했을 때 시세 차익에 대한 양도소득세를 부과하지 않습니다. 그것을 '비과세'라고 해요. 양도소득세 계산법은 무척 복잡하지만, 최소한 1세대1주택 비과세 혜택만 잘 알고 계셔도 이사할 때 돈이 추가로 들어가는 불상사를 막을 수 있습니다.

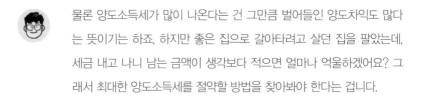
그렇군요. 꼭 알아둬야겠어요. 어서 말씀해 주세요!

기본세율과 추가과세의 개념

부토피아는 스마트폰을 꺼내어 표를 보여주었다(오른쪽 표 참조). 부동산의 종류와 보유 기간에 따른 세율표였다.

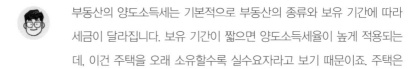
부동산의 양도소득세는 기본적으로 부동산의 종류와 보유 기간에 따라 세금이 달라집니다. 보유 기간이 짧으면 양도소득세율이 높게 적용되는데, 이건 주택을 오래 소유할수록 실수요자라고 보기 때문이죠. 주택은

최소 2년 이상 보유해야 세율이 낮아집니다.

 정말 그러네요. 여기 보니까 보유 기간 1년 미만의 주택이나 입주권의 세율은 무려 40%나 되네요.

 2021년 6월 이후에 부동산을 양도할 경우에는 보유 기간이 짧을수록 받는 불이익이 더 커질 예정이에요. 보유 기간이 1년 미만인 주택이나 입주권,

| 부동산의 종류와 보유 기간에 따른 세율표 |

구 분		~2021. 05. 31			2021. 06. 01.~	
		주택 외	주택·입주권	분양권	주택·입주권	분양권
보유기간	1년 미만	50%	40%	(조정대상지역) 50% (기타 지역) 주택 외 부동산과 동일	70%	70%
	1년 이상~2년 미만	40%	기본세율		60%	60%
	2년 이상	기본세율	기본세율		기본세율	

| 기본세율표 |

과세표준(만 원)	세율	누진공제(만 원)
1,200 이하	6%	–
1,200 초과 4,600 이하	15%	108
4,600 초과 8,800 이하	24%	522
8,800 초과 15,000 이하	35%	1,490
15,000 초과 30,000 이하	38%	1,940
30,000 초과 50,000 이하	40%	2,540
50,000 초과 100,000 이하	42%	3,540
100,000 초과	45%	6,540

* 과세표준 10억원 초과 구간 45%, 세율구간은 세법개정으로 2021년 신설 예정

* 다주택자 양도소득세 중과(2021.5.31 이전 양도시) : 조정대상지역 매도시 2주택자 +10%p, 3주택자는 +20%p 세율 추가

* 다주택자 양도소득세 중과(2021.6.1 이후 양도시) : 조정대상지역 매도시 2주택자 +20%p, 3주택자는 +30%p 세율 추가

분양권 등은 무려 70%의 세금을 적용받게 되지요. 1년 이상 2년 미만일 경우에는 60%가 적용되고요.

허걱, 60%라니…. 그럼 무조건 2년 이상은 보유해야겠네요. 그럼 2년 이상 보유하게 되면 '기본세율'이라고 나와 있는데, 기본세율이 대체 몇 %인가요?

기본세율은 최소 6%에서 최대 45%까지로 다양합니다(앞쪽 참조). 양도차익이 적으면 6%를 적용받을 수 있지만, 많아지면 45%까지 적용받을 수도 있어요.

그럼 양도차익이 많이 생겼다고 무조건 좋아할 게 아니네요.

맞아요. 그리고 만약 조정대상지역에 있는 주택을 매도하게 되면 양도소득세가 중과됩니다. 조정대상지역 내 2주택자일 경우에는 10%p가 붙어서 최소 16%에서 최대 55%까지, 3주택자일 경우에는 20%p가 붙어서 최소 26%에서 최대 65%까지 양도소득세율이 올라가죠.

왜 부동산 하시는 분들이 이번 대책을 그렇게 무서워하시는지 이제야 이해가 되네요.

아직 끝이 아니에요. 2021년 6월 이후에는 중과세율이 더 오릅니다. 조정대상지역 내 2주택자일 경우에는 20%p가, 3주택자일 경우에는 30%p가 더 붙게 되죠.

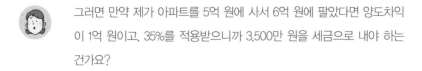

양도소득세의 계산 공식 알기

그러면 만약 제가 아파트를 5억 원에 사서 6억 원에 팔았다면 양도차익이 1억 원이고, 35%를 적용받으니까 3,500만 원을 세금으로 내야 하는 건가요?

그건 아니에요. 제가 말씀드렸죠? 양도소득세 계산법은 생각보다 복잡하다고요. 우선 기본세율의 기준은 정확히 말하면 양도차익이 아니라 '과세표준'입니다. 양도가액 금액에서 취득가액, 취득세 및 등록세, 법무비, 중개수수료 등 취득할 때 들어갔던 비용이나 각종 수리비 등을 빼고, 기본공제나 장기보유특별공제 같은 여러 공제금액을 모두 뺀 후 나온 금액이 과세표준이랍니다.

그럼 실제 과세표준은 양도차익보다 적게 나오겠군요?

맞아요. 그리고 세율도 그대로 적용하는 게 아니라 구간별로 적용해요. 그러니까 과세표준 1,200만 원까지는 6%를 곱하고, 그 이상부터 4,600만 원까지 금액은 15%를 곱하고, 또 그 이상부터 8,800만 원까지의 금액에는 24%를 곱하고…. 이런 식으로 구간별로 세율을 곱한 금액을 모두 합치는 방식이랍니다.

으아… 너무 복잡해요.

그렇죠? 그래서 이렇게 복잡하게 계산하는 것보다는 전체 과세표준 금액에 해당 세율을 곱하고, 앞 구간의 공제금액만큼을 빼는 식으로 계산하는 게 편해요. 양도소득세 공식은 그냥 아래와 같다고 기억해두세요.

양도소득세 = (과세표준 금액 × 과표구간 세율) − 누진공제액

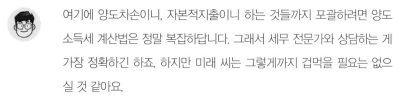

어떡하죠? 갑자기 집을 팔 자신이 없어졌어요.

여기에 양도차손이니, 자본적지출이니 하는 것들까지 포괄하려면 양도소득세 계산법은 정말 복잡하답니다. 그래서 세무 전문가와 상담하는 게 가장 정확하긴 하죠. 하지만 미래 씨는 그렇게까지 겁먹을 필요는 없으실 것 같아요.

왜 그렇죠?

미래 씨는 아직 1세대1주택자이기 때문에 양도소득세를 내지 않아도 되는 '비과세'에 해당하거든요. 2년 이상만 보유하신다면 양도소득세를 내지 않아도 됩니다. 예를 들어 2년 전에 5억 원에 매수한 주택을 8억 원에 매도했다면, 양도차익이 3억 원이지만 전부 비과세될 수 있으므로 양도소득세를 내지 않아도 된다는 것입니다.

정말요? 이제 안심이 되네요!

양도소득세 비과세는 주택에 대해서만 주어지는 특별한 혜택입니다. 1세대1주택자는 투자가 아니라 실거주를 위해 집을 보유한 것으로 보기 때문이죠. 만약 실수요자인 1주택자에게 양도소득세를 부과하게 되면, 더 좋은 집으로 이사하지 못하게 막는 셈이 되잖아요. 헌법이 보장하는 '거주이전의 자유'를 방해하는 셈이 되는 거죠.

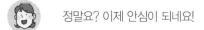

그렇네요! 멘토님들이 투자를 위해서는 여러 채를 보유하는 것보다 1주택을 유지하면서 더 좋은 집으로 계속 갈아타는 전략이 유효하다고 하셨

는데, 세금 측면에서도 그게 훨씬 유리하다는 생각이 드네요.

 그런데 주의할 점이 있어요. 1세대1주택자라도 무조건 비과세 혜택을 받을 수 있는 게 아니라, 주택이 어느 지역에 있느냐에 따라 요건이 달라진다는 거예요. 보통의 경우라면 1주택자는 2년 이상 보유만 해도 양도소득세가 비과세되지만, 만약 그 주택이 조정대상지역 내에 있다면 2년 이상 보유뿐만 아니라, 2년 이상 실제로 거주까지 해야만 비과세 혜택을 받을 수 있거든요.

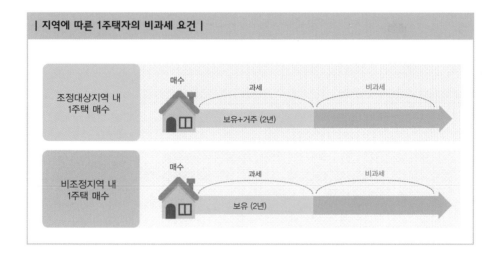

| 지역에 따른 1주택자의 비과세 요건 |

 아하! 조정대상지역 내의 주택은 2년 보유 및 거주까지 해야 한다! 꼭 기억하겠습니다.

 그리고 또 하나 주의할 점이 있어요. 이런 요건을 모두 충족한 1주택자라고 해도, 매도가격이 9억 원을 초과할 경우에는 양도소득세를 일부 내야 할 수도 있답니다. 다시 말해서 양도소득세 비과세는 9억 원까지만 해당되고, 9억 원 초과 부분에 대해서는 양도소득세가 부과되지요.

가격이 비싼 주택이라면 1주택자라도 완전히 비과세가 되는 건 아니라는 뜻이군요.

우리는 앞으로 좋은 지역의 좋은 주택으로 계속 갈아타겠다는 전략을 세우고 있잖아요. 좋은 지역의 좋은 주택들은 9억 원이 훌쩍 넘는 경우가 많기 때문에, 이 점을 꼭 기억하셔야 합니다.

그렇다면 9억 원을 초과하는 1주택에 대해서는 양도소득세가 어떻게 계산되나요?

이 경우 양도소득세 계산 공식은 약간 복잡한데요, 9억 원을 초과하는 금액이 전체 매매가격에서 몇 %를 차지하느냐에 따라 과세표준이 달라집니다.

$$\text{9억 원 초과 부분 과세표준} = \text{양도차익} \times \frac{\text{(양도가액 − 9억 원)}}{\text{양도가액}}$$

아아… 또다시 머리가 빙글빙글 도는 기분이네요….

예를 들어서 설명해볼게요. 9억 원짜리 아파트를 매수해서 12억 원에 매도한다고 가정해봅시다. 그럼 양도차익은 얼마일까요?

12억 원에서 9억 원을 빼니까, 3억 원이겠네요.

맞아요. 물론 원래는 여기에 각종 비용을 공제해야겠지만, 여기에서는 편의상 그런 건 생략하고 계산할게요. 어쨌든 이 집의 경우 매도금액 중에서 9억 원을 넘어서는 금액은 3억 원입니다. 이 3억 원은 전체 매매가격에서 몇 %의 비중을 차지할까요?

전체 매매가격이 12억 원이니까, 3억 원을 12억 원으로 나누면 25%가 되겠네요.

맞습니다. 전체 양도차익은 3억 원이지만, 그중에서 9억 원을 넘어선 25%에 대해서만 양도소득세가 매겨지는 거예요. 그러면 양도소득세 대상이 되는 금액은 얼마일까요?

3억 원의 25%이니까 7,500만 원… 그러면 이 7,500만 원에 대해서만 양도소득세가 부과된다는 거네요. 그러면 앞에 나온 세율표에서 과세표준 7,500만 원에 대한 세율은 24%였으니까, 여기에서도 24%의 세율이 적용되는 건가요?

맞습니다. 그리고 거기에서 누진공제액 522만 원을 빼면 양도소득세 금액이 나오겠죠.

(한참 끙끙대며 계산하더니) 그러면 약 1,278만 원이 나오겠네요.

9억 원 초과 부분 과세표준 = 양도차익×{(양도가액−9억 원)/양도가액}

= 3억 원×{(12억 원−9억 원)/12억 원}

= 7,500만 원

양도소득세 = 과세표준 금액×과표구간 세율−누진공제액

= 7,500만 원×24% − 522만 원

= 1,278만 원

맞아요! 잘 계산하셨네요. 참고로, 양도소득세에서는 1년에 한 번씩 과세표준 금액에서 250만 원을 추가로 공제해주는 '기본공제'가 있답니다. 그

걸 적용하면 세액은 좀 더 줄어들 수도 있어요.

히힛, 이렇게 차근차근 해보니까 할 만한데요? 하지만 1,278만 원이라는 돈도 적은 돈은 아니네요. 물론 3억 원이라는 양도차익을 얻긴 했지만….

오래 거주할수록 세금이 줄어드는 '장기보유특별공제'

직접 계산을 해보며 즐거워 하면서도, 한편으로는 세금을 걱정하는 미래. 그 모습을 보면서 부토피아는 씨익 웃는다.

양도소득세를 더 줄일 수 있는 방법이 있어요. 바로 장기보유특별공제를 활용하는 것입니다.

장기보유특별공제라면… 오래 보유하면 공제를 더 해준다는 뜻인가요?

맞아요. 시간이 지날수록 부동산 가격은 높아지잖아요. 그런데 오랜 기간 주택을 보유해온 실수요자들이 막상 집을 팔려고 하는데 그 사이에 집값이 오르면서 양도차익이 많아졌다면, 양도소득세 측면에서는 오히려 오래 보유하는 것이 손해일 수 있겠죠. 그래서 오랜 기간 주택을 보유했던 실수요자들을 보호하기 위해 보유 기간이 길어질수록 과세표준이 더 많이 낮아지는 것입니다. 거기에 실제 거주까지 오래 했다면 그만큼 더 많이 낮아지고요. 1주택자에 대한 장기보유특별공제의 기준은 오른쪽의 표와 같습니다.

1세대1주택 장기보유특별공제(2021년 양도 기준)								
보유 기간		3년	4년	5년	6년	7년	8년	9년	10년 ~
1주택	합계	24%	32%	40%	48%	56%	64%	72%	80%
	보유	12%	16%	20%	24%	28%	32%	36%	40%
	거주	12%	16%	20%	24%	28%	32%	36%	40%
다주택		6%	8%	10%	12%	14%	16%	18%	20~30%

*다주택자는 보유기간 15년까지 최대 30% 공제

 그럼 만약 앞에서처럼 양도차익이 7,500만 원 나왔는데, 3년 동안 보유했다면 장기보유특별공제 12%를 적용받아 과세표준이 6,600만 원이 되고, 4년 동안 보유했다면 16%를 적용받아 6,300만 원이 된다는 거죠? 만약 3년 동안 보유도 하고 거주도 했다면 총 24%가 적용되니까… 과세표준 5,700만 원으로 확 줄어드네요!

 맞아요. 참고로 2021년부터는 보유 기간과 거주 기간이 분리됩니다. 예를 들어 보유는 4년을 했지만, 거주는 3년밖에 하지 않았다면 장기보유특별공제는 각각 16%와 12%를 합쳐서 총 28%까지 받을 수 있겠죠.

 이제 좀 알 것 같아요! 결과적으로 보유 기간과 거주 기간이 길수록 세금이 줄어드는 구조네요.

 맞습니다. 일단 1주택자로서 비과세를 받을 수 있는 요건을 충족했는지 살펴보시고, 그 다음에는 9억 원 초과분에 대한 양도차익을 계산해 보고, 그 다음으로 장기보유특별공제를 적용해 보면 양도소득세를 어느 정도 계산해 볼 수 있죠. 이 과정을 그림으로 정리한 것이 다음의 표예요. 꼭 눈여겨보시기 바랍니다.

| 1세대1주택자의 9억 원 초과 주택 양도소득세 계산 사례|

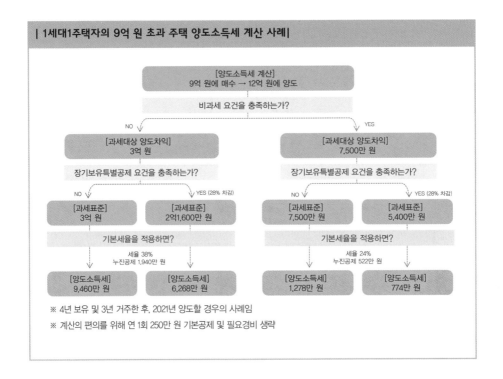

※ 4년 보유 및 3년 거주한 후, 2021년 양도할 경우의 사례임

※ 계산의 편의를 위해 연 1회 250만 원 기본공제 및 필요경비 생략

 복잡하고 어렵긴 하지만, 그렇다고 모르고 넘어가면 안 될 것 같네요.

 요즘은 부동산계산기 앱이 나와 있으니 활용하셔도 좋고요. 의사결정을 하시기 전에 세무사의 상담을 정식으로 받아보시는 것도 좋습니다. 물론 그렇더라도 당연히 기본 개념 정도는 머리에 담아두시는 게 좋겠죠? 주택을 매수하고 그에 대한 책임을 질 수 있는 거 결국 본인뿐이니까요.

 네, 꼭 기억할게요!

규제의 틈새를 역이용하는
'일시적 1세대2주택' 전략

 상대적 저평가를 활용해서 갈아타는 전략, 정말 멋지네요! 그런데 걱정되는 부분이 하나 있어요. 갈아타기를 하려면 내 집도 잘 팔면서 동시에 다른 집도 사야 하잖아요? 그런데 제 집이 팔려야 그 돈으로 이사를 갈 수 있는데, 만약 제 집이 안 팔리면 어떡하죠?

어느새 제법 부동산 유경험자처럼 말하고 있는 미래를 보며 멘토 3인방은 빙그레 미소를 지었다. 걱정하는 미래에게 준걸이 말했다.

 사실 매도와 매수를 동시에 진행하는 게 마냥 쉬운 건 아니죠. 내 물건은 비싸게 잘 팔고 싶고, 이사갈 집은 싸게 사고 싶은 게 모두의 마음이니까요. 하지만 더 좋은 집으로 이사갈 타이밍을 잡으려면 지금 가지고 있는 집을 최고가에 팔겠다는 욕심을 어느 정도는 내려놓아야 해요. 자칫하면 내 집을 못 팔아서 기다리는 사이에 갈아타기 할 집의 가격이 많이 올라서 아예 포기해야 할 경우도 생긴답니다.

타이밍을 완벽하게 잡기가 쉽지 않겠네요.

네 그렇죠. 완벽한 조건으로 갈아타기는 사실 쉽지 않아요. 동시에 사고파는 타이밍 잡기가 부담된다면, 좋은 방법 하나 알려드릴까요?

뭔데요, 뭔데요? 빨리 알려주세요.

이사 갈 집, 그러니까 매수하는 집을 계약할 때 잔금 치르는 날을 최대한 늦춰서 잡아달라고 부탁하는 거예요. 계약부터 잔금 사이의 기간이 길다면, 그 사이에 지금 살고 있는 집을 매도할 수 있으니 좀 더 시간적 여유가 있을 테니까요.

하지만 상대방 입장에서는 최대한 돈을 빨리 받고 싶어할 텐데, 그게 가능할까요?

물론 일반적으로 돈을 빨리 받고 싶은 게 사람 마음이긴 하죠. 하지만 상황에 따라서 가능한 매물들이 나오기는 합니다. 개인 사정으로 돈이 급해서 집을 팔려고 내놓았는데 일단 계약금이라도 빨리 받았으면 하는 사람이거나, 규제로 인해 시장 분위기가 나빠질까 봐 두려워서 빨리 팔고 싶어 하는 사람의 물건이죠.

그런 물건을 잘 찾아내려면 역시 평소에 관심 지역의 중개사님들하고 잘 지내야겠네요.

그렇죠. 그리고 이런 경우에는 빨리 팔고 싶은 사람보다 내가 우위에 서 있는 셈이기 때문에, 잔금 날짜를 최대한 늦춰달라고 요청하는 게 가능합니다. 저렴한 가격에 상급지를 사두니 좋고, 내 집도 여유를 가지고 팔수 있는 전략입니다. 게다가 잔금을 치르기 전에 시장 분위기가 회복되면 사놓은 집도 오르고, 팔려는 집도 오르니 더 좋겠죠.

그런 경우가 실제로 있나요?

그럼요. 제 지인의 경우는 집을 살 때 잔금 날짜를 8개월 후로 잡는 데에 성공했어요. 그 사이에 시장 흐름이 좋아지면서 잔금을 치르기도 전에 1억 원이 넘는 시세 차익이 따라왔답니다. 시간적 여유가 있으니 기존에 살던 집도 좋은 가격에 팔 수 있었고요.

와~ 그런 방법이 있는지 몰랐어요. 가격이 오른 것을 보면 매도자는 마음이 좀 아프겠네요. 설마 계약을 파기하자고 하는 건 아니겠죠?

실제로 매도 후에 가격이 너무 많이 오르면 계약을 파기하려는 경우도 종종 발생합니다. 그럴 때를 대비해서 잔금 날짜가 너무 길어지게 되면 매수계약을 할 때 중도금 조항을 꼭 넣어두는 게 좋겠죠?

집이 2채라도 비과세 혜택을 받을 수 있다

미래는 고개를 끄덕였지만, 이내 다시 표정이 어두워졌다.

그런데, 만약 그래도 못 팔았을 때는 어떻게 되나요? 사람이 하는 일인데, 이사 갈 집을 사놓고 내 집이 안 팔리는 경우가 있을 수도 있잖아요.

그때는 각자의 상황에 맞춰 전략을 구사해야겠죠. 두 집 중 하나에 전세를 놓거나, 대출을 받아서 잔금을 치르거나, 아니면 욕심내지 말고 기존 집을 정말 싼 가격에 팔아버리는 것도 방법입니다.

하지만 앞에서 설명해 주신 1주택자 비과세 혜택은 어떻게 되나요? 새로운 집의 잔금을 치를 때까지 기존 집이 안 팔리면 저는 2주택자가 되는 거니까, 비과세 기회가 날아가는 것 아닌가요?

와~ 그런 계산까지 미리 하시다니, 미래 씨도 이제 완전 부동산 전문가가 다 되셨는데요? 하지만 걱정 마세요. 실제로 실수요자들에게도 그런 경우가 종종 일어나기 때문에 국가는 그런 실수요자를 보호해 주기 위한 장치를 마련하고 있습니다. 바로 일시적 1세대2주택 비과세라는 거예요.

일시적이요? 그게 뭔가요?

말 그대로, 사정이 생겨서 일시적으로 2주택자가 되었을 경우 몇 가지 요건을 갖추면 여전히 기존 집을 매도할 때 양도소득세에 대한 비과세 혜택을 주는 겁니다.

그거 좋네요! 어떻게 하면 되는지 알려주세요!

사례별로 조금씩 달라질 수 있으니, 그림으로 설명드릴게요.

준걸은 옆에 있던 이면지를 꺼내어 길게 화살표를 그리고 중간중간 끊어서 마디를 넣었다. 그리고 슥슥 집 모양을 그리더니 설명을 계속했다.

 가장 기본적인 요건은 세 가지예요.

첫째, 첫 번째 집 매수 후 1년이 경과한 후 두 번째 집을 매수할 것.

둘째, 첫 번째 집을 2년 이상 보유할 것(조정대상지역은 2년 이상 거주 포함).

셋째, 두 번째 집을 매수한 후 3년 이내에 첫 번째 집을 매도할 것.

 이 요건을 지키면 일시적 1세대2주택으로 인정해서 첫 번째 집에 대한 양도소득세를 비과세 해줍니다. 단, 첫 번째 집이 조정대상지역 내에 있다면 둘째 조건에서 2년 이상 보유뿐만 아니라 2년 이상 거주도 해야겠죠. 그것이 비과세의 기본 전제니까요.

 그렇다면 두 번째 집을 매수한 후 조금 지난 후에 기존 집을 팔아도 괜찮겠네요.

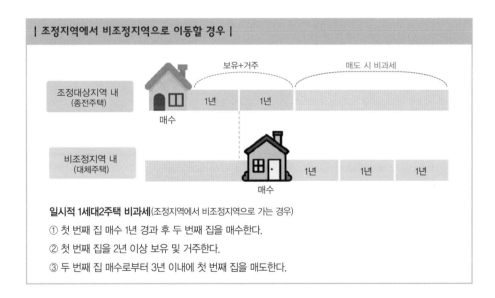

| 조정지역에서 비조정지역으로 이동할 경우 |

일시적 1세대2주택 비과세(조정지역에서 비조정지역으로 가는 경우)

① 첫 번째 집 매수 1년 경과 후 두 번째 집을 매수한다.

② 첫 번째 집을 2년 이상 보유 및 거주한다.

③ 두 번째 집 매수로부터 3년 이내에 첫 번째 집을 매도한다.

규제지역이라면 대출 의무사항을 조심하자

 그런데, 만약 비조정지역에서 조정대상지역으로 이사 가는 경우라면 추가로 고려해야 할 것들이 생깁니다. 물론 기본적인 공식은 비슷하죠. 가지고 있던 집을 매수한 지 1년이 경과한 후에 두 번째 집을 매수해야 하고, 기존 집을 2년 이상 보유해야 하며, 두 번째 집을 매수한 지 3년 안에 기존 집을 매도해야 합니다. 기존 집이 비조정지역이기 때문에 이때는 굳이 2년 이상 거주하지 않아도 비과세를 받을 수 있어요.

 그런데 무엇을 추가로 고려해야 한다는 거죠?

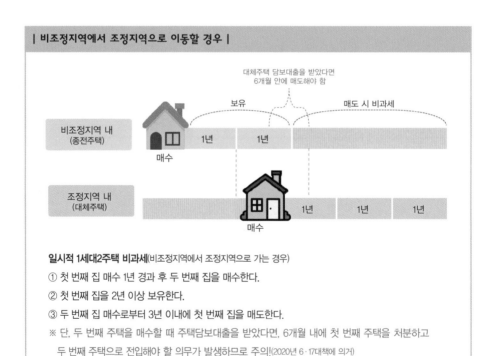

| 비조정지역에서 조정지역으로 이동할 경우 |

대체주택 담보대출을 받았다면
6개월 안에 매도해야 함

보유 / 매도 시 비과세

비조정지역 내 (종전주택) — 매수 — 1년 / 1년

조정지역 내 (대체주택) — 매수 — 1년 / 1년 / 1년

일시적 1세대2주택 비과세(비조정지역에서 조정지역으로 가는 경우)
① 첫 번째 집 매수 1년 경과 후 두 번째 집을 매수한다.
② 첫 번째 집을 2년 이상 보유한다.
③ 두 번째 집 매수로부터 3년 이내에 첫 번째 집을 매도한다.
※ 단, 두 번째 주택을 매수할 때 주택담보대출을 받았다면, 6개월 내에 첫 번째 주택을 처분하고
　두 번째 주택으로 전입해야 할 의무가 발생하므로 주의!(2020년 6·17대책에 의거)

바로 대출입니다. 주택담보대출을 활용해서 새로운 집을 샀다면, 실질적으로는 3년이 아니라 6개월 이내에 기존 집을 매도해야 하거든요. 2020년에 발표된 6·17 부동산 대책에 따르면, 1주택자가 규제지역에서 주택담보대출을 받아 집을 매수할 경우 종전 주택(기존의 주택)을 6개월 이내에 처분하고 신규 주택으로 전입하는 것이 의무입니다.

 아, 양도소득세와 직접 연관은 없지만, 대출 때문에 실질적으로는 6개월로 줄어드는 거군요.

 물론 대출을 받지 않았을 경우에는 이런 의무가 발생하지 않으니 신규주택 매수 후 3년 이내에 종전 주택을 매도하면 비과세가 되지요.

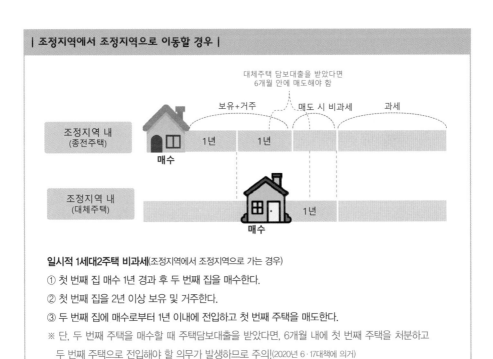

일시적 1세대2주택 비과세(조정지역에서 조정지역으로 가는 경우)
① 첫 번째 집 매수 1년 경과 후 두 번째 집을 매수한다.
② 첫 번째 집을 2년 이상 보유 및 거주한다.
③ 두 번째 집에 매수로부터 1년 이내에 전입하고 첫 번째 주택을 매도한다.
※ 단, 두 번째 주택을 매수할 때 주택담보대출을 받았다면, 6개월 내에 첫 번째 주택을 처분하고 두 번째 주택으로 전입해야 할 의무가 발생하므로 주의!(2020년 6·17대책에 의거)

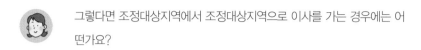

그렇다면 조정대상지역에서 조정대상지역으로 이사를 가는 경우에는 어떤가요?

이때는 좀 더 복잡해지죠. 종전 주택 매수 1년이 경과한 후에 두 번째 주택을 매입해야 하는 건 마찬가지인데, 종전 주택을 2년 이상 보유해야 하는 것뿐만 아니라 2년 이상 거주도 해야 비과세 요건이 충족되지요. 그리고 여기에 또 하나가 추가되는데, 신규 주택 취득 후 종전 주택을 매도해야 하는 기간이 3년이 아니라 1년 이내여야 하고, 전입도 해야 하지요.

주택담보대출은요?

잘 지적하셨어요. 이 경우에도 마찬가지로 주택담보대출을 실행하여 조정대상지역의 주택을 샀다면, 실질적으로는 1년이 아니라 6개월 이내에 종전 주택을 매도해야 합니다. 대출을 받지 않고 매수했다면 1년 이내에 매도하면 비과세 혜택이 가능합니다.

으으… 역시 복잡하네요.

세금이 좀 어렵긴 하죠. 그러나 일시적 1세대2주택 비과세는 실수요자라면 반드시 알아야 하는 내용입니다. 좋은 집으로 갈아타며 이사를 다니려다 보면 계속 겪게 될 일이니까요.

갭 투자를 응용하여
최고의 갈아타기 타이밍을 잡는 법

이렇게 보니까 그냥 1세대1주택 비과세보다 일시적 1세대2주택이 좀 더 유리한 것 같아요. 살던 집을 매도할 기간에 여유가 생기잖아요.

맞아요. 하지만 더 좋은 점이 하나 더 있잖아요.

음… 뭐죠?

고민하는 미래를 바라보며 준걸이 빙긋이 웃는다.

제가 말씀드린 지인의 사례를 떠올려보세요.

아! 보유하고 있는 사이에 두 채 모두 가격이 올랐다는 거요!

네, 맞아요. 일시적 1세대2주택 기간 사이에 두 채의 시세가 모두 오르면 더욱 성공적인 갈아타기가 된다는 거죠. 기간이 길어질수록 가격이 오를 확률도 높아집니다. 만약 이사 갈 지역이 조정대상지역 내의 상급지라면 두 번째 주택을 살 때는 대출을 받지 않는 것이 두 채를 오래 보유할 수 있는 방법이겠죠? 6개월보다는 1년 동안 동시 보유가 가능한 것이 좋으니까요. 기존에 살던 집이 비규제 지역이라면 3년까지도 동시 보유가 가능하고요.

 그렇긴 한데, 대출을 받지 않고 사는 게 가능할까요? 집값을 어떻게 전부 내 돈으로 주고 사요!

 에이~ 왜 못 사요? 다들 그렇게 사는데?

장난스럽게 웃는 준걸을 보니 미래는 왠지 심술이 났다. 여기 사람들은 다들 그렇게 돈이 많다는 뜻인가? 역시 돈이 있어야 상급지의 집을 살 수 있는 건가? 미래를 놀리는 것이 재미있는지 준걸은 살짝 뜸을 들였지만 이내 웃으며 대답했다.

 이미 세입자가 살고 있는 물건을 매수하시면 되잖아요.

 세입자요? 아…. 그리고 보니 세입자가 살고 있는 물건은 좀 더 싸게 매수할 수 있다고 하셨죠? 갭 투자의 일종인 거네요!

 맞아요. 임대차보호법이 개정되면서 세입자가 살고 있는 물건은 더 저렴한 가격에 매물이 나오기도 하죠. 대출을 받지 않으면 기존 집을 처분할 수 있는 기간은 1년에서 최대 3년까지로 늘어납니다. 그 사이에 세입자가 살고 있다면 대출 없이도 기간이 늘어날 수 있죠.

그럼 세입자가 전세 만기가 되어 나갈 때까지 두 채를 동시 보유하다가, 내가 이사를 갈 시점이 되면 기존 집을 팔면 되는 거군요.

 그러면 저렴하게 새로운 집을 매수하면서, 동시에 두 채 모두 시세 차익을 가져가는 최고의 갈아타기가 될 수 있는 겁니다.

신규 주택에 임차인이 살고 있다면

 와, 그런 전략이 있을 줄은 생각도 못 했어요! 정말 좋은 방법이에요. 그런 이야기를 들으니, 조정대상지역에서 조정대상지역으로 가는 경우는 1년 이내에 종전 주택을 팔아야 한다는 게 좀 아쉽네요.

 음… 사실은 조정대상지역에서 조정대상지역으로 이사 가는 경우에도 1년 이상 보유한 상태에서 비과세를 받을 방법이 있긴 합니다.

 네? 그건 또 무슨 말씀이세요?

 예외사항이 한 가지 있거든요. 조정대상지역에서 조정대상지역으로 이사를 가더라도, 신규 주택에 이미 임차인이 살고 있는 경우에는 그 임차인을 함부로 내쫓을 수가 없잖아요? 그래서 그 임차인의 임대차 기간이 종료될 때까지는 전입을 해야 하는 의무 기간과 종전 주택의 양도 기간을 연장해주도록 예외사항이 정해져 있습니다. 최대 2년까지 가능하죠.

 아~ 알겠어요! 그러면 임차인이 이미 살고 있는 주택을 매수한다면, 조정대상지역이라고 해도 두 채를 동시 보유할 수 있는 기간이 2년까지 늘어나겠네요!

그렇죠! 이런 내용을 종합해보면 일시적 1세대2주택을 활용한 최적의 갈아타기 전략을 만들 수 있겠죠.

일시적 1세대2주택을 활용한 갈아타기 전략
① 임대차계약이 새로 체결된 집을 매수한다.
② (조정대상지역→조정대상지역인 경우) 최대 2년 동안 동시 보유로 두 채의 시세 차익을 노린다.
③ 신규 주택 임대차계약 만료 시점에 맞춰 종전 주택을 매도한다.
④ 신규 주택에 전입한다. 만약 임차인의 계약갱신청구가 있어도, 실거주라는 사유가 있으므로 거절할 수 있다.

 이렇게 정부 정책과 법령을 잘 공부하면, 그에 맞춰서 가능한 전략을 세울 수가 있겠네요. 정말 감사합니다. 갈아타기 하면서 재테크도 성공하기! 이제 할 수 있을 것 같아요.

전세퇴거자금 대출

만약 신규 주택에 거주하고 있는 세입자를 내보낼 때 전세보증금을 돌려줘야 하는데 자금이 부족하다면 어떻게 해야 할까요? 주택담보대출을 받을 수 있다면 좋겠지만, 주택담보대출은 주택 구입 후 3개월 이내에만 가능합니다. 그 후에는 주택을 담보로 하되 생활안정자금을 목적으로 한 대출만 받을 수 있습니다.

일반적으로 생활안정자금대출은 담보가액에 따라 연간 1억 원 이내로 가능합니다. 하지만 이 정도 금액으로는 전세보증금을 돌려주는 데 턱없이 부족할 수 있습니다. 이럴 때 쓸 수 있는 것이 세입자 보증금 반환 목적의 생활안정자금대출인 '전세퇴거자금대출'입니다. 이 경우에는 1억 원을 초과하더라도 LTV 또는 DTI에 맞춰 실행할 수 있어 활용도가 높습니다.

단, 규제지역 내의 고가주택(9억 원 초과)일 경우에는 대출 실행 후 3개월 이내에 전입을 해야 합니다. 또한 전세퇴거자금대출은 1주택자만 가능하기 때문에, 일시적 1세대2주택자일 경우에는 향후 1주택자가 될 예정이라는 증빙(종전 주택의 매도 계약서 등)을 제출해야 합니다. 또한 대출은 개인의 상황에 따라 달라질 수 있으므로 자세한 사항은 반드시 금융기관에 직접 문의하셔야 합니다.

1주택과 1입주권을 활용한
갈아타기 전략

 그런데 생각해보니 이런 갈아타기 전략 중에 안 좋은 점이 하나 있네요. 몇 년을 기다리면서 준비해야 하니까, 신축 아파트나 분양권에는 적합하지 않은 것 같아요. 나도 새 아파트에 살아보고 싶은데….

미래의 시무룩한 표정에 곁에서 조용히 듣고 있던 비타씨가 관심을 보이며 입을 열었다.

 꼭 그런 건 아니에요. 부동산 규제 때문에 분양권을 매수하기가 무척 어려워지긴 했지만, 다른 방법이 남아 있답니다. 바로 입주권을 매수하는 거죠.

 입주권이요? 분양권과는 다른 건가요?

쉽게 말하면 입주권은 재건축·재개발 사업의 조합원에게 주어지는 권리예요. 입주권을 매수한다는 건 재건축·재개발 사업에 투자한다는 뜻이죠. 반면에 분양권은 청약을 통해 일반분양에 당첨된 권리를 말하는 거예요.

그러면 새로 지어질 아파트에 들어갈 수 있는 권리라는 측면에서 입주권과 분양권은 공통점이 있네요. 물론 뭔가 다른 점이 있겠지만요. 그런데 그걸 어떻게 활용하면 된다는 거죠?

사실 재건축·재개발 투자는 공부해야 할 것이 많은 분야이기 때문에 하나하나 다 설명해 드리기는 어려워요. 제 친구의 사례를 들어서 말씀드려볼게요.

미래는 눈을 반짝이며 의자를 바짝 끌어다 앉았다. 한 마디도 놓치지 않겠다는 듯한 모습이다. 그런 미래를 바라보며 비타씨가 천천히 설명을 시작했다.

제 친구 부부는 2019년 초에 송파에 있는 빌라에 전세보증금 3억 원으로 살고 있었어요. 요즘은 워낙 책이나 유튜브 등을 통해서 근로소득만으로는 노후준비가 어렵고, 자본소득이 중요하다는 이야기를 많이 하잖아요? 제 친구 부부도 한창 그런 이야기에 귀를 기울이던 참이었습니다. 그래서 전세 만기가 돌아오면 이참에 집을 사자고 남편에게 이야기를 했더라고요.

그래서 친구분은 집을 샀나요?

결국 집을 사자고 합의를 보긴 했는데, 문제는 위치였죠. 친구의 남편은 직장과 가까운 송파에 계속 머물고 싶어 했지만, 송파나 그 주변의 신축 아파트는 도저히 가격대가 맞지 않았던 거예요. 서울은 투기지역이기 때문에 아무리 무주택자라도 대출이 집값의 40%를 넘을 수가 없었거든요.

조금 저렴한 구축 아파트라면 가능하지 않았을까요?

그럴 수도 있지만, 새 아파트에 사는 것이 로망이었던 친구는 다산신도시의 좀 더 저렴한 신축 아파트로 눈을 돌렸죠. 어쩌면 제가 거기에 살고 있다는 걸 이미 알아서 그랬을 수도 있지만요.

미래가치를 보고 신도시에 입주하다

비타씨에 의하면, 친구도 이제 어느 정도 부동산과 자본소득에 대해 관심을 갖다 보니 신도시와 택지지구에 대한 생각을 바꾸게 되었다고 한다. 지금은 아무것도 없는 허허벌판이지만, 점차 새 아파트가 들어서고 사람들과 인프라가 채워지면 그 가치를 인정받아 가격도 점점 올라갈 것이라는 기대.

완성되기 전에는 다소 고생할 수 있지만 나중에는 새 아파트에서 실거주한다는 기쁨과 시세 차익이라는 두 마리 토끼를 잡을 수도 있다는 생각에 친구 부부는 서울의 구축 아파트 대신 다산신도시 신축 아파트를 매수하게 되었다.

결과적으로 친구 부부의 선택은 나쁘지 않았어요. 2019년 초, 다산신도시 34평 아파트의 분양권 가격은 4억 원대 중반으로 저렴한 상황이었거든요. 입주가 코앞이었지만, 정부가 강력한 부동산 규제를 발표한 지 얼마 되지 않은 때라서 몇 개월간 가격이 조정을 받고 있었답니다.

대박! 다산신도시는 잠실에서 30분 정도면 갈 수 있는 곳인데, 4억 원대 중반이라면 엄청 싸다는 생각이 들긴 하네요.

친구 부부는 2019년 3월에 다산신도시에 지어진 새 아파트에 입주하게 되었어요. 그런데 재미있는 건 담보대출을 무려 3억9,000만 원이나 받았다는 거예요.

네? 4억 원짜리 아파트인데 담보대출을 3억9,000만 원이나요? 어떻게 그럴 수 있죠?

대출의 기준이 되는 것이 KB시세인데, 당시 그 아파트의 KB시세가 무려 5억6,000만 원으로 높게 잡혀 있었거든요. 여기에 당시에는 LTV도 70%를 적용받았기 때문에 담보대출을 많이 받을 수 있었던 거죠(뒤쪽 참조).

| 다산신도시의 2015년 분양 당시(좌)와 2020년 입주 완료 후(우) |

대단하네요! 그러면 대체 실입주금은 얼마가 들었던 거죠?

 취등록세와 중개수수료, 그 밖의 기타 비용까지 더해도 4억5,000만 원 정도가 들었다고 해요. 대출금액이 3억9,000만 원이었으니까 결국 6,000만 원으로 새 아파트를 사서 이사를 들어간 셈이네요.

친구는 그 6,000만 원을 평소에 모아둔 예금액으로 충당할 수 있었다. 그리고 나니 기존 집에 묶여있던 3억 원의 전세보증금은 고스란히 남아 있게 되었다.

그 사이에 부동산 상승 분위기를 타고 입지가 좋은 다산신도시의 새 아파트는 여러 호재와 맞물리면서 가격이 많이 올랐다. 그 모습을 지켜본 친구는 잠자고 있는 3억 원을 가지고 추가로 투자를 해야겠다고 생각했다.

| 2018.9.13. 부동산 대출 규제 : 조정대상지역 서민 실수요자 LTV 70% |

주택 가격	구분		투기과열지구 투기지역		조정대상지역		조정대상지역 외수도권		기타	
			LTV	DTI	LTV	DTI	LTV	DTI	LTV	DTI
고가주택 기준 이하 주택 구입시	서민 실수요지		50%	50%	70%	60%	70%	60%	60%	없음
	무주택 세대		40%	40%	60%	50%	70%	60%	70%	없음
	1주택 보유 세대	원칙	0%	–	60%	–	60%	60%	60%	없음
		예외	40%	40%		50%	60%	50%	60%	없음
	2주택 이상 보유 세대		0%	–	0%	–	60%	50%	60%	없음
고가주택 구입시	원칙		0%	–	0%	–	고가주택 기준 이하 주택 구입시 기준과 동일			
	예외		40%	40%	60%	50%				

친구는 그 3억 원을 종잣돈 삼아서 주로 지방 아파트에 투자를 몇 건 했어요. 규제가 적용되지 않는 지역들이죠. 엄청 열심히 하더니, 1년이 조금 넘었을 때에는 3억 원의 자금이 5억 원으로 올라있더라고요.

와, 그 친구분도 정말 대단하시네요!

그런데 어느 날 다시 이사를 가야겠다는 고민을 하더라고요. 남편의 왕복 출퇴근 시간이 2시간 반이나 걸리는데 너무 피곤해한다며, 남편이 회사 근처로 가고 싶다는 이야기를 했다는 거예요. 잠실과 다산신도시를 이어줄 8호선 연장선이 금방 개통될 줄 알고 있었는데, 좀 더 공부해 보니 빨라도 2023년에나 개통이 가능하다는 걸 알게 된 거죠.

하긴 그때까지 기다리기엔 너무 시간이 길다고 느낄 만하네요.

하지만 앞에서도 들으셨죠? 기존 집을 팔 때 2년 이상 보유해야 양도소득세가 비과세 된다는 것을요. 다산신도시는 조정대상지역에 포함되기 때문에 여기에 2년 이상 거주도 반드시 해야만 하는 상황이었죠.

그래도 몇 년만 꾹 참고 기다리면 집값이 오를 거고 원하는 지역으로 이사를 갈 수 있으니, 조금만 참으면 되지 않을까요?

하지만 요즘 집값 오르는 속도를 보셔서 아시잖아요. 실거주 갈아타기를 하려고 해도 기다리는 동안 원하는 상급지의 집값이 더 오를 것 같은 불안감 때문에 친구는 걱정이 이만저만이 아니었답니다. 그러다가 앞에서 살펴본 '일시적 1세대2주택 비과세 요건'을 알게 되었죠(뒤쪽 참조).

아하, 그러면 그분도 전세 세입자가 살고 있는 집을 먼저 사 두고, 만기에 맞춰서 기존 주택을 파는 전략을 취하셨겠네요?

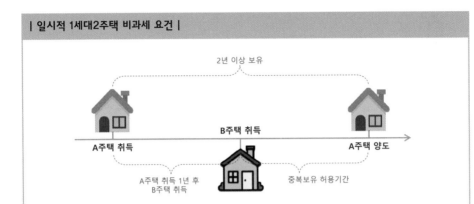

종전주택	대체주택	중복보유 허용기간		대체주택 전입기한
조정지역	비조정지역	3년		해당 없음
비조정지역	조정지역			
	비조정지역			
조정지역	조정지역	2018. 09. 13. 이전 취득	3년	해당 없음
		2018. 09. 14~2019. 12. 16 취득	2년	해당 없음
		2019. 12. 17 이후 취득	1년	1년 이내

출처: 블로그 '미네르바올빼미의 세금이야기' 중 '일시적 1세대2주택 중복보유 허용 기간' 참조

그러려고 했지요. 더 오르기 전에 송파의 아파트에 갭 투자를 해두려고 알아보기 시작했습니다. 하지만 문제는 그 사이에 집값이 더 올랐다는 것, 그리고 2019년 12·16 부동산 대책이 발표되면서 대출이 더욱 심하게 묶였다는 기죠. 투기지역에 해당하는 송파는 9억 원 초과 주택의 대출한도가 LTV 20%로 줄어들었고, 15억 원이 넘는 초고가 아파트는 아예 대출이 전면 금지되었습니다. 나중에 전세금을 내주려고 해도 어렵게 된 거죠. 대출이 너무 적게 나오니까요.

아… 이래저래 방법이 없어져 버린 셈이네요.

담보대출		투기과열지구 투기지역		조정대상지역		이외 지역기타	
		LTV	DTI	LTV	DTI	LTV	DTI
서민 실수요자		50%	50%	60%	60%	70%	60%
무주택 세대		40%	40%	60%	50%		
시가 9억 원 이하	원칙	0%	–	0%	–	60%	없음
	예외	40%	40%	50%	50%		
	2주택 이상 보유 세대	0%	–	0%	–		
시가 9억 원 초과 (고가주택)	원칙	0%	–	0%	–	시가 9억 원 이하 기존과 동일	
	예외: 9억 원 구간	40%	40%	50%	50%		
	예외: 9억 원 초과분	20%		30%			
시가 15억 원 초과	초고가 아파트	0%	–	해당 없음			

| 2019.12.16. 부동산 대책 : 고가주택, 초고가 아파트 부동산 대출 LTV, DTI 비율 |

친구는 다산신도시 신축 아파트에 살면서 새 아파트의 장점을 마음껏 누린 사람이에요. 그러니 송파에서도 가급적 신축 아파트에 살고 싶었겠죠. 하지만 지금 가지고 있는 돈 5억 원으로는 구축 아파트도 사기 어려운 상황이었습니다. 그럼에도 친구는 포기하지 않더라고요. 고생한 남편을 위해서 어떻게든 직주근접의 가치를 누리게 해주고 싶다며 저한테 도움을 요청하더라고요.

그럼 비타씨 님이 멋지게 해결해 주셨겠군요?

글쎄요, 저라고 뾰족한 수가 있나요? 그냥 다양한 전략을 알려주고, 선택은 친구에게 맡겨야죠, 뭐.

어떤 전략을 알려주셨는데요?

새 아파트가 될 구역을 미리 선점하다

일단 종전 주택인 다산신도시 아파트를 정리할 것인지를 물었어요. 당연히 아니겠죠. 살 집은 계속 필요하니까요. 그렇다면 쓸 수 있는 돈은 당장 가지고 있는 예금액인 5억 원뿐입니다.

하지만 5억 원으로는 송파의 신축 아파트는 물론, 구축 아파트도 얻기 힘들다면서요?

대신 남편에게 다시 한 번 물어보라고 했죠. 당장 이사를 가야만 할 것 같은지, 아니면 몇 년 더 불편함을 감수해줄 수 있는지를요. 다행히도 남편은 다산신도시에서 당분간 더 출퇴근을 해보겠다고 했더라고요.

그럼 그 사이에 새로운 집을 찾아봐야 할 텐데, 여전히 5억 원으로는 쉽지 않은 건 마찬가지잖아요. 어떻게 하셨나요?

맞아요. 가용 자금 5억 원으로 송파의 신축 아파트라는 조건을 모두 충족시키려면 방법은 하나뿐이었죠. 곧 신축 아파트로 바뀔 재건축·재개발 사업장에 투자하는 거랍니다.

앗, 그런데 재건축·재개발은 왠지 위험하다고 들었는데 괜찮을까요? 그리고 프리미엄이라는 것도 붙어서 실제 가격보다 비싸게 사는 거라고 들었는데요.

그런 막연한 생각이 바로 재건축·재개발 투자에 대한 대표적인 오해죠. 재건축·재개발 투자가 위험하다고 하는 것은 대부분 제대로 공부하지도 않고 불확실한 구역의 물건을 '묻지마' 식으로 투자하기 때문이에요. 재건축·재개발 투자는 일반적인 아파트 투자에 비해 사업성 분석을 위한 공부가 좀 더 필요한 분야거든요.

하지만 재건축·재개발에 투자했다가 10년씩 묶인 사람도 있다고 하잖아요. 그렇지 않나요?

그것도 마찬가지로 제대로 공부하지 않고 투자한 사람들의 이야기예요. 재건축·재개발은 법으로 정해진 절차가 있답니다. 만약 초기 단계에 있는 사업장에 투자한다면 매수할 때의 가격은 저렴하지만 오랫동안 기다려야 할 수도 있죠. 하지만 친구의 남편이 10년 넘게 기다려줄 것 같지는 않으니, 사업이 많이 진행된 곳을 찾아서 투자해야겠죠. 그래야 몇 년 안에 새 아파트로 변신해서 입주할 수 있을 테니까요.

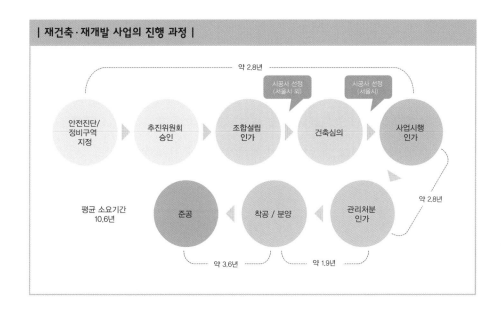

| 재건축·재개발 사업의 진행 과정 |

약 2.8년

시공사 선정
(서울시 외)

시공사 선정
(서울시)

안전진단/
정비구역
지정

추진위원회
승인

조합설립
인가

건축심의

사업시행
인가

평균 소요기간
10.6년

준공

착공 / 분양

관리처분
인가

약 2.8년

약 3.6년

약 1.9년

그런데 사업이 빠르고 확실하게 진행된 곳을 찾는 게 쉽지는 않을 것 같은데요.

쉽지는 않지만, 그렇다고 지레 겁먹을 필요는 없어요. 보통 사람들은 의외로 재건축·재개발 사업이 어떻게 진행되는지 관심을 갖는 경우가 드물답니다. 생각해 보세요. 미래 씨는 송파 가락시영아파트가 헬리오시티로 바뀐다는 걸 언제 아셨나요?

음… 사실은 '이주 및 철거 시작'이라는 현수막이 붙은 후에야 알긴 했어요. 이주와 철거가 시작된다는 건 곧 새 아파트를 짓는 공사가 시작된다는 뜻이죠?

맞아요. 그때쯤 되어야 비로소 일반 대중들이 관심을 갖기 시작한답니다. 반면에 미리 공부를 해놓은 사람이라면 아직 사람들의 관심이 크지 않을 때, 상대적으로 저렴한 가격에 매수하는 게 가능하죠.

비타씨는 친구에게 단독주택 재건축이 진행 중인 A구역을 추천했다고 한다. 관리처분계획인가를 받은 후 이주가 진행되고 있던 구역으로, 이곳의 주택을 사면 앞으로 지어질 새 아파트에 입주할 수 있는 입주권을 얻을 수 있는 곳이었다. 새 아파트가 지어지기 전에 선점하는 셈이다.

자, 잠깐요. 관리처분계획인가가 뭐죠?

관리처분계획인가라는 건 재건축·재개발 사업에서 중요한 사업단계 중 하나예요. 그동안의 토지 보상이나 현금청산, 설계, 시공사 선정 등 대부분의 준비를 마치고 이제 본격적으로 새 아파트를 건설하겠다며 구체적인 계획을 세우는 게 바로 '관리처분계획'인데, 이걸 지자체가 인가해 주면 관리처분계획인가가 이뤄지는 겁니다.

아하, 그러면 관리처분계획인가가 이뤄진 곳이라면 사업이 중단될 일은 거의 없다고 봐도 되겠네요.

100%까지는 아니지만 그럴 가능성이 높죠. 관리처분계획인가가 이뤄지면 이제 '이주 및 철거'가 진행되고, 본격적인 공사가 시작되거든요. 그래서 관리처분계획인가를 받고 나면 기존의 주택은 더 이상 주택이 아닌 걸로 간주됩니다. 이제 곧 철거될 거니까요. 대신 새로 지어질 아파트에 입주할 수 있는 권리인 '입주권'으로 바뀌게 되는 거죠.

그럼 재건축·재개발에서 관리처분인가가 난 구역의 주택을 매수한다는 건 결국 그 입주권을 매수한다는 것과 같은 말이겠군요. 그럼 친구분께서는 그 구역의 입주권을 매수하셨겠네요?

사실 그때는 별로 매수하고 싶어 하지 않더라고요, 하하…. 아무래도 재건축 투자를 한다는 게 좀 무서웠는지 그 후로 몇 개월 동안 재건축·재개발에 대한 공부를 열심히 하는 것 같았어요. 그리고 나서야 비로소 "많고 많은 재건축·재개발 구역 중에 네가 왜 A구역을 추천했는지 알겠다"고 하더라고요.

엥? 단순히 재건축·재개발 구역이라서 추천한 게 아니라 해당 구역에 뭔가 특별한 게 있었던 건가요?

당연하죠. 재건축·재개발 구역이라고 아무 곳이나 덥석 매수해버리면 엄청난 낭패를 볼 수 있어요. 자, 지금부터 차근차근 설명해 드릴게요. 좀 어려운 이야기일 수도 있지만 꼭 알아두시는 게 좋아요.

모든 재건축·재개발 투자가
로또인 건 아니다

비타씨가 친구에게 단독주택 재건축이 진행되고 있는 송파의 A구역을 추천한 이유는 친구 부부가 원하는 조건을 모두 충족시켰기 때문이다. 직장이 가까운 송파에 위치해 있었고, 5억 원이라는 금액으로 매수가 가능했으며, 몇 년 후면 새 아파트로 변신할 예정이므로 친구와 남편을 둘 다 만족시킬 수 있었다. 하지만 그 외에도 다른 중요한 이유가 있었다.

 친구 부부가 원하는 조건이 충족되는 것도 중요하지만, 세금 규제가 점점 강해진 상황에서 기존에 살고 있던 다산신도시 새 아파트의 양도소득세도 생각해야 하는 상황이었어요. 기존 아파트의 '비과세 혜택'을 지키는 것도 중요했죠. 그래서 입주권 투자를 추천한 거예요.

 그런데 제가 잘은 모르지만, 서울의 재건축 구역은 프리미엄이 몇 억 원씩 붙는다고 들었는걸요? 아직 초기 단계인데도 그렇대요.

초기 단계인 구역에 투자자들이 몰리는 이유는 아무래도 조합원 지위 양도금지 때문일 거예요. 투기과열지역에서는 재건축·재개발 입주권이 일정 단계를 지나면 조합원 지위를 양도할 수 없게 되어 있거든요. 재건축은 '조합설립인가' 이후부터, 재개발은 '관리처분계획인가' 이후부터 적용됩니다.

조합원 지위 양도금지라니, 그럼 집을 못 사게 막는 건가요?

정확히 말하면 집을 살 수는 있어도 조합원이 될 수는 없다, 즉 입주권이 생기지 않는다는 뜻이죠. '현금청산'이라는 말을 들어보셨죠? 새 아파트에 입주할 수 있는 권리인 입주권을 얻지 못하고 그냥 돈으로 돌려받는 현금청산을 당하게 됩니다.

아, 그래서 재건축의 경우는 조합설립인가가 이뤄지기 전에, 재개발의 경우는 관리처분계획인가가 이뤄지기 전에 미리 매수하려고 하는 거군요. 왜 초기 단계인 구역에 그렇게 프리미엄이 붙는 건지 이해가 됐어요!

미래 씨, 대단한데요? 아주 잘 이해하고 있네요. 모든 지역이 다 그런 건 아니지만, 서울 같은 경우는 '사업만 진행되면 무조건 돈을 번다'라는 암묵적 생각이 퍼져있는 것 같아요. 하지만 지나치게 과열될 경우에는 프리미엄이 너무 많이 붙어서 투자금 대비 수익률이 별로 좋지 않은 경우도 있으니 주의해야 해요.

그렇군요! 어? 그런데 잠깐만요, 뭔가 이상한데요? 친구분께 추천해 주신 송파 A구역은 곧 이주와 철거를 앞두고 있다고 하셨잖아요. 그러면 이미 조합설립인가는 물론이고 관리처분계획인가까지 다 지난 상태일 텐데…. 조합원 지위 양도가 안 되는 것 아닌가요?

조합원 지위 양도금지를 주의하라

뭐가 뭔지 모르겠다는 표정을 짓고 있는 미래를 보며 비타씨는 싱긋 웃었다. '제법인데?'라는 듯한 표정이다. 비타씨가 조곤조곤 설명을 이어갔다.

 미래 씨 말이 맞아요. 원래대로라면 투기과열지구에 속하는 송파 A구역은 조합설립인가 이후이기 때문에 조합원 지위 양도가 제한되죠. 하지만 제가 권해준 A구역은 관리처분계획인가가 나오고 이주 및 철거를 앞둔 상황인데도 조합원 지위 양도가 가능한 곳이랍니다. 그렇기 때문에 추천했던 것이고요.

 어떻게 그럴 수가 있죠?

 비밀은 '도시및주거환경정비법(도정법)' 제37조 제2항 제2호에 있어요. 재건축·재개발은 도정법의 규제를 받는데, 여기에 예외 조항이 적혀 있거든요. 내용을 한 번 보실래요?

비타씨는 스마트폰으로 해당 법조문을 검색하더니 미래에게 보여주었다. 뭔가 어려운 말이 잔뜩 쓰여 있었는데, 그중 제37조 제2항의 내용은 다음과 같았다.

[도시및주거환경정비법 제37조 제2항]
법 제39조 제2항 제5호에서 "대통령령으로 정하는 경우"란 다음 각 호

의 어느 하나에 해당하는 경우를 말한다.

1. 조합설립인가일부터 3년 이상 사업시행인가 신청이 없는 재건축 사업의 건축물을 3년 이상 계속하여 소유하고 있는 자(소유기간을 산정할 때 소유자가 피상속인으로부터 상속받아 소유권을 취득한 경우에는 피상속인의 소유 기간을 합산한다. 이하 제2호 및 제3호에서 같다)가 사업시행인가 신청 전에 양도하는 경우

2. 사업시행계획인가일부터 3년 이내에 착공하지 못한 재건축 사업의 토지 또는 건축물을 3년 이상 계속하여 소유하고 있는 자가 착공 전에 양도하는 경우

3. 착공일부터 3년 이상 준공되지 않은 재개발 사업·재건축 사업의 토지를 3년 이상 계속하여 소유하고 있는 경우

 으아~ 봐도 잘 모르겠는데요? 이게 무슨 뜻인가요?

 처음에는 그럴 수 있어요. 제2호를 보시면 '사업시행인가일부터 3년 이내'에 착공하지 못했다는 말과 '3년 이상 계속하여 소유하고 있는 자'라는 말이 나오죠?

 사업시행인가는 관리처분계획인가보다 먼저 이뤄지는 건가 보죠?

 맞아요. 일반적으로 사업시행인가가 이뤄지고 난 후 1~2년쯤 후에 관리처분계획인가가 이뤄지죠. 그리고 관리처분계획인가가 이뤄지고 난 후에 이주 및 철거가 이뤄지고, 비로소 착공이 되는 거예요. 앞에서 살펴봤던 '재건축·재개발 사업의 진행 과정'을 다시 한 번 보시면 좋아요.

 그런데 사업시행인가가 이뤄진 지 3년이 지났는데도 아직 착공이 안 되었다면, 그리고 그런 물건을 3년 이상 가지고 있었던 사람이라면 조합원

지위를 다른 사람에게 양도할 수 있는 거군요!

 바로 그거예요. A구역은 사업시행인가가 이뤄진 후 3년이 넘었는데 아직 착공이 되지 않았던 상황이에요. 그 안에는 3년 이상 보유한 사람이 반드시 있을 것이고, 그 사람이 매물을 팔려고 내놓을 수도 있는 거죠. 그런 물건을 매수하면 조합원 지위를 가져올 수 있는 거예요.

 와, 정말 제대로 공부하지 않는다면 이런 내용을 알기 어렵겠네요.

 당분간 입주권 투자, 그러니까 재건축·재개발 투자에 대한 관심은 계속 높을 거라고 봐요. 신축 아파트에 대한 선호 현상이 어느 때보다 강해지면서 좋은 지역의 신축 아파트 가격이 너무 높아졌거든요. 그래서 청약과 분양권에 대한 관심이 무척 뜨거워졌는데, 서울·수도권의 웬만한 곳은 청약가점이 60점 내외가 되어야 당첨 가능성이 높고 분양권은 부동산 규제가 강해지면서 전매가 제한됐어요. 전매가 제한된다는 것은 분양한 아파트가 다 지어져서 소유권이전등기를 할 때까지 해당 물건을 팔수도 살 수도 없다는 겁니다. 그렇다면 이제 남은 건 거래가 가능한 입주권밖에 없다고 봐야겠죠.

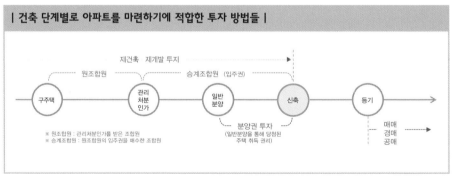

출처: 블로그 '락지니와 부지런 스터디' 중 '나의 상황에 맞는 대응전략 1편' 참조

실수요자를 위한 입주권 활용 전략

하지만 입주권이 낡은 주택에서 신축 아파트로 바뀌려면 청약이나 분양권보다 몇 년이 더 걸릴 텐데, 그래도 사람들이 입주권을 선호하나요?

오히려 실수요자들에게는 그게 장점이 될 수도 있어요. 생각해보세요. 이미 주택을 가지고 있는 1주택자들이 두 번째로 주택을 매수한다면 어떨까요? 두 번째 주택을 마련하기 위해 대출을 포함해서 다시 한 번 '영끌'을 해야 하는 상황이란 말이죠. 그런데 앞에서 말씀드렸다시피, 규제지역에서 주택담보대출을 받으려면 기존 주택을 처분한다는 조건을 지켜야 할 뿐 아니라 6개월 이내에 전입을 해서 살아야 해요. 이런 상황이 너무 부담스럽지 않나요?

하긴, 그렇게 생각해보니까 입주권에 투자해 놓고 여유 있게 기다리는 것도 괜찮을 것 같네요.

주택이 아닌 입주권에 투자하는 게 속 편한 틈새 전략이 될 수 있어요. 당장 들어가서 살 필요는 없지만, 몇 년만 기다리면 새 아파트가 될 테니까요. 그래서 저는 1주택과 1입주권을 보유하면서 자산을 불려가는 걸 권장합니다. 마음도 편하고, 시간이 지나면 나중에 수익도 두 곳에서 모두 실현할 수 있으니 정말 괜찮은 전략인 거죠.

'1주택+1입주권'이로군요. 실거주 갈아타기와 투자를 병행하는 것처럼 보이네요.

정확히 핵심을 짚으셨어요. 자금이 어느 정도 충분한 경우에는 상급지의 좋은 입지에 위치한 입주권을 추가로 매수함으로써 투자를 병행할 수도 있어요. 이럴 경우 1주택자로서 실거주주택 양도소득세 비과세 혜택도 계속 지킬 수 있답니다.

내가 살고 싶은 상급지 신축 아파트에 지금 당장 들어갈 수는 없지만, 기존 실거주용 주택과 입주권을 함께 보유하면서 시세 차익을 노리는 전략이네요. 나중에 그 시세 차익을 이용해서 더 좋은 상급지로 점프할 수도 있고요.

 자금이 충분하지 못한 경우에도 활용할 수 있는 전략이에요. 예를 들어 미래 씨가 투자금이 없고 지금 살고 있는 아파트 한 채만 있다면, 그 집을 팔아서 거주환경을 조금 낮춰서 이사를 가는 거예요. 그렇게 남은 돈으로 좋은 지역의 입주권을 산 후 그 아파트가 다 지어질 때까지 몇 년만 버티는 겁니다.

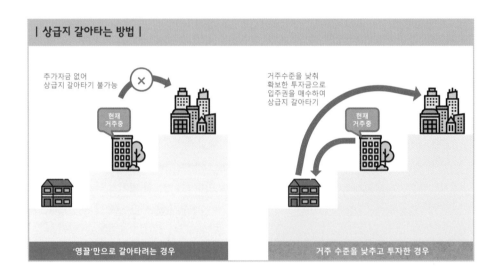

| 상급지 갈아타는 방법 |

추가자금 없어
상급지 갈아타기 불가능

거주수준을 낮춰
확보한 투자금으로
입주권을 매수하여
상급지 갈아타기

현재
거주중

현재
거주중

'영끌'만으로 갈아타려는 경우

거주 수준을 낮추고 투자한 경우

 하지만 거주 수준을 낮춰서 버티는 게 쉽지는 않을 것 같은데요?

 서글프지만 어쩔 수 없는 현실이죠. 투자금이 적은 사람이 투자금 많은 사람과 같은 조건일 수는 없으니까요. 사실 저도 그런 식으로 계속 자산을 불려왔답니다. 버티는 기간이 희생의 시간처럼 느껴진다면 힘들 수도 있지만, 저는 나중에 살고 싶은 지역의 신축 아파트에 들어갈 날을 꿈꾸며 희망찬 시간을 보낼 수 있었어요. '2보 전진을 위한 1보 후퇴'라고 생각한 거죠.

하긴. 뭐든지 마음 먹기에 달린 거겠죠?

그럼요. 저 역시 다산신도시에서 살고는 있지만 좀 더 상급지인 서울의 신축 아파트로 진출하려면 지금 살고 있는 집의 시세 차익만으로는 자금이 충분하지 않다는 걸 알고 있어요. 그래서 사람들이 크게 관심이 없었던 송파의 낡은 집, 하지만 곧 재건축이 될 집을 미리 알아보고 입주권을 사놓은 상태입니다. 나중에 새 아파트가 지어지면 지금 살고 있는 집을 팔고 그곳에 입주할 예정이에요.

입주권에서의 일시적 1세대2주택 요건

그런데 한 가지만 더 여쭤볼게요. 1주택자가 추가로 입주권을 가지고 있으면 그건 양도소득세 비과세를 받을 수 있나요?

그 내용은 소득세법 시행령 제156조의2 제3항에서 확인할 수 있습니다. 조합원입주권도 일시적 1세대2주택과 비슷한 방식이 적용되거든요. 입주권 취득일로부터 3년 이내에 종전 주택을 양도할 경우에는 일시적 1세대2주택과 동일하게 비과세가 적용된다고 나와 있습니다.

와~ 비과세 혜택까지! 정말 멋진 전략이에요. 그런데 새 아파트가 지어질 때까지 3년밖에 안 걸리나요?

무슨 말씀을요. 앞에서 예를 든 송파의 A구역은 앞으로도 한 4년은 더 걸릴걸요.

엥? 그러면 조합원입주권 취득일로부터 3년이 지나버리잖아요! 그 전에 종전 주택을 팔아야 하나요? 그러면 어디에서 살아요?

그래서 또 다른 조항이 있지요! 이번에는 소득세법 시행령 제156조의2 제4항입니다. 조합원입주권 취득일로부터 3년 경과 후 종전 주택 양도 시, 두 번째 주택이 완성된 후 2년 이내에 그 주택으로 세대 전원이 이사하여 1년 이상 계속하여 거주하고, 주택이 완성되기 전 또는 완성된 후 2년 이내에 기존 주택을 판다면 비과세를 적용받을 수 있습니다.

아~ 그러면 새 아파트가 지어지면 이사를 들어간 후, 1년 동안 거주하고, 완성된 지 2년 이내에 기존 주택을 팔면 되는 거군요. 어느 정도 시간적 여유가 있어서 다행이에요.

앞서 예를 든 제 친구의 경우는 다산신도시에 살면서 송파 A구역의 재건축이 진행되는 기간, 그리고 완성된 후 2년 이내의 기간까지 포함해서 대략 6~7년 정도의 시간이 남았다고 볼 수 있죠. 그 사이 다산신도시 아파트의 가격은 더 높아질 가능성이 있겠죠. 그러면 시세 차익은 더욱 많아지겠죠?

뭔가 복잡하긴 한데, 그래도 매력적이긴 하네요! 신축 아파트가 지어지길 기다리는 친구분의 마음은 얼마나 흐뭇할까요. 다산신도시의 시세 차익도 기대될 테고…. 앗, 그나저나 친구의 남편분은 6~7년이나 더 출퇴근을 멀리 해야 하는 건데, 싫어하시지 않을까요?

글쎄요, 그건 저도 모르죠, 뭐. 친구가 자기 혼자 잘 먹고 잘 살자고 그러는 것도 아닌데…. 안되면 회사 근처에 원룸이라도 얻어주겠죠. 제가 남의 남편까지 챙길 순 없잖아요, 하하….

잠자코 듣고 있던 준걸과 부토피아가 옆에서 한숨 쉬는 척을 하며 농담을 건넸다.

허허… 남자의 인생이란…. 요즘 남자들 인생이 이렇게 고달프다니까요. 그래도 몸이 힘든 만큼 자산이 불어나는 건데 남편분도 아주 속상하지는 않을 거예요.

2023년에는 잠실로 이어지는 8호선 연장선이 개통된다니까 그때부터는 출퇴근도 좀 더 편해지지 않을까요? 그때까지 친구 남편분의 파이팅을 기원하겠습니다.

역시 멋진 남자들! 미래를 생각하면 월급만으로는 어림도 없는 세상이잖아요. 근로소득보단 자본소득이지요!

생각해보니 성실 오빠는 가족의 미래를 위해서 이렇게 어려운 공부를 하고 있었던 거네요. 앞으로는 좀 더 이해해 주고 잘해줘야겠어요. 물론 저도 함께 열심히 공부하고요!

좋은 생각이에요. 가족이 함께 똘똘 뭉쳐서 실거주 주택과 입주권 하나씩만 잘 지켜내도 충분해요. 나중에는 생각보다 자산이 빠르게 쑥쑥 자라는 걸 알게 되실 거예요.

맞아요. 그리고 나중에는 우리 다 함께 강남에 진입해서, 한강변 아파트 단지 반상회를 열어보자고요, 하하.

멘토님들, 정말 눈물 나게 감사해요! 열심히 하겠습니다!

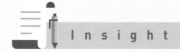

좋은 집을 얻기 위한
마라톤 '재건축·재개발 투자'

'재건축·재개발'이라는 단어를 들으면 어떤 기분이 드시나요? 웬만큼 투자를 해봤다 하는 사람들도 부담스럽고 생소하게 느끼는 분야가 바로 재건축·재개발입니다. 하지만 사업단계와 기본적인 개념만 정리되어 있다면 재건축·재개발 역시 누구나 접근할 수 있는 좋은 투자처입니다. 지금부터 재건축·재개발에 대해 속성으로 알아보겠습니다.

재건축과 재개발의 차이점

많은 분들이 '재건축'과 '재개발'이라는 단어를 섞어서 사용하는데, 이 두 가지는 어떤 차이가 있을까요? 여러 가지 차이점이 있지만, 간단하게 이것만 알고 넘어가도 충분합니다.

서울 용산구에 위치한 한남동을 예로 들어 보겠습니다. 현재 재개발 사업이 진행 중인 한남동은 흔히 말하는 '입지깡패'입니다. 입지 면에서는 최고라는 뜻이죠. 하지만 정비기반시설, 즉 주변 환경이 열악합니다. 소방차가 지나가기 힘들 정도로 도로가 협소하고, 곳곳에 낡은 빌라와 단독주택이 빽빽하게 밀집해 있습니다. 이렇게 정비기반시설이 열악하기 때문에 한남동에서는 재개발

| 재건축과 재개발의 차이점 |

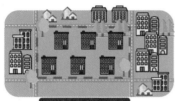

재건축사업 대상아파트

재건축사업 시행

✓ **노후/불량건축물 밀집. 정비기반시설** 양호

재개발 대상구역

재개발사업 시행

✓ **노후/불량건축물 밀집. 정비기반시설** 열악

구분	재건축	재개발
목적 및 대상	정비기반시설이 양호하나 노후·불량 건축물이 밀집한 지역(공동주택 등)	정비기반시설이 열악하고 노후·불량 건축물이 밀집한 지역(단독주택 밀집지역 등)
조합원 자격	건축물 및 토지의 소유자 (단, 조합설립에 동의한 자에 한함)	건축물 또는 토지의 소유자 및 지상권자
안전진단	필수(단, 단독주택 재건축은 제외)	없음
조합설립 인가사항	전체 소유자 3/4 이상 및 토지면적 3/4 이상의 소유자들의 동의 (동별 소유자 1/2 이상 동의 필요)	'토지 등 소유자'의 3/4 및 토지면적 1/2 이상의 소유자들의 동의
세입자 대책	없음(단독주택 재건축 대책 신설)	주거대책비 지급 또는 임대 아파트 공급
미동의자 토지의 수용 가능 여부	토지 수용 불가능 (단, 매도청구권 사용 가능)	토지 수용 가능

사업이 진행됩니다. 반면 서울 송파구에 위치한 잠실주공5단지아파트를 보면 입주 43년차로 아파트 자체는 매우 낡은 상태입니다. 하지만 편의시설이나 교통 등 주변 인프라는 대한민국에서 손꼽히는 곳입니다. 이렇게 정비기반시설이 양호하기 때문에 이곳에서는 낡은 아파트만 허물고 새 아파트로 지으면 됩니다. 이것이 바로 재건축입니다.

재건축·재개발의 사업 진행 과정

재건축·재개발은 여러 단계에 걸쳐서 사업이 진행됩니다. 초기 단계인 조합설립인가를 받기 위해서는 주민들의 동의율이 75% 이상 되어야 합니다. 75%의 사람들에게 동의서를 받는 것이 생각

| 재건축·재개발 사업의 주요 단계 |

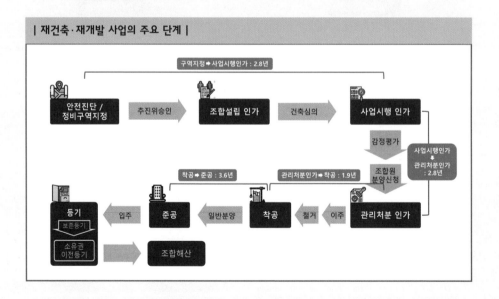

보다 쉬운 일이 아니기에 이 과정에서 많은 시간이 소요됩니다. 동의서를 다 받고 조합설립인가를 받아서 정식으로 조합이 만들어졌다 해도 사업단계를 거치면서 다양한 변수가 발생합니다. 그래서 예상보다 더 많은 시간이 소요될 수 있으며 종종 사업이 중단되는 경우도 있습니다.

아무 문제 없이 사업이 빠르게 진행된다 해도 최소 10년이 걸리는 재건축·재개발! 그래서 재건축·재개발을 마라톤에 비유합니다. 긴 호흡으로 장기전에 대비하면서 중간중간 구간을 통과하는 마라톤처럼 재건축·재개발 사업도 중간중간 단계를 통과해야 다음 단계로 넘어갈 수 있기 때문입니다. 재건축·재개발 사업의 주요 단계는 아래의 그림을 참조하시기 바랍니다.

이처럼 긴 호흡으로 진행되기 때문에 재건축·재개발은 사업의 단계가 진행될수록 리스크가 줄어들고 사업의 성공 확률이 높아집니다. 그만큼 프리미엄(P)의 가격도 높아지지요. 반면 사업 초기 단계에는 상대적으로 저렴한 프리미엄으로 매수할 수 있지만, 대신 앞으로 사업이 무산되거나 지연될 리스크도 있다는 것을 알고 접근해야 합니다.

사업성을 따져보는 방법

재건축·재개발은 조합이라는 사업체가 진행하는 하나의 사업입니다. 이때 조합원이란 해당 구역에서 거주해 온 원주민을 의미하는데, 정확히는 조합설립인가 이후에 조합원이 됩니다.

그렇다면 재건축·재개발이라는 사업의 사업성, 즉 이익을 높이는 방법은 무엇이 있을까요? 우리는 무엇을 보고 '아! 이 사업장에 투자하면 이익을 얻을 수 있겠구나'를 알 수 있을까요?

간단하게 이야기하면, 조합원들이 모두 나눠가질 수 있을 만큼 새 아파트를 충분히 짓고, 그 후에도 여러 세대를 남겨서 그것을 판매하면 됩니다. 이렇게 판매하는 과정이 우리가 흔히 알고 있는

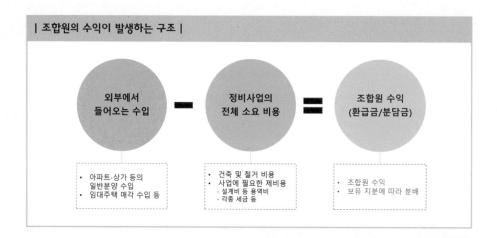

| 조합원의 수익이 발생하는 구조 |

외부에서 들어오는 수입 ― 정비사업의 전체 소요 비용 = 조합원 수익 (환급금/분담금)

- 아파트·상가 등의 일반분양 수입
- 임대주택 매각 수입 등

- 건축 및 철거 비용
- 사업에 필요한 제비용
  - 설계비 등 용역비
  - 각종 세금 등

- 조합원 수익
- 보유 지분에 따라 분배

일반분양입니다. 일반분양을 많이 할 수 있다면 해당 사업장의 수익률이 높아지고 조합원에게도 이익이 되는 것입니다. 반대로 조합원들이 한 채씩 나눠가진 후에 남은 집이 많지 않다면 어떨까요? 수익이 낮거나 없을테니 해당 구역의 사업성은 좋지 않은 것입니다.

이러한 상황에서 사업성을 높일 수 있는 방법은 남은 집들의 가격을 높이는 것입니다. 예를 들어 한 채를 일반분양 했을 때 100만 원이 남는 아파트와 500만 원이 남는 아파트가 있습니다. 그러면 단 몇 채를 일반분양하더라도 100만 원짜리보다는 500만 원짜리의 수익이 높아질 것입니다. 다만 이러한 방식에는 한계가 있습니다. 정부에서는 이런 무분별한 일반분양가격 상승이 부동산 시장에 악영향을 끼친다고 판단하여 '분양가상한제'를 적용함으로써 일반분양가를 과도하게 높이지 못하도록 규제하기 때문입니다.

결국 조합원이 적고, 일반분양 물량이 많으며, 일반분양가격이 높은 곳이라면 사업성이 좋은 곳이라고 판단하면 됩니다.

감정평가액, 비례율, 권리가액, 조합원분양가

또한 조합은 총이익을 조합원들이 보유한 부동산의 가치에 따라 차등 분배합니다. 이때 개별 부동산의 가치를 나타낸 금액이 감정평가액(종전자산평가액)이고, 사업 전체의 이익률을 '비례율'이라고 합니다. 쉽게 말해서 비례율이란 조합원들에게 사업의 이익을 나눠주는 비율이라고 생각하면 됩니다.

| 개발이익과 비례율의 개념 이해하기 |

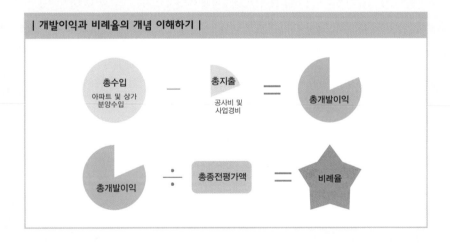

각각의 조합원들이 보유하고 있는 물건이 얼마나 가치가 있는지를 나타내는 것이 감정평가액이라면, 여기에 비례율을 곱했을 때 나오는 것이 '권리가액'입니다. 권리가액은 조합원 개인이 실제로 내세울 수 있는 권리의 금액입니다.

마지막으로 알아야 할 것은 조합원분양가입니다. 조합원분양가는 조합이 사업의 주인인 조합원들에게 주는 큰 혜택입니다. 일반적으로 조합원분양가는 일반분양가보다 훨씬 저렴하기 때문에 조합원은 새 아파트를 저렴한 가격에 공급받는 혜택이 있습니다.

이때 조합원들은 각자의 권리가액과 조합원분양가의 차액만큼 금액을 추가로 지불하거나 환급을 받게 됩니다. 예를 들어 조합원의 권리가액이 조합원분양가보다 작다면 추가금액(분담금)을 지불해야 새 집을 받을 수 있고, 반대로 권리가액이 조합원분양가보다 크다면 차액만큼 환급을 받거나 입주권을 하나 더 얻을 수 있습니다. 예를 들어 비례율이 110%인 사업장에서 감정평가액 2억 원짜리 물건을 가지고 있다면 이 물건의 권리가액은 2억2,000만 원이 됩니다. 나중에 이 사람이 분양받게 될 아파트의 조합원분양가가 5억 원이라면, 그중에서 권리가액을 뺀 2억8,000만 원만 추가로 부담하면 됩니다. 이것이 조합원의 '분담금'입니다.

또, 비례율이 110%인 사업장에서 감정평가액 5억 원짜리 물건을 가지고 있다면 이 물건의 권리가액은 5억5,000만 원입니다. 이 사람이 똑같이 조합원분양가 5억 원짜리 아파트를 받게 된다면 오히려 5,000만 원의 금액이 남게 되지요. 이 금액은 조합원에게 다시 환급됩니다.

[조합원분양가 5억 원, 비례율 110%인 사업장의 분담금 사례]

사례 ①　감정평가액 2억 원 × 비례율 110% = 권리가액 2억2,000만 원
　　　　조합원분양가 5억 원 − 권리가액 2억2,000만 원
　　　　= 조합원 분담금 2억8,000만 원

사례 ②　감정평가액 5억 원 × 비례율 110% = 권리가액 5억5,000만 원
　　　　조합원분양가 5억 원 − 권리가액 5억5,000만
　　　　= 조합원 분담금 −5,000만 원(환급)

감정평가액, 비례율, 권리가액, 조합원분양가의 개념만 알아도 해당 구역의 미래가치를 어느 정도 예측하는 것이 가능합니다. 만약 재건축·재개발이 진행되는 구역 인근의 아파트가 8억 원에 거래된다고 가정해봅시다. 그런데 해당 사업장의 조합원분양가는 5억 원이고 프리미엄은 1억 원으로 형성되어 있다면, 이 사업장에 투자하는 사람은 6억 원에 해당 구역의 새 아파트를 매수하는 셈입니다. 인근 아파트의 시세가 8억 원이라면 이 새 아파트의 가격은 8억 원 이상을 기대할 수 있겠지요. 결국 2억 원 이상의 시세 차익을 기대할 수 있을 것입니다. 이렇게 어느 정도 미래가치를 예측하고 진입할 수 있다는 점이 재건축·재개발 투자의 큰 매력입니다.

| 재건축·재개발 투자의 수익 구조 예시 |

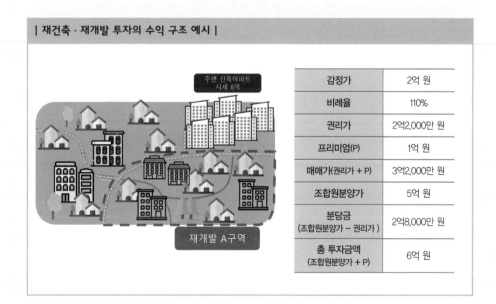

감정가	2억 원
비례율	110%
권리가	2억2,000만 원
프리미엄(P)	1억 원
매매가(권리가 + P)	3억2,000만 원
조합원분양가	5억 원
분담금 (조합원분양가 – 권리가)	2억8,000만 원
총 투자금액 (조합원분양가 + P)	6억 원

어렵더라도 도전해보자

혹시 '로또분양'이라는 말, 들어 보셨나요? 분양이 되기만 하면 큰 시세 차익이 나기 때문에 붙여진 이름이지만, 그만큼 당첨되기가 어렵다는 것을 잘 알고 계실 것입니다. 조합원들이 먼저 새 아파트를 받아간 후, 얼마 남지 않은 세대를 일반분양으로 얻기 위해서는 수백 대 1의 경쟁률을 뚫어야 합니다. 결국 당첨되지 못한 분들은 분양권에 프리미엄을 얹어주고 매수하기도 합니다.

그렇다면 시간이 좀 더 걸리더라도 확실한 가능성이 있는 재건축·재개발 투자가 오히려 나을 수 있습니다. 물론 조합원 자격을 얻기 위해 원래의 감정평가액에 프리미엄을 붙여서 가격을 지불해야 하지만, 일반분양보다도 좋은 동과 좋은 층을 선점할 수 있을 뿐 아니라 무료 발코니 확장, 빌트인 가전 제공 등 조합원을 위한 다양한 혜택을 누릴 수 있으니 일장일단이 있습니다.

재건축·재개발 구역은 어떻게 조사를 해야 할까요? 요즘은 인터넷을 이용하면 관심 지역을 조사하기가 쉽지만, 이러한 손품만으로는 현장의 분위기를 정확하게 알 수 없기 때문에 반드시 현장을 방문해야 합니다. 조합사무실에 방문하여 해당 구역의 사업 진행 상황을 파악하고, 가까운 부동산을 찾아 자세한 분위기를 파악할 수 있습니다. 이때 해당 구역에 대한 체크리스트를 만들어서 손품을 통해 얻은 정보를 현장에서 재확인한다면 투자 실패를 줄일 수 있습니다.

끝으로, 이렇게 매력적인 투자처인 재건축·재개발을 사람들은 왜 어렵게만 생각할까요? 청약이나 분양권의 경우 2838세대가 싸게 집을 살 수 있는 방법으로 잘 알려져 있고, 일정에 맞춰 청약 신청을 하기만 하면 되는 것이라서 크게 신경 쓸 것이 없습니다. 갭 투자 역시 이미 지어져 있는 아파트이므로 전세가나 매매가 등의 시세가 잘 알려져 있기 때문에 접근하기가 어렵지 않습니다. 하지만 재건축·재개발은 비례율이나 감정평가액 같은 생소한 용어를 숙지해야 하는 것은 물론 여러 가지 사업단계도 알고 있어야 하므로 다소 어렵게 느낄 수 있겠다는 생각이 듭니다. 하지만 그럴수록 경쟁은 덜 치열하고, 확실한 미래가치에 투자할 수 있는 방법이기도 합니다.

| 재건축·재개발 투자의 장·단점 |

장점	단점
− 청약통장 필요 없음(청약점수 무관) − 일반분양보다 경쟁이 낮은 편 − 로열동·로열층 배정 및 무상 옵션 제공 − 수익 분석 가능	− 구역 해제 리스크 있음 − 사업 지연 가능성 있음 − 사업성 분석 복잡함 → 투자처 선정 어려움

재건축·재개발 관련 주요 개념 정리

감정평가액 사업 구역 내에 보유하고 있는 부동산의 평가 금액. 감정평가사가 정해진 방법과 절차에 의해 평가하여 통보한다. 빌라나 아파트 등의 집합건물은 거래 사례 비교법으로 평가하고, 단독·다가구 주택은 토지가치와 건물가치를 따로 평가하여 합쳐서 평가한다.

비례율 재건축·재개발의 사업성을 나타내는 지표. 100%보다 높으면 사업성이 좋고 100%보다 낮으면 사업성이 좋지 않다고 본다. 단, 필요에 따라 조정이 가능하기 때문에 맹신해서는 안 된다.

비례율 = (종후자산평가액 − 총 사업비) / 종전자산평가액 × 100

종후자산평가액 = 조합원분양 수입 + 일반분양 수입

권리가액 조합원이 보유한 부동산에 대한 권리를 주장할 수 있는 실제 금액.

권리가액 = 감정평가액 × 비례율

분담금 조합원분양을 받기 위해 조합원이 내야 할 금액

분담금 = 조합원분양가 − 권리가액

Chapter 4

그리고
남은 이야기

인생의 안전벨트를 마련한다는 것

늦은 새벽, 일을 마치고 귀가한 후의 유일한 낙은 동생과 방바닥에서 야식을 먹으며 돈 걱정 없는 미래에 대한 그림을 그리는 것이었다.

"서른 살이 되면 누나는 뭐하고 싶어?"

"응. 나는 야경이 끝내주는 한강이 보이는 아파트에 살고 싶어."

웃으며 이야기 했지만 한편으로는 그게 가능할까 싶었다. 그놈의 돈이 뭐라고…. 언제까지 이렇게 방바닥 생활을 해야 할까? 이 이상 바닥이 있을까 싶었다. 동생이 잠든 새벽에는 컴퓨터 앞에서 '부자 되는 법', '돈 빨리 버는 법'을 검색했다. 절박한 마음에 검색은 했지만 별다른 소득은 없었다. 그래도 어떻게든 부자가 되고 싶었다. 그때 나는 스물두 살이었다.

서른 살이 되었다. 바닥이 싫어서 이른 나이에 부동산 투자를 시작한 나는 멀리서나마 한강이 보이는 34평 신축 아파트에 살고 있다. 내 집 마련이라는 큰 산 하나를 무사히 넘었기에 그 외 일들에 좀 더 집중할 수 있는 안정감이 생긴 것 같다. 지금의 나는 미래의 구체적인 계획을 세우고 실행하기 위해 더 움직이고 있다.

그럼에도 가끔 힘에 부칠 때가 있다. '여기까지만 할까?' 그런 생각을 할 때면 "이 정도면 됐지, 이제 또래 친구들처럼 인생을 즐겨봐"라는 주변 사람들의 말이 들려온다. 그러나 아직 내겐 넘고 싶은, 넘어야 할 더 큰 산이 남아 있다. 정신을 차리고 노력할 수밖에 없는 환경에 나를 다시 밀어 넣는다. 최종 목표, '야경이 끝내주는 강남의 한강변 아파트에서 살고 싶다'던 스물두 살의 목표를 이루기 위해서.

내 집 마련은 인생의 안전벨트와 같다

친구들과 모이면 각자의 부동산 이야기가 시작된다. 부모님 도움 없이는 전셋집도 힘들다는 친구, 몇 년 전 집을 사 놓길 다행이라는 친구 등 사는 모습도 다양하다. 그러다가 어느 순간 집이 있고 없고에 따라 갈라지는 미묘한 공기가 자리를 감싸곤 한다. 그럴 때 나오는 이야기는 1~2년 전과는 전혀 다르다. 그때는 내 집 마련부터 하라고 권유해도 듣지 않고 '욜로 (YOLO)'를 외치던 친구들이 이제는 먼저 이야기를 꺼낸다.

"결혼하는데… 아기가 태어나는데… 집은 있어야 하는데… 나 너무 늦은 거 아닌가?"

그때마다 개그맨 박명수의 유쾌하지만 뼈 때리는 말이 떠오른다.

"늦었다고 생각할 때가 정말 너무 늦었다. 당장 시작해라."
"시작은 반이 아니라 시작은 시작일 뿐이다."

부동산이라는 현실에 부딪힌 내 또래 친구들에겐 좌절스런 이야기처럼 들리겠지만, 그래도 어쨌든 개그맨 박명수의 말처럼 당장 시작하는 것이, 그리고 최선을 다해 달리는 것이 중요하다. 그런데 가까스로 시작했어도 워낙 큰 돈이 움직이는 부동산이기에 사람들은 이런 말을 한다.

"내가 사고 나서 집값이 막 떨어지면 어떻게 하지? 전 재산인데…."

어떤 형태든 내 집이 있다고 생각해보자. 부동산 시장이 어떻든 휘둘릴 필요가 없다. 집값이 오르든 내리든 그냥 신경을 끄고 살면 된다. 내 집을 지키며 살다 보면 언젠가 시세 차익이 발생하고, 더 좋은 집으로 갈아타기 할 수 있는 기회도 있다. 하지만 집이 없다면? 기회조차 없다.

부동산을 소유하고 있다는 건 인생에 안전벨트를 매고 있는 것과 같다고 생각한다. 안전벨트를 매고 있으면 완벽하게 안전한 건 아니더라도 적어도 돌이킬 수 없을 만큼 위험해지지는 않을 테니 말이다.

부동산 투자를 두려워하는 2838세대를 위한 조언

『2838세대, 지금 집 사도 될까요』를 준걸 님, 부토피아 님 그리고 도움 주신 몇 분과 함께 쓰게 되었다. 몇 년 동안 한눈 팔 시간 없이 부동산에만 빠져 살았던 내게 책을 쓰는 일은 새로운 도전이고 굉장히 설레는 작업이었다.

하지만 연이어 나오는 정부의 부동산 규제로 인해 이미 써 놓은 책 내용의 많은 부분을 수정해야 했다. 심지어 '지금 책을 출판하는 것이 맞나?' 라는 이야기가 나오기도 했다. 하지만 위기는 곧 기회라고 긍정적으로 생각하기로 했다.

아직 부동산 시장에 진입하지 못한, 진입조차 두려워하는 우리 또래가 많다는 생각 역시 다시 각오를 새롭게 다지는 요인이었다. 2838세대가 직면한 위기를 같이 고민하고 함께 방향을 찾아가는 책이 되었으면 하는 마음에 가족, 친구, 지인들을 인터뷰하며 그들의 이야기와 고민들을 담았다.

혹시나 독자들이 보기에 젊은 저자들이 한창 부동산 시장이 상승세일 때 운 좋게 투자를 해서 수익을 얻었다고 느끼지는 않을까, 공감을 주기는 커녕 건방지게 자랑한다고 생각하진 않을까 걱정도 되었다. 그래서 주변의 다양한 이야기를 더욱 많이 다루려고 노력했다.

과거의 나는 방바닥에서 막연히 부자를 꿈꾸며 무수히 많은 고민들로 밤을 새던 청년이었다. 조급한 마음에 잘못된 투자를 해서 고생도 많이 했다. 당장 실거주용 주택을 가질 수 없으니 소액으로 부동산 투자를 여러 개 진행했지만, 중간에 작은 실수가 발생했고 결국 공든 탑이 와르르 무너져 버렸다. 그 순간 세상을 보는 눈이 완전히 달라졌다. '잃지 않는 부동산 투자를 해야 한다'는 부동산 투자의 대원칙을 깨달았다.

이후에는 투자할 때 조급함을 버리고, 다시 공들여 탑을 만들며 차차 실거주용 주택으로 갈아타는 것을 반복하고 있다. 덕분에 종잣돈이라고는 고금리 신용대출로 받은 1,000만 원뿐이었지만 끊임없이 노력해서 실거주용 주택을 계속 업그레이드 할 수 있었고 본격적인 투자 인생을 시작할 수 있게 되었다.

부동산을 알게 되면 인생이 변하게 된다. 내가, 그리고 내 주변이 변했다. 부동산에 도전하는 여러분의 인생도 변화가 있을 것이다. 좋은 변화이지만 그만큼 고달플 수도 있기에 힘들 땐 작은 것이라도 나 자신에게 보상을 주자. 지치지 않는 게 중요하다. 꾸준히 하다 보면 내 집 마련과 갈아타기, 그리고 투자까지 멋지게 할 수 있을 것이다. 여러분이 꼭 그렇게 될 것을 믿어 의심치 않는다.

조금 늦어도 돼요, 지금부터 하면 되니까

나의 첫 재테크 수단은 주식 투자였다. 목돈이 없는 상황에서 가장 부담 없이 시작할 수 있는 투자 수단이기 때문이다. 그러나 기업 가치와 주식에 대한 이해 없이, 아무 종목이나 사 들인 결과 투자금이 반토막 나는 경험을 하고 말았다. 이 종목이 왜 오르고 왜 떨어지는지를 전혀 이해하지 못한 내가 수익을 낼 수 없는 건 당연한 일이다. 이후 공부와 투자를 병행하고 나서야 겨우 원금을 회복하고 종잣돈을 만들 수 있었다.

주식에 대해서는 어느 정도 알게 됐지만 부동산은 몰랐다. 주식 투자는 선진 금융 기법의 재테크이지만, 부동산 투자는 투기꾼들이나 하는 것이라고 생각했다. 그러다 정부에서 빚 내서 집 사라는 말이 나왔다. 정부가 미쳐서 국민들을 빚쟁이로 만들려 한다고 비난했다. 그러나 정작 아무 것도 모르는 것은 나였다. 그 이후 집값은 천정부지로 올랐다.

이제는 부동산을 알아야 한다는 필요를 절감했고, 일단 경매부터 시작했다. 시세보다 싸게 낙찰받아서 팔면 돈을 벌 수 있다는 것, 내가 경매에 대해 아는 건 딱 거기까지였다. 문제는 싸게 낙찰받았지만, 팔리지 않더라는 것이다. 어찌어찌 힘들게 팔고 나면 오히려 가격이 올랐다.

도저히 이해할 수 없었다. 나는 시장의 흐름이라는 걸 모르고 있었다. 그동안 실패했던 사례들은 모두 내가 몰랐기 때문에 발생했던 것이다.

'30대 영끌, 아파트 매수 열풍'

2020년 기사 헤드라인에 자주 등장하는 문구이다. 지금껏 꿈쩍도 하지 않던 30대가 이 시점에 와서야 아파트 매수에 뛰어들고 있다. 그동안 이들은 부동산 시장에 대해 전혀 준비가 되어 있지 않았다. 돈이 없어서, 시간이 없어서, 집값이 너무 비싸서, 부동산이 어려워서 그랬다고 한다.

하지만 이제 변명은 하지 말자. 자신의 미래는 스스로 공부하고 챙겨야 한다. 몰라서 안 하는 것과 몰라서 실패하는 것, 둘 다 본인의 잘못이다. 그리고 재테크를 해야 한다는 걸 알고도 안 하는 건 더 큰 잘못이다.

재테크를 시작하는 데에 늦은 건 없다. 삶을 위해 평생 해야 하는 것이 재테크이다. 살아야 할 날이 아직 많이 남은 2838세대가 재테크를 포기한다는 것은 남은 인생을 포기하겠다는 말과 같다. 재테크는 포기할 수 있는 것이 아니라, 무조건 해야만 하는 것이다. 준비 없이 마냥 시간을 보내다가 퇴직금으로 무작정 치킨집 차리고 망하는 인생을 살 수는 없지 않은가? 다른 길은 없다. 계속 투자해나가야 한다.

무궁무진한 기회가 있는 부동산 시장

부동산이 끝났다고 말하는 것은 부동산 시장의 일부만 본 것이다. 아파트 가격이 많이 오르니 본인 입장에서 사기 어렵다고 하는 말이다. 하지만 부동산의 분야는 우리가 아는 것보다 훨씬 다양하다. 아파트, 재건축·재개발, 분양권 등의 주거용 부동산도 있고 상가, 오피스텔, 지식산업센터, 창고 등의 수익형 부동산도 있다. 토지도 그 자체가 투자 대상이 되고, 건축으로까지 이어지기도 한다.

매입 방식도 다양하다. 일반 매매 뿐 아니라 경매나 청약을 활용할 수도 있다. 투자 방식과 대상이 워낙 다양한 것이 부동산 시장이다. 때에 따라 적합한 투자로 포지션을 바꾸는 팔색조 같은 투자자가 되어야 한다. 다양한 분야를 공부하면 할수록 부동산 공부에는 끝이 없음을 알게 될 것이다.

부동산 공부를 시작하면서 많은 사람들을 만났다. 대다수는 40대나 50대로 은퇴를 준비하시는 분들이다. 수업을 듣고 스터디를 하면서 다른 사람들의 부동산 경험을 다양하게 접하게 되었다. 부동산을 하나도 갖고 있지 않던 나는 그들이 이룬 투자 성과가 굉장히 부러웠다. 그리고 조급해졌다. 나도 빨리 그런 성과를 이루고 싶었다. 수많은 수업을 들으면서 언제쯤 그들을 따라잡을 수 있을까 하는 조바심에 우울해 지기도 했다.

"그 나이에 부동산을 시작한다고? 부럽다~."

어느 순간부터 그분들이 오히려 나를 부러워한다는 사실을 알았다. 대부분의 투자자들이 가장 크게 후회하는 것은 하루라도 젊을 때 부동산 투자를 시작하지 않았다는 것이다. 그들의 눈에는 나이 서른에 부동산 투자를 시작했던 내가 정말로 부러웠던 것이다. 이제는 그들과 마찬가지로 나도 20대부터 부동산 투자를 시작하는 친구들을 보면 부러움을 느낀다.

어찌 됐든 부동산 투자는 빨리 시작할수록 좋다. 하지만 남보다 빨리 시작하지 못했다고 슬퍼할 필요는 없다. 까짓것, 늦었으면 좀 더 열심히 따라잡고 역전하면 되지 않겠는가. 우리는 젊은 2838세대니까 더 치열하게 공부하면 된다. 젊은 만큼 앞으로 자산의 눈덩이를 굴릴 시간이 많다. 남과 비교할 땐 조금 늦어보일지 몰라도 내 인생에서는 가장 빠른 시작이다. 이것이야말로 가장 중요한 강점이다.

2838세대는 부동산 투자에 최적화된 세대

게다가 2838세대는 어느 세대보다 정보의 교환과 사용 능력이 좋다. 블로그, 카페, 유튜브 등 다양한 채널을 통한 정보 수집에 능하고, 부동산과 기술이 결합된 프롭테크 활용법을 가장 쉽게 익힐 수 있는 세대이기도 하다. 당장 자금은 좀 부족하겠지만 부동산을 공부하고 분석하는 데에 있어서는 어느 세대보다 강한 면모를 보인다. 그러니 선배 세대를 따라잡지 못할 이유가 없다. 2838세대의 가능성을 더욱 크게 만들어주는 또 하나의 강점이다.

그러니 이제는 실패할까 봐 걱정하지 말자. 성공한 투자자들치고 한 번쯤 실패를 겪지 않은 사람은 없다. 100% 성공했다고 장담하는 사람은 오히려 사기꾼일 가능성이 높다. 물론 그렇다고 계속 실패하라는 말은 아니다. 실패에서 경험을 얻으면 된다. 조금 돌아가도, 결국 제대로 가면 된다. 걷는 법을 알고 태어나는 아기가 어디 있겠는가. 하지만 결국 걷게 되지 않는가.

오늘의 나도 제대로 가기 위해 치열하게 공부하는 한 사람의 2838세대다. 걷다 보면 달릴 수 있게 되고, 허들을 넘는 날도 오겠지. 이 책을 읽는 2838세대가 하루라도 빨리 걷기 시작하길 기원한다. 할 수 있다. 우리는 뭐든지 가능한 2838세대니까.

완벽히 준비된 시기는
오지 않는다

'준비해야 하는데… 진짜 이제는 해야 하는데….'

늘 마음속에서만 맴도는 말이었다. 부자가 되고 싶고, 월급 이외의 수익을 얻고 싶었지만 결국 첫발을 내딛지 못했다. 시간이 부족하다고 스스로 위로했지만 사실은 핑계였다. 시작을 어떻게 해야 될지 막연했고, 회사 일은 언제나 바빴으며, 가정까지 돌봐야 한다는 부담감이 항상 발목을 잡았다.

그렇게 하루하루를 정신없이 보내던 어느 날, 대학시절 가깝게 지냈던 선배에게 한 통의 전화를 받았다.

"오늘 시간 되냐? 술 한잔 하자."

축 쳐진 목소리에서 좋지 않은 일임을 직감했다. 지난번에 진행한다던

프로젝트가 잘 안 됐나? 집에 무슨 일이 있나? 별 생각을 다 하면서 나간 술자리에서 상상하지도 못한 이야기를 들었다. 신사업부 소속이던 선배가 해당 사업이 중단되면서 해고 통보를 받았다는 것이다. 끝까지 버텨보려 했지만, 마치 드라마에서처럼 책상만 덩그러니 있는 방에서 한 달 이상 보내다 보니 더 이상 버틸 수가 없었다고.

이제 40대 초반인 선배가 해고를 당하다니 도저히 믿기지 않았다. 평소에 선배가 회사를 위해서 얼마나 열심히 일했는지, 회사 때문에 얼마나 많은 것을 포기했는지 잘 알고 있던 나는 부당한 처사에 화가 나면서도 한편으로는 회사의 냉정함에 놀랐다.

'분명 나한테도 일어날 수 있는 일이다….'

그 날이었다. 내가 달라진 시기가. 결과적으로 현재의 나는 아이러니하게도 선배의 슬픈 일을 계기로 안정적인 생활과 행복을 누리고 있다. 다행히 그 선배는 바로 이직에 성공했고 지금은 함께 투자를 진행하면서 자산을 많이 불렸다.

모든 일에는 계기가 있다. 슬픈 결말을 가져오는 계기일 수도 있지만, 행복한 결말을 만드는 계기일 수도 있다. 중요한 것은 결국 내가 얼마나 변화하는지에 따라 그 계기는 그냥 흘러가는 에피소드가 될 수도 있고, 내 삶을 바꿔주는 전환점이 될 수도 있다는 사실이다.

인생의 동반자처럼, 투자에도 동반자가 필요하다

내가 하루 중 가장 많은 시간을 보내는 곳은 회사지만, 가장 소중한 시간을 보내는 곳은 집이다. 회사에 있을 때도 늘 마음은 아내와 두 딸에게 가 있다. 특히 아내는 내가 하는 일이라면 언제나 지지해 주고 응원해 준다. 아내의 도움과 희생이 없었다면 부동산 공부는 시작조차 할 수 없었을 것이다. 지금도 여전히 아내의 배려 덕분에 주말마다 서울로 수업을 들으러 가고, 스터디에도 참석하며, 부동산 투자를 위한 임장도 가고 있다.

"오빠, 우리 걱정 말고 잘 다녀와."

웃으며 배웅해 주는 아내지만 사실 내가 현관문을 닫는 순간 아내의 시간은 1분 1초가 전쟁이 될 것을 안다. 그런 노력 역시 우리 가정을 풍요롭게 하기 위해서, 자녀를 잘 키우기 위해서라는 걸 너무나도 잘 알고 있기에 서로의 희생에 감사하고 배려하기 위해 항상 노력한다.

하지만 주변에서는 당장의 고달픔과 배우자의 반대, 회사생활 등 눈앞에 펼쳐진 여러 가지 상황 때문에 미래를 위한 투자를 미루고 포기하는 사람들을 자주 접하게 된다.

"애들이 너무 어려서 조금만 크면 시작하려고."

"회사일이 너무 바빠서 평일에 쉬지도 못하는데 주말만이라도 쉬고 싶다!"

"주말마다 재테크 강의를 듣는다고? 주말만이라도 가족과 시간 보내야지. 와이프 눈치도 보이고…."

이런 이야기를 들을 때마다 참 안타깝다. 나 또한 육아의 고달픔을 모르거나, 가족과의 시간과 휴식을 포기하고 싶었겠는가? 그렇다고 반드시 잘 될 거란 확신에 차서 시작한 것도 아니다. 모든 것이 두려웠지만 가장 가까운 사람인 아내를 설득하고 지지를 이끌어낸 덕에 지금처럼 계속 공부하고 투자하여 수익을 낼 수 있었다. 돌이켜보면 무엇이든 시작을 하는 데 있어서 첫 번째로 해야 할 일은 가까운 사람을 내 편으로 만드는 것이라 생각한다.

가족을 내 편으로 만들었다면, 투자에서 나를 잡아주고 앞을 밝혀주는 존재도 필요하다. 나 역시 스터디에서 만난 멘토가 없었더라면 이 아리송한 부동산 투자의 세계에서 방향성을 잃거나 포기하고 싶은 순간을 버티지 못했을 것이다.

멘토 덕분에 나는 지방과 서울을 왕복하는 고달픔을 버텼고, 회사생활과 투자도 병행할 수 있었다. 너무 지치고 그만두고 싶을 때마다 귀신같이 알아채고 "준걸 님은 성실함이 큰 장점이에요. 스스로를 과소평가하지 마세요"라며 격려를 해주셨다. 스터디와 멘토라는 든든한 내 편이 있어서 포기하지 않고 묵묵히 나아갈 수 있었다.

혼자라면 잠깐은 빨리 갈 수 있지만, 결국 멀리 갈 수는 없다. 하지만 함께라면 목표에 도달할 수 있는 확률이 높아진다. 함께 할 수 있는 부동산 동료, 부동산 멘토를 꼭 만들기 바란다.

완벽하게 준비하고 투자하는 사람은 없다

"직장 다니면서 시간이 되세요?"

"애들 키우면서 어떻게 시간이 나요?"

종종 듣는 질문이다. 이제는 녹음기처럼 답이 나온다.

"저는 하루에 4시간만 잡니다. 시간이 부족하니 잠을 줄일 수밖에 없네요."

내가 특별히 부지런해서 그럴 수 있는 것이 아니다. 그래야만 하기 때문에 그런 것이다. 직장에서 은퇴하는 시기, 애들을 돌보지 않아도 될 시기, 그래서 비로소 투자에 집중할 수 있는 시기를 맞이할 때쯤이면 이미 나는 늙어 있을 것이다. 누구에게도 완벽하게 준비된 시기는 오지 않는다. 지금이 아니면 기회가 없다는 말이다. 더 나은 미래를 위해 포기할 수 있는 건 포기하고, 부족하더라도 일단 시작하는 것이 중요하다.

애초에 직장생활을 그만두기 위해서 시작한 부동산 투자가 아니었다. 직장생활이 주는 성취감도 우리 삶에서 누릴 수 있는 큰 행복이다. 부동산 투자는 단지 직장생활을 비롯한 내 경제적인 상황이 지금보다 개선되기를 바라는 마음에서 시작한 것이다.

그러니 급할 필요 없다. 오늘도 묵묵히 내 삶에서 조금씩, 그리고 꾸준히 준비하면서 나에게 오는 기회를 잡기를 위해 노력한다. 괜히 남들과 비교해서 절망하지 말고 언제나 자신을 믿고 또 믿어보자. 결국 우리의 종착점은 성공일 테니까.

Special Thanks To

비타씨

딸내미의 자신감을 키워준 아빠, 딸내미의 자존감을 높여준 엄마, 누나의 전투력을 키워준 성준, 언니의 여동생이 되어준 아라, 고모의 해피 바이러스 쪼꼬미 시우. 내 인생에서 가장 값진 것은 내 가족이야. 책 쓰는 동안 함께 보내지 못한 시간 이해해줘서 고맙고, 모두 사랑해 또 사랑해♥ 나 책 쓰느라 고생 많이 했어…. 책 다 읽으면 고생했다고 전화해줘. 기다릴게!

부토피아

오랜 출판 작업을 지지해준 은주야! 고맙고 사랑한다! 아빠가 왜 바빴는지 모르겠지만, 늦게 들어가도 후다닥 달려와 아빠 최고라고 해주는 재혁이와 예린아! 미안하고 사랑한다! 그리고 봄에 세상에 나올 로또야! 빨리 보고 싶다! 바쁘다고 자주 찾아뵙지 못해도 이해해주시고 응원해주시는 부모님, 장인어른, 장모님! 감사합니다. 우리 가족 모두 사랑하고 정말 고맙습니다!

준걸

저의 어떠한 선택도 늘 믿어주시고 응원해주시는 부모님, 하나밖에 없는 내 동생. 항상 많은 도움을 주시는 장인, 장모님. 언제나 감사합니다. 그리고 사회생활의 든든한 멘토인 KS Kim, BH Park. 존경하고 고맙습니다. 마지막으로 배려와 믿음, 응원으로 내 자존감을 높여주는 사랑하는 수희. 많이 놀아주지 못해서 미안한 시윤이와 지유. 미안하고 고맙고 많이 사랑해!

마지막으로…

부족한 저희에게 끊임없이 기회와 힘을 실어주시는 우리의 멘토 락지니 님. 더 크게 성장할 수 있도록 항상 응원해주시는 부룡 님. 진심으로 감사합니다. 그리고 이 책이 나오기까지 본인 책처럼 노력해주신 트레스 님, 카야 님, 다올혜윰 님. 이 은혜를 어찌 갚을까요. 마지막으로 도서출판 잇콘에게도 감사 인사를 드립니다.